AROUND

Vol.102
2025 August

책 안팎의 이야기 Book In One Hand

ISSN 2287-4216
ISBN 979-11-6754-043-0
KRW 18,000

Kim Keumhee, Jaejooboys with Lee Sarah, Joonchansol, Kim Daehong & Kwon Youngmi,
Kim Bohee, Shin Siyeon, Choi jin-young, Ko Myungjae, Kim Dongshin,
Lee Kunha, Hahm Jieun, SIBF, Mionjeon, Onif, Composition Studio, Hae Ran

작년에 이어 올해도 서울국제도서전에 참여했습니다. 도서전의 반응은 해를 거듭할수록 뜨겁더라고요. 책은 판매가 저조하다는 말이 무색하게도 많은 사람들이 모였습니다. 찬찬히 도서전을 둘러보니 이제 책이라는 물성이 다양하게 사용되고 있다고 느끼게 됩니다. 우선 책은 만나거나 직접 듣는 게 아닌 텍스트로 마주합니다. 주체적으로 페이지를 넘겨 호흡을 만들어가며 내용을 상상 속으로 그려 자신만의 또 다른 이야기를 만듭니다. 이런 특성 때문인지 독자는 조용히 책으로만 접하는 사람이라는 인식이 강했습니다. 지금은 책을 만드는 것도 읽는 것도 '보이는' 시대가 되었습니다. 책의 본질적인 기능은 변하지 않겠지만, 쓰임과 활용이 확장되고 있으니, 책에 대해 좀더 다양한 이야기를 해 보고 싶어졌습니다. 책이 존재하는 데는 많은 사람의 애정이 담겨야 합니다. 처음 책을 만들기 위해 모인 사람과 생각대로 완성품이 나오도록 작업하는 제작팀, 그리고 이 정성스러운 책을 봐주는 독자. 오롯이 한 권의 책에 담긴 이번 《AROUND》 역시 다양한 기능으로 사람들의 삶에 스며들기를 바랍니다.

김이경—편집장

Contents

With A Book In One Hand

한 손에는 책을 쥐고

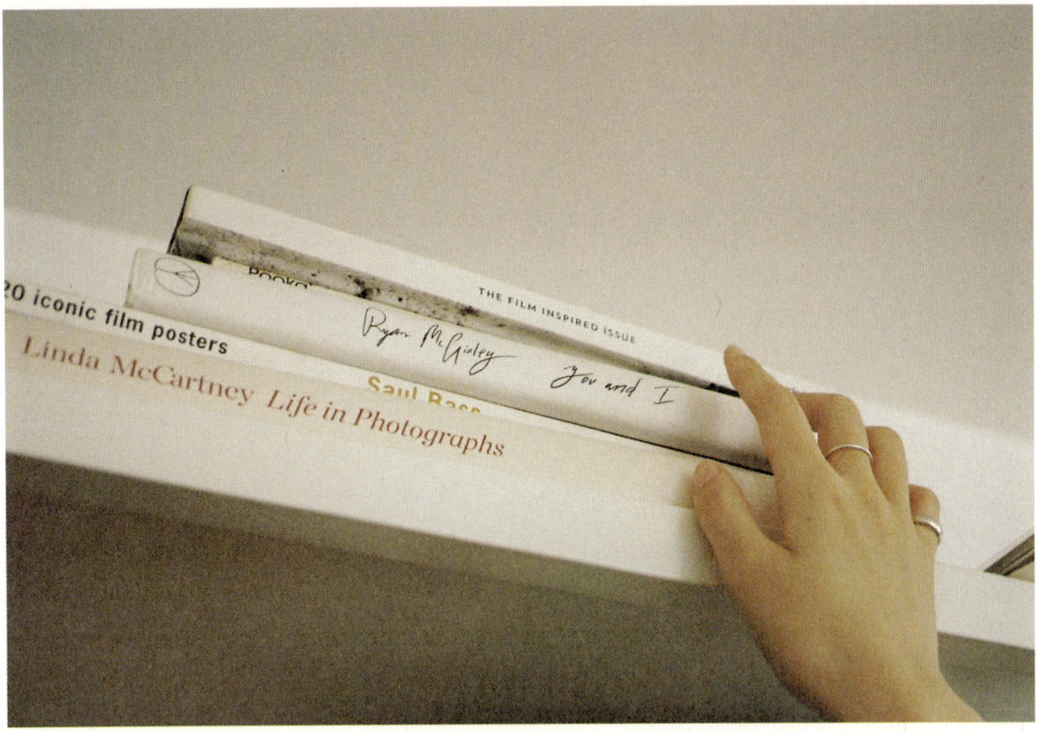
THE FILM INSPIRED ISSUE
Ryan McGinley
You and I
20 iconic film posters
Linda McCartney Life in Photographs

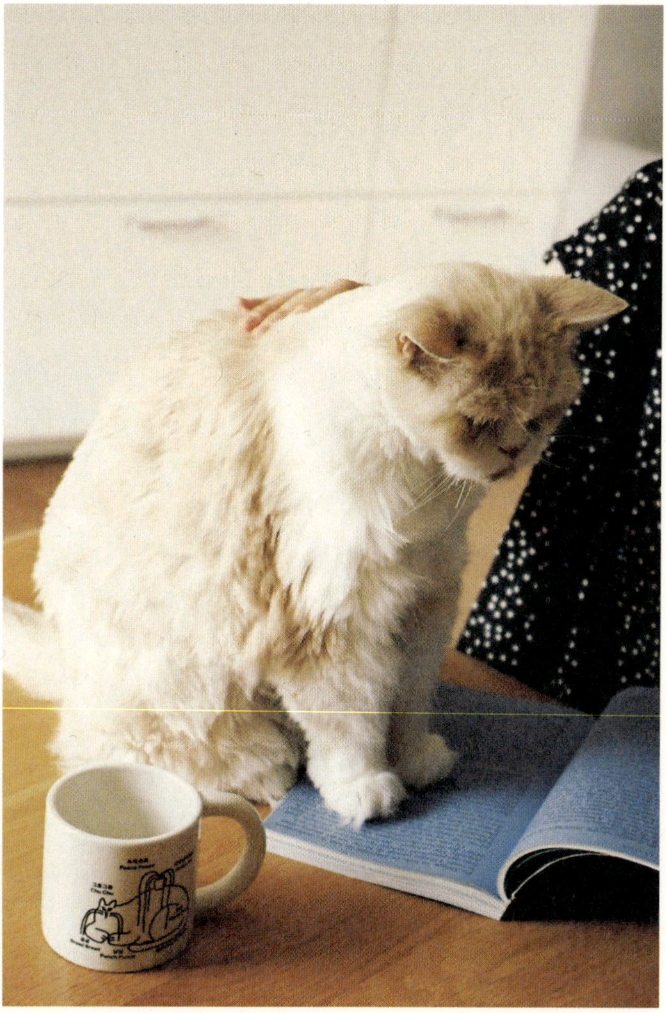

MULTI VEN

1LITER

Photographer

에디터 이명주

반가워요. 본격적인 여름 더위가 기승인데 어떻게 지내고 있나요?
안녕하세요, 포토그래퍼 강해란입니다. 요즘 저희 집 에어컨이 고장 나서 밤에 잠을 잘 못 이루고 있는데요(웃음). 그래도 계절 중에선 여름을 가장 좋아해요. 이맘때 해 질 녘은 습한 공기 속에 왠지 재미난 사건이 벌어질 듯한 분위기를 풍기거든요.

흥미로운 이유네요. 이번 호에서는 '책'에 관한 이야기를 모아보려고 해요. 책장을 넘기면 뜨거운 햇살도 조금은 가시길 바라면서요. 해란 씨는 책과 가까이 지내나요?
음, 혼자 있거나 해야 할 일이 없을 때 읽곤 해요. 저한테 주어진 임무를 언제나 가장 맨 앞에 두는 성향이거든요. 바쁜 일 마치고 개인 시간이 온전히 보장되었을 때 책을 읽으면 저 자신에게 큰 선물을 주는 기분이에요.

그렇다면 손이 쉽게 가는 장르도 있어요?
역시나 사진책인 것 같네요. 자주 들춰 보기도 하고 마음에 드는 건 수집하고 있어서요. 아름다운 사진이 담긴 책을 첫 장부터 마지막 장까지 하나하나 곱씹다 보면 감정이 벅차오를 때가 있는데요. 어떤 감정이라 분명히 형용할 수는 없지만 작가의 시선을 따라 세상을 둘러보는 게 즐겁고, 그 장면들을 모아준 게 고마워요. 만약 그렇지 않았다면 제가 보는 세상에서는 영영 존재하지 않았을 순간들이니까요.

책은 아예 모르고 살아갈 수도 있는 부분에서 나의 시야를 넓혀주죠.
거기다 종이라는 가벼운 형태에 언어가 쓰여 전달되기 때문에 많은 이들에게 전해져도 오해가 덜해요. 가만 생각해 보면, 책은 기록 전달 방식 중에서도 사람만이 할 수 있는 의미 있는 형태네요. 대신… 색이 잘 바랜다는 거 아세요? 책을 보관할 때는 직사광선을 피해 꼭 그늘진 곳에 두어야 해요. 사진책이라면 더더욱이요!

경험에서 우러나온 조언 같으니 잘 새겨들을게요(웃음). 그러고 보니 포토그래퍼를 꿈꾸게 된 계기가 책과 연관이 있다고 했죠?
중학교 3학년 때 만화책 《카메라 카메라 카메라》를 보면서 사진 다루는 일이 제 성격과 잘 맞아떨어진다고 생각했어요. 내가 전면에 드러나지 않아도 멋진 친구들과 배우고 어울릴 수 있는 일이니까요. 매체로서 사진을 좋아하게 된 건 포토그래퍼라는 직업을 가지고도 꽤 시간이 흐른 뒤였는데, 진심으로 사진을 애정하는 지금까지 이 일을 할 수 있다는 게 신기해요.

해란 씨는 독자이기도 하지만 작업물을 책에 남기고 있으니 일종의 '쓰는 이'이기도 해요. 자신의 기록이 다른 이들에게 읽히는 건 어떤 의미인가요?

다양한 사람들이랑 힘과 마음을 합쳐 하나의 결과물을 내는 일에 동참하는 것만으로도 감사한데, 그게 또 다른 이들에게 읽힌다는 건 크나큰 행운이죠. 저는 항시 좋다고 느껴지는 것들을 알리고 싶어 하는 사람인데요. 제가 보는 아름다움과 기쁨을 전달할 수 있어서 행복하다고 말할래요. 최근에는 의도 없이, 오직 필요에 의해서만 모인 물건들이 이루는 미학에 관심이 생겼거든요. 그 역시 제 시선으로 기록해서 많은 분과 공유하고 싶어요.

이번 화보에서는 보통의 일상 속 책이 놓인 풍경들을 담고자, 연남동 어라운드 사옥 주변과 경의선숲길을 같이 걸었어요. 그날의 어떤 장면들을 담고 싶었나요?

어라운드 동료 명주 씨, 주원 씨와 함께한 촬영이라 책을 가까이 지니고 생활하는 분들의 몸짓이나 분위기를 감각적으로 포착하고 싶었어요. 그래서 그날은 평소보다 더 세심히 동네와 골목 곳곳을 살펴봤죠. 디지털카메라도 썼지만 필름을 더해서 매력적인 색감을 보여주려 했고요. 금방이라도 비가 쏟아질 듯 무더운 여름이었는데, 이따금 부는 시원한 바람을 쐬며 두 분과 길을 걷던 시간이 여름날의 추억으로도 남게 되었네요.

저에게도 잊지 못할 추억이에요. 책을 들고 나선 여름 산책이 마무리될 즈음, 다 같이 산책로 철길에 앉아 아이스크림을 먹던 게 떠올라요. 저는 '요맘때', 주원 씨는 '메로나', 해란 씨는 '더위사냥'이였어요(웃음).

맞아요(웃음). 촬영을 갈무리하면서 각자 좋아하는 아이스크림을 골랐죠. 저는 경의선숲길부터 가좌역으로 이어지는 지하 통로 안에서 기차가 바로 옆으로 지나가는 소리를 들은 것도 떠올라요. 그 소리와 진동이 얼마나 강하던지, 절대적인 힘을 마주한 것처럼 세 사람이 한동안 말이 없었잖아요. 그 순간을 함께 경험해서 더욱 뜻깊었어요. 우리 세 사람의 잔잔한 소꿉놀이 같던 장면들을 어여삐 봐주셨으면 좋겠네요.

곧 발리로 휴가를 떠난다고요. 가서 무얼 할 계획인지 살짝 들려주실래요?

이번 여름휴가에는 바닷속 다양한 물고기들을 보고 싶어서 스노클링을 실컷 하려고요. 아, 최근에 김건태 작가의 에세이 《괜찮은 척하면 진짜 괜찮아져》를 여행 내내 읽으려고 샀는데… 너무 재미있어서 벌써 절반이나 읽어버렸네요. 어쩌죠?

H. Instagram.com/hae_ran

소설가 김금희의 세상에선 살아내는 일에 열심인 존재들이 등장한다. 때로는 먹고사는 게 고되고 때로는 쉬이 털어두지 못한 사연이 있더라도, 한 손에는 삶을 꼭 쥔 채 힘을 풀지 않는다. 출판사 '무제'와 함께 '듣는 소설' 《첫 여름, 완주》를 선보인 그는 어느 더운 여름날, 속절없이 떠돌던 '열매'를 '완주'라는 마을로 등 떠밀었다. 사람이 사람을 보듬고 다독이는 한 계절 속에서 이기지 못할 것은 없다. 왕성하고도 무심한 이 여름을 보내는 우리의 마음속, 구멍 난 자리를 찾아 글로 옮기는 김금희 작가와 마주했다. 그가 꺼내두는 문장들을 따라 각자의 계절을 무탈하게 그리고 온전히 완주하길 바라며.

에디터 이명주 포토그래퍼 Hae Ran

A Story On A Summer Day
끝내 완주하게 될 그 여름

김금희—소설가

소설은 늘 즐겁고 인생이 만족스러운 인물들이 나오는 게 아니잖아요.
삶의 연장선 위에 조금은 힘들고 아픔이 있는 사람들이 등장하니까
우리는 소설을 읽어요.

떠나 보내는 계절에 대해

여기까지 오는 내내 《첫 여름, 완주》 OST를 들었어요. 저자인 작가님을 만나기도 하고, 하늘이 푸르고 해가 쨍쨍한 오늘 날씨와도 딱이라서요.
(웃음) 아, 윤마치 님의 '초록'이요? 너무 좋죠? 저도 한 두세 달은 '무한 반복'으로 설정해 두고 들었어요. 사실 데모 버전부터 조각조각 들을 수 있었는데 그대로도 마음에 들어서 받은 파일 여러 개를 제가 임의로 붙여서 무한 반복한 거예요. 그 후에 정식 녹음된 버전도 듣고 뮤직비디오도 봤는데, 뮤직비디오는 어느 여름날 불쑥 완주(소설 속 주요 배경의 이름으로, 서울에서 기차를 타야 갈 수 있으며 댐 근처 하천이 흐르고 숲이 가까운 가상의 마을)로 향한 열매가 책에서 튀어나온 것 같았어요.

책을 읽고 난 후에 보면 여운이 더욱 오래 남더라고요. 《첫 여름, 완주》 이야기는 잠시 미루고 우선 소개를 듣고 싶어요. 오늘 대화에선 그간의 작업물과 쓰는 삶에 대해 주로 나눌 테니, 하는 일을 제외하고 본인을 소개해 보면 어떨까요?
(가방에서 두툼한 노트를 꺼낸다.)

그게 뭐예요? 겉면에 판다 푸바오랑 스티커들이 잔뜩 붙어 있네요.
이건 항상 들고 다니는 다이어리인데, 소중한 푸바오 증명사진 스티커를 붙여둔 거예요. 아기 때 찍은 건데도 사진에서 힘이 느껴지지 않나요? 제가 푸바오 '덕질'을 한 지 2년이 넘었어요. 이제는 처음에 왜 좋아했는지를 잊어버렸을 정도로 완벽하게 사랑에 빠졌죠. 그래도 이유를 꼽아 본다면… '강바오', '송바오' 사육사와의 애정 어린 관계를 지켜보면서 도리어 제가 굉장한 위안을 받았어요. 엄마인 아이바오나 동생 루이바오, 후이바오와의 관계에서도 그렇고요. 푸바오의 유쾌하고 쇼맨십 넘치는 성격도 좋아해요. 방금 하는 일에 대한 수식은 제외하고 저를 소개해 달라고 하셨죠? (다이어리의 장장을 넘긴다. 스티커와 손글씨로 가득한 페이지들이 보인다.) 저는 그냥 이런 인간이에요(웃음).

(웃음) **다이어리를 오랫동안 써오셨나 봐요. 손길이 닿은 진한 흔적이 보여요.**
손때가 묻어 있죠? 이쪽은 물에 젖어서 쭈글쭈글해요. 저는 아날로그가 편한 사람이라 휴대폰 대신 다이어리에 직접 적으면서 스케줄 정리하는 게 기억에 잘 남더라고요. 스티커 모으는 것도 좋아해서 이것저것 사서 페이지를 꾸미기도 하고, 독자분들이 주신 쪽지도 붙여놔요. 월간 페이지 하단에는 달마다 이루길 바라는 걸 적어두는데 6월은 '휴식'이었고, 7월은 '담대하게', 8월은 '차분한 여름 엔딩'이에요.

담대하길 바란 7월은 어떻게 보내셨어요?
5월 초 《첫 여름, 완주》가 출간된 이후로 내내 바쁘게 지냈어요. 이보다 더 바쁠 수 있을까 생각하던 걸 훌쩍 뛰어넘으면서요. 무엇보다 그간 익숙하게 해오던 것들과는 달리 조금은 낯선 자리, 새로운 자리가 많았는데 원체

내성적인 편이라 마음을 담대하게 먹으려고 노력했죠. 책을 낸 출판사 무제의 박정민 대표가 배우이기도 하니까 함께 화보도 찍고 그분의 팬들과 마주 서는 기회도 있었거든요. 북토크에 모인 분들 중에 여태껏 소설책은 한 권도 사본 적 없다는 분들이 계셨어요. 제가 지금껏 책을 매개로 만난 독자들은 소설이라는 장르나 책을 애정하는 분들이었거든요. 그런데 이번에는 박정민 배우 자체를 좋아하니까 처음 소설을 사고 그 자리에 온 분들도 있는 거예요. 저녁 행사가 있으면 아침부터 줄을 서시고, "처음 읽었는데 재미있어서 앞으로도 읽어보려고요." 하며 저한테까지 애정을 나눠주시는 게 특히 감사했어요. 사람에 대한 응원과 사랑을 안고 계신 분들이다 보니 마음의 온도가 책 읽는 분들만큼 혹은 그 이상으로 뜨겁더라고요.

《첫 여름, 완주》에서 주인공 열매는 같이 살던 절친한 언니 수미가 돈을 갚지 않고 사라지자 수미의 고향인 완주로 향하지요. 오갈 데 없는 처지였던 열매가 수미의 본가에 머물며 완주 마을 사람들과 애틋한 여름을 보내는 이야기예요. 이 책의 특별한 점은 '듣는 소설'이라는 이름 아래 오디오북으로 먼저 공개되었다는 건데, 어떤 기획을 제안 받은 건지 궁금해요.

들을 수 있는 소설 시리즈의 첫 번째가 되어 달라는 제안이었어요. 시각 장애인분들은 책을 접할 때 주로 음성 언어에 기대게 되는데 책 한 권이 오디오북으로 만들어지려면 2-3개월은 필요하대요. 또 출판계에서는 오디오북 제작에 비용이 너무 많이 들기 때문에 지원 사업에 선정되지 못하면 자체적으로는 꾸리기가 힘들고요. 그럼 아무리 유명하거나 궁금해도 시각 장애인분들은 책을 바로 경험하기 어려운 거예요. 그래서 무제에서는 아예 처음부터 듣는 소설을 기획해서 동료 배우들의 힘을 빌려 오디오북으로 먼저 선보이고 싶다고 했어요. 박정민 대표의 아버지에 관한 개인적인 사정도 있었지만 장애인과 비장애인이 함께 즐길 수 있는 책을 만들겠다는 그 마음에서 진정성을 느꼈죠.

그래서 그 제안을 흔쾌히 수락하셨던 거군요.

맞아요. 또 다른 중요한 이유는 저를 새로운 환경에 두고 싶었다는 거였어요. 그동안 문단 안에서 오랫동안 함께한 출판사들이랑만 일을 했거든요. 그런데 무제라는 백지 같은 출판사라면, 가령 지금껏 쓴 적 없지만 쓰고 싶었던 외계인 이야기를 내더라도 뜻밖으로 여겨지지 않을 거라 생각했어요. 김금희의 또 다른 '서브 캐릭터'가 등장한 것처럼 듣는 소설을 재미있는 프로젝트라고 받아들여 주실 것 같고요. 함께하기로 한 뒤엔 저는 글에 매진하고, 박정민 대표는 동료 배우들을 포섭하면서 오디오북 작업에 매진했죠. 원래 중편 소설을 예상했지만 장편을 쓰게 되면서 오디오북을 만드는 데도 두 배의 노력과 시간이 필요했다고 해요. 무척 고생했을 거예요.

그러고 보니 과거 인터뷰에서 "글을 쓸 때 스스로 특정 환경에 몰아넣는다."는 말씀을 하시더라고요.

워낙 루틴 지키길 좋아하고 먼저 나서는 데 서툰 편이라, 환경을 확 바꾸지 않으면 새로운 무언가를 잘 안 하거든요. 저를 낯선 상황에 던져두고 어떻게 변하는지 지켜보고 싶어요. 그런데 그건 글 쓸 때만 해당해요. 등산을 싫어해도 써야 한다면 남극이라도 갈 수 있어요. 글을 위해선 제 삶을 조정할 수 있지만 다른 걸 위해서는… 잘 안 해요(웃음).

쓰는 일이 삶의 큰 동력이겠어요. 닿는 독자가 명확한 시리즈의 첫 편으로 어떤 이야기가 하고 싶었나요?

시리즈의 시작이기에, 그 시리즈가 이타적인 목적을 가졌기에 이야기의 정도를 정하는 데 굉장히 신중했어요. 이타심은 때로는 상당히 위험해요. 사람들 마음에 무심히 자연스레 가닿는다면 가장 좋지만 핀트가 어긋났을 때는 되려 거부 반응이 올 수 있거든요. 그리고 이 이야기가 음성 언어로 남는다는 점에서도 고민이 컸죠. 문학은 삶의 허무함을 드러내면서 반성적 사고를 일으키게 하지만 그런 메시지를 음성으로 듣게 된다면 읽는 것보다 더 큰 마음의 반향이 있을지도 모른다고 생각했어요. 비극적인 사건이나 분노가 오가는 상황 등을 묘사하는 것도요. 과연 인물들에게 어느 정도의 어려움을 안겨줘야 할까 고민하다가, 그걸 타파하기 위해 박정민 대표에게 시각 장애인분들을 직접 만나고 싶다고 요구했어요. 그분들의 정기 독서 모임에 참여해 기획을 설명하고 어떻게 이야기를 다루면 좋을지 여쭤봤죠.

어떤 의견들을 들려주셨어요?

우선 시제를 오가는 게 헷갈린다고 하시더라고요. 소설에선 과거나 현재로 오가는 게 매우 쉽고 그게 읽고 쓰는 묘미이기도 하지만 듣는 분들에겐 '갑자기 무슨 상황이지?' 싶을 수 있죠. 그래서 《첫 여름, 완주》에서는 인물의 의식의 흐름을 길게 묘사하지 않았고 지문과 대화 위주로 넣었어요. 또 처음부터 보지 못했던 경우도 있지만 후천적으로 시력을 잃은 분들도 계신데, 공통적으로 어릴 때 본 숲이나 나무 타던 느낌, 자연을 만끽하는 활동적인 모습들을 원하셨어요. 저도 덩달아 도화지를 채워 나가듯 감각적인 것들을 구체적으로 묘사하려고 했죠. 머릿속으로 자신만의 그림을 그릴 수 있도록요.

그래서인지 "달을 비추기 위해 기꺼이 더 어두워진 연못의 물결 소리"라든가 "부후된 통나무 껍질을 쪼개며 버섯이 피는 소리", "이불이 펼쳐지듯 밤안개가 너르게 이동하는 소리" 등 어느 여름밤 한구석을 떠올리게 하는 지문들이 더욱 아름답게 느껴졌어요.

그 부분이 좋다고 말씀하시는 독자들이 많더라고요. 특히 그 부분은 기억에 남는 게, 작업 당시 제 원고에서 오디오북으로 구현된 텍스트도 다시 한번 확인해야 했어요. 보니까 딱 그 지문에 빨간 줄이 그어져 있더라고요. 어떤 의미인지 물어볼까 하다가, 괜히 작가가 자존심 부리는 거라고 받아들일 수도 있으니까(웃음) 슬쩍 지웠죠. 그런데 다른 자료에서는 다시 그 부분이 살아나 있는 거예요. '써도 괜찮은가….' 싶어서 지문을 다시 살렸어요. 이 이야기를 한참 뒤에 북토크할 때 말했는데 박정민 대표가 깜짝 놀라더라고요. 자기는 그런 적 없다고!

어머나, 그럼 누가 그은 거예요?

그걸 아무도 몰라요! 사실 작업할 때는 지금보다 지문이 더 많았는데 필요하다고 생각하는 것만 남기고 덜어냈거든요. 그 지문을 특히 좋아해 주시는 독자들을 보면서 어떻게든 다시 살리기 잘했다 싶었어요(웃음).

> 거짓 없는 사실, 완전한 올바름, 그것은 때로 삶을 수렴하기에 너무 옹색하다. 그보다는 더 수용적이고 오래고 성긴 것이 필요하다. 이를테면 우리가 알아채기도 전에 서로의 어깨 위로 내려앉는 여름의 방문 같은 것.
>
> —김금희, 《첫 여름, 완주》 '작가의 말' 중에서

여름은 비와 볕으로 만물이 생장하는 시기잖아요. 감각을 표현하기에 더욱 좋은 계절이었겠어요.

드라마를 넣기에 가장 알맞은 계절 같아요. 자연의 에너지도 폭발적이고 사람의 움직임도 많은 때잖아요. 생동성이 농축되어 있어 만물이 뒤집어지는 시기라고 할까요? 풍요로운 볕을 즐기다가도 이따금 휘몰아치는 비나 태풍에 자연의 무심함과 위대함을 느끼게 되는 게 여름이라고 생각해요. 떼인 돈을 받으러 온 열매나 아픔이 많지만 열매에게 방 한 칸, 밥 한 끼 매번 챙겨주는 수미 엄마, "슬픈 이야기는 하지 말자."는 중학생 양미와 친구들처럼 한여름 속 완주 마을 사람들은 유달리 특별하거나 빛나지 않아요. 저마다 품고 있는 어려움과 결손을 드러내되, 서로서로 또다시 품어주며 어울려 살아가는 이야기를 완성했죠.

'어저귀'라는 캐릭터도 무척 인상 깊어요. 겉보기엔 사람과 크게 다르지 않지만 숲속에 살면서 사람의 능력 이상으로 자연을 이해하는 존재죠. 사백 년을 살았고 열매와 연애 감정을 나누기도 해요.

아주 오래전부터 우리 곁에 있는 자연의 형태라고 생각하면서 어저귀를 만들었어요. 길 가다 어떤 나무를 봤다고 한다면, 겉보기엔 그냥 자라는 대로 서 있는 것 같지만 사실 그게 보통으로 여길 게 아니거든요. 삶의 유지라는 목적을 위해 최선을 다해 서 있고, 삶을 지탱한다는 목적 이외에는 다른 꿈을 꾸지 않으니까요. 그런 자연의 형태가 곁에 항상 있는데 우리는 쉽게 잊고 말죠. 나무를 기본에 두고 반은 자연, 반은 인간인 어떤 존재를 상상해 봤어요. 태초에 인간이 어떤 형태인지는 알아도 그들의 감각까진 알 수 없는데 그 감각을 원천적으로 갖고 있는 존재가 현재에 산다면 겉은 낯설지 않아도 행동 방식은 다를 것 같았어요. 죽음과 삶을 순환하며 마주하는 인간들에게 가끔은 학을 떼기도 하지만, 도움이 필요할 때 주저 없이 자연의 품을 내어주는 히어로 같은 능력도 조금은 있을 테고요. 열매와 본격적으로 연애를 시킬까 말까 조금 고민했지만… 사랑 이야기가 없다면 재미없잖아요. (장난스러운 목소리로) 이 둘을 연애를 시켜서 활기를 좀 줘야겠다 싶었어요.

(웃음) 어저귀는 뛰어난 후각으로 냄새 분자를 맡아 사람을 구별해요. 예를 들어 불닭볶음면 마니아인 양미에게선 캡사이신과 치킨 추출 농축액을 알아채죠. 만약 어저귀가 작가님을 본다면 어떤 냄새 분자를 느낄까요?

음, 글쎄요…. (잠시 고민한다.) 제가 아침마다 식물들에 물 줄 때 흙을 검지 손가락으로 찔러 보거든요. 그러면 본의 아니게 한 마디가 시커먼 채로 여기저기 돌아다니곤 해요, 때가 낀 건 아니고요(웃음). 만약 아침에 저를 만난다면 손가락 끝에서 특이하게 흙냄새가 난다고 느낄 것 같아요. 그리고 늘 다이어리와 출력한 원고들을 안고 다니니까 종이 냄새도 날 거예요.

재미있네요. 하나의 작품을 마무리하는 기분은 어떤가요?

작가라면 작품에 대한 애정은 당연하겠지만, 저는 모든 이야기를 꼭 껴안고 있는 기분으로 써요. "이거 내 거야!" 하면서요. 막상 소설이 공개되면 얘를 보내줘야 하니까 엄청난 슬픔과 상실감이 밀려오죠. 하지만 어쩌겠어요. 보내줘야 다음 글이 저한테 또 오는 걸요.

우리가 읽는 이유는

올해 초에는 꿈꾸던 남극 기지에 한 달 동안 파견되어 얻은 관찰과 기록을 《나의 폴라 일지》라는 에세이로 펴내셨죠. 수많은 질문을 제쳐두고 가장 먼저 왜 남극이었는지 묻고 싶었어요(웃음).

20대 때 남극에 다녀오신 분이랑 인터뷰를 한 적 있는데 그때부터 막연하게 가보고 싶었어요. 이후에 작가가 되고 나니까 그 생각이 실현 가능해 보이더라고요. 단순히 남극이 아니라 소설 배경으로 점찍어둔 세종 기지까지 가려면 관광이 아닌 공익 목적을 가진 정식 파견이어야 했어요. 《한겨레》에 남극에서의 이야기를 연재하기로 하고 기지 방문을 위해 수많은 서류와 자격을 갖췄죠. 예를 들어 외교부와 환경부에는 내가 남극에 갔을 때 환경에 어떤 문제가 생길지 리포트를 써야 했고요. 세종 기지에서 어딘가로 이동하려면 직접 두 발로 걷거나 대부분 보트를 타니까 수상 교육을 받아야 했어요. 언제든 바다에 떨어질 수 있으니 어떻게 하면 파도에 휩쓸리지 않고 살아남을 것인지 아는 게 필수인 거죠. 1박 2일이었지만 온몸에 멍이 들 정도로 힘든 교육에 열심히 임했어요.

열네 시간을 비행한 뒤 경유지를 거쳐 다시 열네 시간을 날아 남극에 도착했죠. 그곳에서의 생활은 어땠나요? 여전히 마음속에 선연한 남극의 풍경도 있을 테고요.

아직도 생생하죠. 남극은 자연이 만든 지리적 경계 이외에는 어떠한 인위적인 경계도 없어요. 국경도 화폐도 주인도 없는 공간, 시끌벅적한 지구상에 무엇도 '없는' 상태에 이르렀다는 것만으로도 숨이 트였어요. 그리고 무척 평화롭거든요. 서울에서 비둘기 보듯, 길을 걸으면 펭귄이나 물개를 쉽게 만나는데 처음엔 신기하다가도 며칠만 지나면 일상적인 풍경이 되어서 사람이나 동물이나 각자 할 일 하면서 지냈어요(웃음). 제 할 일은 글쓰기였지만, 실은 다이빙하는 대원들 따라다니거나 '식생 팀'의 일원이 되어 식물 탐구하고, 매일 띄우는 대기 관측용 풍선을 관찰하느라 바빴죠. 그곳에서 한 달을 보내면서 인간은 자연에 완전히 속해 있다는 걸 깨달았는데요. 거대한 자연을 경험하며 자신의 나약함을 깨닫고 겸허해지게 되더라고요. 또 인간은 '남극 취약종'이에요. 그곳에서 죽을 가능성이 가장 높은 존재라 경각심을 갖고 살아남기 위한 룰을 따라야 하죠. 반드시 2인 1조로 다니고 날씨가 나쁘면 아예 기지 밖으로 나갈 수가 없어요. 만약 매일 아침마다 기상을 파악하는 대원이 "오늘은 못 나갑니다."라고 한다면 얼마나 준비했든, 그날엔 우리가 계획한 일을 할 수 없어요. 자연이 결정하고 자연에 순응하는 삶의 시간인 거죠.

남극으로 가는 먼 길에 단 두 권의 책만 챙기셨다고요. 하나는 영국의 탐험가 스콧의 《남극일기》, 다른 하나는

작가님의 첫 장편 소설 《경애의 마음》이었어요.

사실 스콧의 《남극일기》는 남극에서의 탐험을 다 마치지 못하고 죽어가는… 이야기예요. 지금 생각해 보면 하필 왜 그런 책을 가져갔는지(웃음). 《경애의 마음》은 남극 기지에 도서관이 있다고 해서 한 권 기증하려고 챙겨 간 건데요. 지금은 그곳이 인터넷도 되고 영화도 볼 수 있어서 즐길 거리가 있는데 예전에는 그렇지 않았대요. 책 구매 예산이 나오면 매번 100만 원어치씩 책을 사서 방 한 칸에 도서관을 꾸린 거죠. 도서 대장이 있어서 빌리고 싶은 책과 날짜, 이름을 적으면 되더라고요. 《경애의 마음》은 제 작품 중 가장 만족스러워서 기증하기로 한 건 아니에요. 누구나 처음은 좀 서툴고 만족스럽지 못하잖아요. 하지만 정말 열심히 썼거든요. 매일 예닐곱 시간씩 엉덩이에 종기가 날 정도로 앉아 최선을 다해서 쓴 책이에요. 마음에 오랫동안 남은 작품이라 세상 끝에 자리한 남극 도서관에 보존하고 싶은 마음으로 두고 왔어요.

세상의 끝에도 도서관이 있다는 사실이 흥미로웠어요. 어떤 상황에 놓이든 사람이 살기 위해서는 책이나 영화처럼 푹 빠질 만한 거리들이 필요한가 봐요.

그럼요. 다녀온 후로도 함께 머물던 대원들과 종종 연락을 나누는데, 얼마 전 한강 선생님께서 노벨문학상을 타셨잖아요. 그래서 기지 안에서도 도서관 붐이 일어났대요(웃음). 작가님 책이 단 세 권 있었는데 거기 머무는 열여덟 분이 서로 읽겠다고 아우성이었다는 거예요.

아이고(웃음). 뜨거운 이맘때 돌아보면 마치 별나라에 다녀온 기분일 것 같아요.

여기서의 일상을 가져간 게 아니라 그곳에서만의 삶을 새롭게 꾸린 거라 정말 재미있었어요. 함께한 이들과 돈독해지고 맛있는 음식도 잘 챙겨 먹으면서 살도 많이 쪘고요. 지인들과 여행 얘기 나눌 때 어디가 가장 좋았는지 물어보면 저는 곧장 남극이라고 답해요.

너무나 부러운 답변이네요(웃음). 올해 작업물에 대해 지금까지 긴 이야기를 나눠주셨는데 작가님의 쓰는 생활에 대해서도 듣고 싶어요.

아침에 일어나서 식사 간단히 챙기고 자주 가는 카페로 가요. 저는 무조건 집 바깥으로 나가야 글이 써지는데, 하루 중에서도 특히 오전은 머리가 맑고 집중이 제일 잘될 때라 꼭 소설을 쓰죠. 오전 작업을 잘 마쳐야 나머지 시간에 마음이 편해요. 점심을 먹은 후에는 급한 작업이 있다면 또 다른 카페로 이동하고, 그렇지 않다면 집으로 돌아와 자료를 읽는데, 할 일을 마치면 그제야 보고 싶은 책을 읽으면서 하루를 마쳐요. 직장 다닐 때부터 작가가 된 지금까지 하루에 정해진 시간대로 움직이는 생활이 꾸준히 이어져 왔어요. 지금도 단편을 하나 쓰는 중인데, 어떤 날은 잘 쓰다가 반대로 어떤 날은 써지지 않아 괴로운 날도 있죠. 그렇지만 저한테는 몇 줄 썼느냐보다 시간이 중요해요. 두 문장을 쓰든 세 문장을 쓰든 정해진 시간부터 쓰려고 노력했으면 더 이상 안달복달하지 않아요. 쳇바퀴 돌 듯 임하고 있어요.

그래서 본인을 "글쓰기 숙련공"이라고도 표현하신 거군요.
(웃음) 맨날 같은 시간에 출근해서 최대한 기술을 발휘해 일하다가 집에 돌아오면 저녁 챙겨 먹고 하루가 끝나니까요.

소설가가 되기 전엔 편집자로 오랫동안 일하셨죠. 계기가 있었나요?
어릴 때부터 꿈이 작가였지만 먹고살아야 하니까 일을 한 거예요. 그래도 책과 가까운 일을 하고 싶어서 편집자가 되었는데, 문학 출판사는 절대 가기 싫더라고요. 질투 때문에(웃음). 그때의 저는 등단하지 못했는데 문학을 다루면 자괴감이 들 것 같은 거예요. 그래서 철학이나 역사, 인문서 내는 출판사에 지원했어요. 그때 왜 그랬는지 모르겠지만 제가 지원서에 소설가가 되고 싶다고 적은 거예요. 일할 사람을 뽑는 면접에선 굉장히 불필요한 말이었겠죠(웃음)? 하지만 사장님께서 저를 부르더니 잘 찾아왔다고 하셨어요. 소설을 쓰려면 그 바깥의 것을 읽고 배워야 한다고요. 백 년 전 세워진 창경궁 내 대온실과 역사적 사연, 사건이 얽히는 《대온실 수리 보고서》도 그때의 경험을 바탕으로 쓴 거예요.

《너무 한낮의 연애》 속 '양희'를 자신과 가장 닮은 캐릭터로 꼽으셨던 게 떠올라요.
양희는 주로 말도 없이 혼자 있고 되게 재미없는 희곡을 완성하려는 인물이에요. 예술가로서의 꿈을 가진 내성적이고 가난한 사람이죠. 제가 20대 때 말이 정말 없었어요. 오죽하면 같은 과 친구들이 "야, 김금희라는 애랑 대화해 본 적 있어?" 이럴 정도로요. 저는 소설가가 되고 싶어서 국문과에 갔는데, 국문과에는 쓸 만한 시간이 충분히 주어지는 수업이 없다는 걸 대학 가서야 알았거든요. 혼자 심각하게 소설이나 그걸 쓰는 과정에만 몰두하니까 인간관계도 서툴렀죠. 당시엔 저에게 소설이 너무나 소중했기에 되려 소설에 대해 아무런 말을 꺼내지 못했던 것 같아요. 곧 사회에 나가 돈을 벌어야 하는데 언제 글을 쓸 수 있을까, 초조함과 무기력함이 양희와 많이 닮았었죠.

경험에서 비롯된 얄팍한 생각일지 모르지만, 저는 글쓰기나 책과 가까운 어른이 되려면 어린 시절의 습관과 경험도 중요하다고 생각하거든요. 작가님은 어땠어요?
맞아요. 부모님이 맞벌이하셔서 집에 혼자 있는 시간이 길었어요. 그래서 밥 먹을 때도 책을 읽었는데, 어리니까 먹으면서 다 흘린 거예요. 책마다 펼쳐보면 찌개 국물 묻어 있고 그랬죠(웃음). 책을 읽으며 세상에 대한 이해나 안정감, 모르는 걸 알게 되는 기쁨의 감각을 배웠어요. 지금도 책을 좋아하는데 뭐랄까, 심장을 뛰게 한달까요? 내가 모르던 세상과 사람의 이야기가 있다는 것만으로도 두근거려요. 도서관에 가면 몸이 막 반응해요. 이렇게 많은 책을 하나씩 들춰보기만 해도 얼마나 좋을까 하면서 흥분되고 초조해져서 배도 아프고요.

(웃음) 어떤 느낌인지 단번에 공감해요. 그럼 최근에 읽은 책을 소개해 주신다면요?
얼마 전 남해에 가서 책을 샀는데, 남해의 유명한 특산물을 담은 시리즈였어요. 이름이 정확하게 기억나진 않지만… 그중 하나가 시금치에 관한 건데, 시금치에는 '암시금치'와 '숫시금치'가 있대요. 암시금치가 더 크다는데 아니 세상에, 이게 말이 되나요? 책을 안 읽었다면 하마터면 모르고 죽을 뻔했잖아요! 인류의 엄청난 비밀을 안 것 같은 기분이었어요(웃음).

> 작가는 자신을 가장 현명하게 열어젖히는 사람일 것이다. 그렇게 개방된 작가의 삶, 마음, 감정들은 스스로도 알 수 없는 경로를 통해 소설의 모든 것과 결합하고 최종적으로는 전혀 다른 세계가 된다. "그러니까 완전히 다른 방식으로 진실된 것."
>
> —《첫 여름, 완주》 '작가의 말' 중에서

오늘부로 저도 세상의 비밀을 하나 더 깨우쳤네요! 읽고 쓰는 일을 오랫동안 사랑해 온 작가님이 스스로 '작가'를 정의한 문장을 인상 깊게 읽었어요. 의미를 더 자세히 들을 수 있을까요?
(잠시 생각한다.) 때로는 저도 위안받고 싶거든요. 글쓰기를 통해서, 글을 매개로 나를 개방해서, 그 개방을 통해서 위안받고 싶은 욕심이 있어요. 근데 엄밀히 말해 소설은 작가 개인의 욕심을 채우기 위한 것이 아니에요.

왜 그런가요?
왜냐하면 일기가 아니잖아요. 작가가 쓰고 있지만 소설이라는 도구와 인물이라는 대리자를 통해서 이야기를 전하는 중인 거죠. 글쓴이를 내세우기보단 도구와 대리자가 떳떳하고 오롯하게 서 있는 게 좋은 소설이라고 생각해요. 그렇게 거리감을 유지해야 작품의 성공이 나만의 것이라며 나르시시즘에 빠지지도 않을 테고요. 물론 나와 전혀 상관없는 이야기를 해야 한다는 의미는 아니에요. 나를 완전히 빼고 쓰는 게 기술적으로는 가능할지 몰라도 제 진심으로는 하기 어려워요. 제가 항상 고민하는 자리의 문제, 노동의 문제, 살아감의 문제에 대해 연관 없이 쓴다면 분명 거짓말이고 인물에게 영양분을 덜 내어준 거죠. 나를 어느 정도 투사할지, 진전에 필요한 것들을 화자에게 얼마나 선택하게 해서 이야기를 풀어나갈지 수없이 되뇌는 게 작가라고 생각해요.

쓰는 이와 완전히 똑 닮을 순 없겠지만, 자신의 조각을 넣을수록 글에선 생동감이 느껴질 것 같아요.

그럼요.《첫 여름, 완주》를 쓸 때도 그랬어요. 쓰기 전엔 제 글에 이타적이라는 목적이 뚜렷하게 보일 거로 생각했는데 쓰고 나니까 무엇보다 저 자신이 솔직하게 들어가 있는 거예요. 예를 들면 성우로 일하는 열매가 목소리가 안 나오니까 온갖 병원에 다니다 결국 정신과로 향하거든요. 종합 심리 검사인 '풀 배터리 검사'를 받고 나서 의사가 이렇게 말해요. "단기 기억력을 보세요. 백 명 중에 구십팔 등입니다. 이런 말 요즘 쓰면 안 된다지만 옛날이라면 바보라고 놀림 받았을 정도예요." 그게 실은 제가 의사로부터 직접 들은 말이에요(웃음). 스트레스나 우울증과 관련된 신체화 문제를 다룰 때 '그런 검사가 있었지, 결과를 듣는 도중에 의사가 그런 말을 했었지.' 하며 제가 직접 경험한 걸 솔직하게 다 써넣을 줄 몰랐어요. 하지만 그 덕분에 이야기가 구체화하면서 더욱 두터워지고 재미있죠.

"완전히 다른 방식으로 진실된 것"이라는 작가님의 문장이 다시 한번 떠오르네요. 한 편을 완성하기란 고되고 지난하고, 치열하기까지 한 과정이겠어요.

제가 생각하기에 작가에게 가장 필요한 건 끈기예요. 오래 하면서 숙련되었다고 달라지는 게 아니라 늘 막막하거든요. 그래도 저는 일단 시작한 원고는 어떻게든 끝을 봐요. 지금 쓰던 게 막혀서 다른 소설로 도망가고 싶잖아요? 그럼 그 소설에서도 결국 막히는 지점이 분명히 오거든요. 완성하는 데까지 늘 허들이 있고 어려움이 있으니까, 사람을 막 쥐어짜는 듯한 과정이 지나야 한 편의 소설이 완성되죠. 아마 소설뿐 아니라 모든 글이 그럴 거예요. 그걸 해결할 수 있는 건 오직 자신뿐이니까 완성 지을 수 있는 끈기와 그 시간을 감당할 수 있는, 그 고독감을 감당할 수 있는 끈기가 필요하죠.

지금까지 이야기를 짓는 일에서 어떤 슬픔과 기쁨을 발견하셨나요?

소설은 늘 즐겁고 인생이 만족스러운 인물들이 나오는 게 아니잖아요. 삶의 연장선 위에 조금은 힘들고 아픔이 있는 사람들이 등장하니까 우리는 소설을 읽어요. 그래서 그 아픈 주인공을 빚어내야 할 때 똑같이 아픈 감정을 느껴요. 제가 요 며칠 작업하고 있는 장면은 모처럼 알바 자리를 찾은 10대 청소년이 어떻게든 잘해보고 싶어서 노력하는 부분이에요. 애쓰는 아이를 가운데 두고 냉랭한 그 분위기와 이후에 일어날 사건들을 저는 알고 있잖아요. 개인적으로 보면 제 일상에는 변화가 없는데 글이 만든 세계 속으로 들어가면 저는 어른들한테 잘 보이려고 하는 작은 청소년이 되어 있죠. 너무 마음 아프지만 그려내야 해요. 왜냐하면 그리는 데 목적이 있으니까요. 소설 하나로 엄청난 변화는 일어나지 않겠지만 현실을 보는 마음을 조금이라도 바꿔보자는 목적이요. 소설을 완성한 후에 독자들과 이야기를 나누며 그 마음이 통했다는 걸 알게 되면 과분하게도 기쁨과 보람을 느끼게 돼요. 롤러코스터를 타는 듯 감정이 오르내리는 게 일상이에요.

(잠시 고민한다.) **행복한 사람들만 나오는 소설은 아무도 안 읽을까요?**

조금 빈정 상하지 않을까요? 그건 가짜니까요. 우리 삶이 그렇지 않은걸요.

책과 쓰는 생활에 대해 대화를 나누게 되어 기뻤어요. 한동안 뜨거운 볕이 이어질 텐데 남은 여름을 어떻게 보내고 싶으세요?

제가 떠나보낸《첫 여름, 완주》가 여름을 만끽하는 책으로 소개되기도 하더라고요. 책 안팎으로 벌어진 새로운 만남을 떠올리며 시끌벅적하고 재미난 에피소드가 기록된 책으로 기억하려 해요. 독자분들도 저와 같다면 좋겠네요. 그리고 남은 여름에는 지금 쓰고 있는 단편을 부지런히 완성해 볼게요. 다이어리에 써놨듯 '차분한 여름 엔딩'을 맞이할 수 있도록요.

대화 내내 건네던 해사한 웃음 뒤에선 고독을 견디며 부지런히 쓰던 삶이 보인다. 어느 이름 모를 덩굴 식물의 흔적을 발견하곤 발자국 같다던 뒷모습에선 모든 삶에 다정을 표하는 시선이 보인다. 만물이 자라나는 그 여름, 김금희 작가가 들려준 이야기는 또 다른 비와 볕이 되어 우리네 마음속 생장점을 콕콕 누른다.

고민에 잠겨 침잠할 때면 읊조리게 되는 마법 같은 문장이 있다. "지나면 아무것도 아닌 일들로 나는 얼마나 고민했었나." 삶의 지침이 되어주는 것들은 나에게 대개 노랫말이다. 동굴로 숨어드는 날이면 내게 내려지던 동아줄, 그 목소리를 만나러 제주에 왔다. 유랑 중인 재주소년 식구들과 마주한 건 어느 숲속. 연주되는 선율 틈새를 비집고 나온 와글와글 거침없는 숨소리, 거기 깃든 사랑의 문장을 듣는다. 이들을 만난 뒤로 비단 글자로 적힌 것만을 문장이라 생각지 않기로 했다. 다섯 식구와 뒤엉킨 무해한 여름 틈에서 재주소년의 7집 제목 '머물러 줄래'를 가만히 읊어 보는 날이다.

에디터 **이주연**(산책방) 포토그래퍼 Hae Ran

We Are Wearing A Melody

찬연한 시절에 함께 입힌 선율

재주소년 가족—박경환·이사라·박준희·박찬희·박솔희

신비마을
Sinbi Village

특별한 기억이 노래가 될 것 같잖아요, 근데 곰곰이 따져보니 그렇지가 않더라고요. 오히려 '텀블러에 커피를 담아서 마시는데 생강차 맛이 났다.' 하는 후줄근한 일상이 음악이 돼요. 탁자의 얼룩 같은 걸 보면서 노래를 짓는 식이죠.

비 오는 날 나비랑 벌들은 어디로 가요?

제주도에서 재주소년을 만나게 됐어요. 오늘은 특별히 다섯 식구와 '가족 음악 유랑단'으로 함께하게 됐는데요. 독자들에게 소개해 주실래요?

경환 안녕하세요, 저는 재주소년 박경환이고요. 다섯 식구가 모두 7집에 참여하게 되어 공연에 함께하고 있어요. 이번 투어는 도초도, 여수, 제주로 연결되는 공연인데, 총 4회 중 3회까지 마쳤고 내일이 마지막 공연이에요. 투어 중에 만나니 마치 여행에 함께하는 기분이네요(웃음).

사라 새벽부터 제주에 오느라 고생하셨죠. 사진 촬영을 너무 재미있게 했는데, 아이들 활기가 넘쳐서 에디터님과 포토그래퍼님이 힘드셨을 것 같아요. 오늘 제주까지 찾아와 주셔서 감사해요. 저는 작곡가이자 연주자로 활동하고 있는 이사라예요. 집에서는 엄마 역도 맡고 있고요. 만나서 반갑습니다.

자, 삼형제도 소개해 줄래?

준희 안녕하세요, 둘째 찬희와 셋째 솔희를 컨트롤하면서 재주소년의 '준찬솔'로 함께하고 있는 5학년 박준희입니다!

찬희 저는 엄마 뱃속에서 죽다, 살다, 심장이 멈출 뻔하다, 죽을 뻔하다, 살아난 전설의 소년, 불사의 소년 박찬희입니다!

솔희 저는 막내이자 형아들 옆에서 같이 노래하는 박솔희예요. 오늘 너무 더워요. 얼른 수영하러 가고 싶어요. 이모들도 같이 가요!

사라 (웃음) 우리 오늘도 파이팅 해볼까?

모두 (손을 모으고 외친다.) 파이팅!

대화 시작부터 기운이 넘쳐서 좋은걸요(웃음). 이번 공연은 온 식구가 무대에 올라 함께 노래하고 연주하는 구성이죠. 앞선 공연들, 어땠어요?

경환 서울에서 진행한 7집 [머물러 줄래] 발매 공연은 관악아트홀에서 크게 진행했다면, 이번 투어는 조금 더 자연스럽고 자유로운 분위기였어요. 투어 첫 공연은 도초고등학교에서 송 캠프Song Camp 형태로 진행했어요.고등학생들과 음악을 만드는 구성이었죠. 싱글로 발표한 '우리들의 도초도'를 이번 앨범에 정식으로 수록했으니 도초도에서 투어를 시작하면 좋겠다 싶었어요. 송 캠프는 1박 2일간 진행했는데, 과연 고등학생들과 음악을 만들 수 있을까 걱정한 것과는 달리 성공적으로 마무리되었어요. '우리들의 도초고'라는 음악을 만들었는데 무척 재미있었죠. 그다음 행선지는 여수였는데요. 둘 다 아래쪽에 있으니까 오가기 수월할 것 같았는데 굉장히 멀고 길도 험했어요. 비가 엄청 많이 내렸거든요. 게다가 여수 공연은 〈여수밤바다 낭만버스킹〉이라고, 버스킹 형식으로 진행되는 무대였는데 기상 악화로 취소되었어요. 이대로 마무리하긴 아쉬워서 주최자 카페에서 게릴라성으로 공연을 꾸렸는데, 색다른 느낌으로 좋더라고요. 제주에서는 제14회 남방큰돌고래의 날을 기념하는 행사에 함께했어요. 돌고래 보호구역 지정을 축하하면서 자유로운 분위기로 진행한 공연이었죠. 공연과 전시가 어우러진 행사여서 저희도 즐기면서 놀 수 있었어요.

무대에 오른 준찬솔은 어땠어요?

경환 '삼형제', '우리들의 도초도'를 싱글로 발매하면서 간간이 함께 공연할 일이 있었는데요. 무대가 익숙해졌는지 멘트 욕심을 내더라고요. 공연 끝날 즈음엔 "저희 공연 재미있었나요?" 하고 호응도 유도하고, 뭐라도 말하고 싶어서 마이크를 서로 가지려고 목청 높이고(웃음). 첫째 준희는 어느덧 5학년이라 동생들보다는 의젓해서 부끄러움이란 걸 아는데 둘째, 셋째는 아직 어려서 마이크 싸움이 치열해요.

사라 관악아트홀 공연이 특히 개구졌어요. 앙코르 곡 '마지막 춤은 나와 함께'를 부를 때, 유난히 호응이 좋아서 공연을 잘했나 보다 싶었거든요. 그런데 알고 보니 아이들이 무대를 누비면서 춤을 췄더라고요. 후주가 시작되면 준희 트라이앵글 연주에 맞춰 무대 뒤에 있던 아이들이 다 같이 나오는 구성이었는데, 거기서 텀블링까지 했다는 걸 알고 깜짝 놀랐어요(웃음). 나중에 2층에서 촬영한 영상 보고서야 알게 됐죠.

[머물러 줄래](2025)

관객만큼 즐겼군요(웃음)**. 공연 후기에 '한 편의 동화를 보는 것 같았다.'는 이야기가 많더라고요. 이런 후기를 보면 어때요?**

경환 '의도한 대로 잘되어 가고 있군.' 싶어요(웃음). 관악아트홀은 규모가 크고 무대와 객석이 확실히 나뉘는 구조인데요. 그럼에도 다 같이 어우러지는 분위기를 만들고 싶었어요. 그런 의도가 잘 반영돼서 동화 같은 분위기란 표현을 해주신 게 아닐까 싶어요. 앨범 특성도 그렇고, 아이들이 무대에 오르기도 하니 전 연령이 관람 가능한 공연으로 구성했는데요. 사실 공연장 측에서도 전 연령 관람을 다소 우려하셨어요. 근데 오히려 모든 연령이 함께해서 좋은 점이 훨씬 많았어요. 관객의 모든 소리가 공연의 일부가 될 것 같았는데 실제로 '꽃, 나비'를 부를 때 아기가 '빽' 하고 울었거든요. 저는 그 순간이 유난히 아름답게 느껴지더라고요. 감동이 배가 되는 느낌이었어요.

사라 이번 공연을 보면서 울었다는 후기도 많았어요. 사실 저도 연주하면서 울음을 여러 번 참았는데, 관객들의 생생한 후기를 들으니 또 울컥하더라고요. 저는 공연할 때도 그렇고, 합주할 때도 자주 울음을 참아요. 아이들과 함께하는 이런 시간이 그리 길지 않다는 걸 잘 알고 있어서요. 아이들은 아무렇지도 않게 속옷 차림으로 누워서 연습하고 합주하는데, 이 우스운 장면이 저한테는 너무 찰나처럼 느껴져요. 아이들이 조금 더 자라면 같이 공연 안 한다고 할 텐데, 노래를 만들어서 부르는 것도 지금 아니면 못 할 텐데, 생각하면 눈물부터 나요. 매일매일이 소중해서 드는 감정이겠죠.

경환 제 노래에, 특히 아이들 탄생 이야기를 담은 '삼형제' 같은 곡엔 저희만 울컥하면 충분하다고 생각했는데 관객들도 감동했다고 하니까 기분이 참 묘하더라고요. 모두 가족에겐 같은 마음이구나 싶어서요.

'삼형제'를 듣고 나면 누구라도 이 노래의 주인공을 궁금해할 거예요. 둘째 찬희 이야기가 특히 찡한 부분이 있죠. "네가 태어났던 여름 특별히 떨렸지 네가 아픈 줄 알았어 가슴을 쓸어내린 그 여름".

사라 저희한텐 정말 기적 같은 일이에요. 둘째 찬희는 27주 차에 심장 기형 판정을 받았어요. 큰 병원에서 검사를 받았는데 심장에 구멍도 여러 개 있고 동맥과 정맥이 심장과 반대로 연결돼 있어서 태어나면 무조건 수술을 해야 한다고 했어요. 네다섯 의사 선생님 모두 같은 소견이었죠. 매일이 걱정이었고, 출산하는 날에도 긴장을 많이 했어요.

경환 그런데 멀쩡하게 태어났어요. 오진이었죠. 모든 의사가 같은 소견을 말할 정도로 초음파상으로는 잘못된 것처럼 보였나 봐요. 천만다행이었어요. 심장에 구멍이 있는 상태였지만 4년 안에 자연적으로 아문다고 해서 태어나자마자 수술하는 일은 피할 수 있었어요. 노랫말 그대로 가슴을 쓸어내린 여름이었죠.

'우리들의 도초도'는 찬희 주도로 만든 곡이라고 들었는데, 삼형제가 이렇게 씩씩하고 건강하게 지내는 모습이 새삼 뭉클하기도 해요.

경환 도초도 여행은 저도, 사라도 참 좋았는데 아이들도 그랬나 봐요. 도초도는 참 조용한 섬인데 가이드와 모르는 사람들과 함께 떠났거든요. 이런 여행은 처음이라 아이들이 적응할 수 있을까 싶었는데 의외로 그 부분을 재미있어했어요. 모르는 형, 누나들과 여행지에서 친구가 되는 경험이 신났는지 집에 돌아와서 '형아랑 누나랑 함께 또 걸었어요' 하면서 음을 붙여 노랠 부르더라고요. 발표한 노래와는 사뭇 다르지만 찬희가 주도적으로 흥얼거리던 목소리를 녹음해서 점점 발전해 나간 거예요. 찬희가 흥얼거린 데모 들어 보실래요? (음성 파일을 재생한다.)

아, 정말 귀여워요(웃음)**. 오늘 한바탕 놀고, 촬영도 마친 시점이라 어떤 표정으로 불렀을지 눈에 선해요. 7집은 원래 동요집으로 기획한 앨범이라고 들었어요.**

경환 실은 7집보다 동요집을 내야겠다는 생각이 먼저였어요. 3-4년 전부터 해온 생각인데, 이미 아이들이 부른 '우리들의 도초도', '삼형제'가 발표됐고 재주소년 음악 중에서도 동요와 결이 비슷한 '팅커벨', '소년의 고향', '이분단 셋째줄' 같은 곡이 있으니까 아이들과 다시 녹음해서 한 앨범에 묶으면 동요집으로 완성할 수 있을 거라 생각했어요. 머릿속에 일찌감치 있던 기획인데 일상을 살다 보니 자꾸 뒤로 밀리더라고요. 근데 어느 날 보니까 아이들이 훌쩍 커 있는 거예요. 그때 비로소 '이제는 안 되겠다.' 싶어서 서둘러야 한다는 생각으로 빠르게 작업에 돌입했어요. 제대로 준비할 틈도 없이 녹음부터 진행했죠. 아이들이 노래를 익히기도 전이어서 헤드폰 씌우고 마이크를 켜곤 그 자리에서 가르치고 불러보자고 했어요.

앨범 전체에 오늘날 가족을 담았다는 데서 의미가 클 것 같아요. 완성하고 나니 감회가 어때요?

사라 저는 무엇보다 진정성 있는 앨범이 나왔구나 싶어요. 저희 결혼할 때 이적 오빠가 “야, 결혼하면 곡 안 나와.” 그러셨는데요(웃음). 아무래도 이제 새로운 사랑이나 경험은 할 수 없으니 사랑 곡은 쓰기 어렵다는 이야기였죠. 근데 정말이더라고요. 쥐어짜지 않으면 새로운 사랑에 관한 이야기는 하기가 어려워졌어요. 그런데 이 앨범은 아이들이랑 같이 작업했고, 저희가 살아가는 현재에 대한 기록이잖아요. 정말 순수하게 우리 이야기를 쓰는 거다 보니 진정성이 많이 담기더라고요.

경환 새로운 걸 계속 만들 수 없다는 현실을 인정하고 나니까 오히려 음악이 나온다는 걸 알게 됐어요. 새로운 경험을 할 수 없는 상황에서 새로운 걸 만들어야 한다는 압박에 시달리면 아무것도 나오질 않거든요. 아무래도 나이를 먹어갈수록 새로운 경험은 줄어들 테니까 음악 만드는 속도도 점점 더뎌질 거예요. 이를 인정하고 보니 오히려 지금에 집중해서 음악을 쓰게 되더라고요.

재주소년이 활동한 지 올해로 22년이 됐죠. ‘포크 듀오’라는 수식어로 자주 소개되곤 했는데요. 중간에 멤버 상봉 씨가 스튜디오 멤버로 활동하면서 체제에도 변화가 있었어요. 22년 전으로 돌아가서, 재주소년의 출발에 관해 들려주실래요?

경환 재주소년은 22년 전, 2003년에 1집을 발매했어요. 앨범을 준비하고 활동을 시작할 때 저는 제주도에서 대학에 다니고 있었죠. 수학여행으로 방문한 제주도가 너무 좋아서 학교를 여기로 와야겠다 마음먹고 제주대 철학과에 입학했어요. 한창 첫 작업을 할 땐 상봉이가 일산에 살아서 메신저 MSN으로 곡을 주고받았는데, 얼마 안 있다가 상봉이도 한라대학교에 입학해서 같이 제주도에서 작업하며 지내게 되었어요. 상봉이가 좋은 음악을 만들어서 보내오면 ‘와, 이거 좋은데? 나도 좋은 곡 빨리 만들어야겠다.’면서 불붙은 듯 치열하게 좋은 곡 경쟁을 펼쳤어요(웃음). 그렇게 나온 곡들을 추려 여러 기획사에 데모를 보냈고, 그 곡들 중 한 곡으로 〈유재하음악경연대회〉에도 참가하게 됐죠. 2002년에 동상으로 입상했고, 같은 시기에 델리스파이스 김민규 형이 하던 기획사 문라이즈에서도 연락이 왔어요. 그렇게 앨범 작업에 들어가게 됐죠. 그때 민규 형이 처음 만난 자리에서 그러시더라고요. 너네 이름 한번 정해봤다고, ‘재주소년’ 어떠냐고. 제주 애들인 줄 알았는데 그건 아니니까 제주를 재주로 바꿔서 재주소년 하자고. 그렇게 2003년에 재주소년 1집 [재주소년(才洲少年)]이 나왔어요.

사라 저는 2005년에 재주소년에 세션으로 합류해서 연주자로 쭉 함께해 왔어요. 학과 친구가 재주소년 드럼 연주자로 합류하면서 건반이 공석인데 함께하자고 제안해 왔죠.

그 당시에 사라 씨는 재주소년이 5인조 록밴드인 줄 알았다고, 홍대에서 활동하는 뮤지션은 루시드폴밖에 모른다고 하셨다고요(웃음).

사라 (웃음) 재주소년은 제가 아예 모르는 팀이었어요. 실용음악과에 재학할 때라 해외 뮤지션을 더 많이 접하던 시기여서 더 그랬죠. 그때 재주소년을 보고 많이 놀랐어요. 학교에서 함께 음악 하는 친구들만 보다가, 실용음악과생이 아닌 이들이 곡을 쓰고 자기 앨범을 만든다는 사실이 놀라웠거든요. 스물세 살은 어린 나이라고만 생각했는데 이미 유상봉과 박경환은 앨범도 내고, 방송도 나가고, 인터뷰도 하고 있었으니까요. 게다가 음악 색깔도 이미 확실하게 잡혀 있었고 집에서 레코딩까지 한다니까 저랑 동년배 같지가 않은 거예요. 그런 의미에서 충격이었어요.

경환 저는 처음 사라를 보자마자 느낌이 왔어요. 좋아질 거라는 느낌(웃음).

사라 네? 저는 아닌데….

(웃음) **일방적인 사랑이었나 봐요.**

사라 처음 봤을 땐 아니지만 그날 저도 느낌이 오긴 왔어요(웃음). 첫 합주 날 지하철역으로 웬 보노보노처럼 생긴 분이 저를 데리러 오더라고요. 인사하고 합주실에 들어갔는데, 합주 시작할 때 뿔테 안경을 쓰는 거예요. 그러면서 '그래서 그런지 현실이 낯설었어'를 부르는데 호감이 확 생기더라고요.

경환 서로 호감은 있었지만 친구로 오랜 시간을 보냈어요. 연애를 시작한 건 제가 군대에 가고 중반부쯤 되었을 때였어요. 7년 정도 연애하고 결혼했죠.

재주소년과 박경환 솔로 활동에 계속 연주자로 함께하면서 사라 씨도 곡 작업을 하고 있죠. 가사가 없는 연주곡으로 발표한 곡이 많은데, 때로는 굳이 문장으로 이야기하는 것보다 연주 자체가 더 많은 감정을 전한다는 생각도 들어요.

사라 그래서 연주곡에서 가장 중요한 부분이 제목이에요. 제목이 곡을 다 말해준다고 생각하거든요. 작업이 끝나고 제목을 고심해서 붙이고 나면 그제야 음악이 완성되는 기분이에요. 보통은 심사숙고해서 한글로 짓는데, 조금 부족한 느낌이 들면 영어로 부제를 달아주기도 해요. 한번은 '고독'이란 곡 제목을 붙였는데 그 단어만으로는 제가 원하는 바가 다 전해지지 않는 것 같았어요. 그래서 영어 제목을 'Holding On To You'라 붙였어요. 쓸쓸하고 외로운 감정을 이야기하면서도 강인해져야만 하는 존재를 담고 싶었죠. 누군가를 붙잡고 싶어지는 연약한 모습도 드러내고 싶었고요. 제목 지을 때 이미 집중력을 많이 쓰기 때문에 가사 쓰는 건 저한테 무척 어려운 일이에요. 그래서 수월하게 가사를 짓는 뮤지션을 보면 참 신기해요.

사라 씨는 곡을 먼저 쓰고 제목을 붙인다고 했는데 경환 씨는 어때요?

경환 옛날엔 습관적으로 제목을 먼저 짓곤 했어요. 그게 쓰이든, 그렇지 않든 일단은 짓고 봤죠. 이를테면 2집 작업 중에 3집 곡 제목을 먼저 짓는 식이에요. 실제로 미리 지어둔 제목을 쓰는 경우는 손에 꼽지만 왠지 그렇게 되더라고요. 이런 경우가 아니라면 대체로 작업하면서 제목이 정해지는 편이에요. 발표하기 전에 제목을 바꾸는 경우도 있죠. 1집 '눈 오던 날'도 제목이 한참 동안 'Snow Day'였어요. 사실 '스노우 데이'가 문법적으로 정확히, 제가 말하고 싶은 '눈 오던 날'은 아니잖아요. 그래서 이미 입에 붙어 있던 영어 제목을 두고 한글 제목으로 바꾸었어요.

경환 씨 음악 에세이 《소년, 잘 지내》에 이런 구절이 있어요. "지극히 평범한 순간들이 노래가 된다. 초라한 순간의 기록에 멜로디를 입히는 노력을 몇 번 하다 보면 운 좋게 노래가 태어난다."고요. 특별한 장면을 음악으로 남겨야겠다고 마음먹기보다는 사소한 데서 음악이 탄생하는 것 같아요.

경환 맞아요. 제 책의 핵심 문장이기도 한데, 그건 저한테 깨달음 같은 거였어요. 특별한 기억이 노래가 될 것 같잖아요, 근데 곰곰이 따져보니 그렇지 않더라고요. 오히려 '텀블러에 커피를 담아서 마시는데 생강차 맛이

났다.' 하는 후줄근한 일상이 음악이 돼요. 탁자의 얼룩 같은 걸 보면서 노래를 짓는 식이죠.

[머물러 줄래]에 수록된 곡들은 어때요? 타이틀곡 '꽃, 나비'는 "아빠, 비 오는 날 나비랑 벌들은 어디로 가요?"라는 준희의 질문으로부터 시작했다고 들었어요. 아이의 특별한 질문이 씨앗이 된 것 같아서요.

경환 사실 그것도 굉장히 사소한 순간이었어요. 문장으로 적어놓으니 굵직한 사건처럼 느껴지는데 준희는 기억도 못 해요(웃음). 비가 추적추적 내리는 어두운 낮이었는데 준희가 밥 먹으면서 그러더라고요. "아빠, 비 오는 날 나비랑 벌들은 어디로 가요?" 충격받았어요. 지금껏 생각해 본 적이 없고, 답도 전혀 모르겠다고 생각했거든요. 이 사소한 장면이 만든 충격으로 노래를 만들 수 있겠다 싶어서 작업하기 시작했어요.

아이들이 만들어내는 문장엔 특유의 힘이 있는 것 같아요. 아까 찬희랑 얘기하다가 저도 모르게 깜빡 졸았는데, 1.5초도 안 되는 시간이었거든요. 근데 찬희가 그러더라고요. "괜찮아, 내가 지켜줄게요." 그 말에 울림이 컸는데 두 분은 이런 이야기를 자주 듣고 지내실 것 같아요.

사라 솔희가 한번은 "엄마, 튤립 같아." 그런 적이 있어요. '예뻐.'도 아니고, '꽃 같아.'도 아니고, '튤립'이라는 구체적인 꽃 이름을 말한 게 기억에 남더라고요. 저는 매일 좋은 모습만 보이는 엄마도 아니고, 늘 아이들에게 더 잘 해줘야 하는데, 하고 후회하는 엄만데 그런 이야기를 들으니까 기분이 이상했어요. 저희 애들은 표현을 거침없이 하는 편이거든요. 어느 날은 자기 전에 "엄마, 그런데," 하더니 "사랑해." 그러는 거예요. 제가 어떤 상태든 애정 어린 말을 해주는데 그런 말이 참 오래 남아요.

경환 아이들이 하는 생각이나 말은 지금 이 순간에만 나오는 것들이 많아서 그때그때 메모장에 적어둬요. 이른바 삼형제 어록(웃음). 한번 열어볼까요?

- 애월 펜션에서 바다를 보며 피자를 먹으며 한 얘기. "밀려오는 파도 소리 좀 듣자."
- 할머니랑 뭔가를 하려는데 할머니가 대답을 제대로 못 한다. "긴장되는 건가, 할머니?"
- 찬희가 준희에게 가위를 가져달라고 하자 준희가 "내가 형인데 심부름시키냐?" 하니까, 찬희가 "삼형제 중 내가 가운데니까 주인공은 나야." 한다.
- "근데 산은 어떻게 자라난 거예요? 엄청 잘 키운다."

한 땀 한 땀 여기서 내가 할 수 있는 일

이번 호 주제어가 '책' 그리고 '문장'인데요. 아이들이랑 책도 많이 읽을 것 같은데, 특히 자주 보는 책 있어요?

사라 저도 그림책을 좋아하는 편이라 같이 읽곤 하는데, 이지은 작가님 그림책은 전부 좋아하고요. 요즘은 《푸른 사자 와니니》도 즐겨 읽고 있어요.

경환 자기 전에 저희가 책을 자주 읽어주는데, 귀 기울여서 잘 듣더라고요.

사라 찬희가 글 쓰는 걸 좋아해서 책을 읽어준 다음 날이면 책을 만든다고 글을 쓰거든요. 근데 책 읽어준 다음 날엔 어휘나 단어가 달라져요. 좀더 체계적인 줄거리가 나오고, 문장도 더 좋아지죠.

경환 이전엔 문장과 사건을 나열하는 식이었는데 지금은 조금 더 책 같아졌달까요. 맥락 없이 스토리를 적어 가는 게 아니라 줄거리 중간에 "그때였다." 이런 문장을 넣어 반전을 주는 식이죠.

안 그래도 아까 솔희가 찬희 형이 책을 많이 쓴다고 이야기해 주더라고요. 벌써 네 권이나 썼고, 만화도 있다고요. 저한테 무턱대고 제목을 맞혀보라던데요(웃음), 네 글자라고.

사라 그걸 어떻게 맞혀(웃음). 찬희 소원은 자기 책이 도서관에 들어가는 거래요. "엄마 이거 완성해서 도서관에 등록하면 돼?" 하고 묻기도 해요. 도서관에서 자기 책이 읽혔으면 좋겠대요.

경환 이번 투어 때도 책 쓰는 노트를 가지고 와서는 매일 뭔가를 적더라고요.

사라 '버찌'와 '버짜'라는 캐릭터를 만들어서 이야기를 전개하기도 하고요.

두 분은 어떠세요? 좋아하는 책, 유난히 오래 데리고 다니는 책이 있나요?

경환 이런 질문을 받을 때마다 언급하는 책이 있는데 파트리크 쥐스킨트의 《좀머 씨 이야기》예요. 처음 읽었을 때 인상이 정말 강렬했거든요.

어? 저도요…. 살면서 대번에 《좀머 씨 이야기》를 꼽는 사람은 처음 만나 봐요. 엄청 반가운데요(웃음).

경환 정말요? 저는 첫 장을 읽으면서 '어라?' 했어요. 제가 어릴 때 하굣길에서 자주 하던 생각이 그대로 적혀 있었거든요. 하굣길이 멀고 긴 편이었는데 바람이 불면 제가 날아갈 수 있을 것 같은 기분을 자주 느꼈어요. 그게 초등학교 1학년쯤인데, 초등학교 6학년 때 《좀머 씨 이야기》에서 그 장면을 읽게 된 거예요. '와, 어떻게 이럴 수 있지?' 싶었어요. 〈트루먼 쇼〉(1998)도 그랬죠. 어릴 때 망상처럼 카메라가 나를 촬영하고 있고, 사실은 이 모든 게 극이라는 생각을 1년가량 해왔는데 그게 영화가 돼서 나오더라고요.

이야기의 싹을 지니고 있다는 생각도 드는데요. 저는 《좀머 씨 이야기》에서 피아노 연습하는 장면을 잊을 수 없어요. 코딱지(웃음).

경환 명장면이죠. 코딱지와 그 상황에 대해 엄청 자세히 묘사하잖아요.

사라 씨는 어때요?

사라 저는 이연진 작가님의 《취향 육아》를 꼽고 싶어요. 엉엉 울면서 읽었거든요. 세상엔 육아서가 참 많은데, 대부분 솔루션을 주거나 '이렇게 해야 한다.'고 제안하는 형태지만 《취향 육아》는 작가님의 일기장 같은 책이에요. 몹시 힘들 때 만난 책인데, 사실 읽으면서 괴리감은 많이 들었거든요. 근데 제가 나아가고 싶던 모습이 책 안에 그려져 있어서 위로를 많이 받았어요. 저는 아직 그러지 못하고 있지만, 이상적인 그림을 향해 가는 사람이 존재한다는 데 안심했죠. 모든 엄마가 처음부터 잘할 순 없고, 완벽할 수도 없지만 시행착오를 겪으면서도 꿋꿋이 자기 길을 가는 엄마가 있다는 게 좋았어요. 솔루션을 주는 육아서를 읽을 땐 절망이 앞섰는데 확실히 그것과는 다른 느낌이었어요. 다정하게 '괜찮아, 괜찮아.' 하고 다독임 받는 기분. 한 권 더 이야기해 보자면 무라카미 하루키의 《달리기를 말할 때 내가 하고 싶은 이야기》예요. 육아의 힘듦을 약간 극복하고 기운을 차렸을 때 이 책을 읽으면서 달리기를 시작했어요. 무라카미 하루키는 작업하기 위한 하루 루틴을 철저하게 지키는 작가잖아요. 그런 부분을 보면서 제가 놓치고 있는 부분을 깨달았고 '나는 할 수 없다.'면서 포기한 부분을 가능하게 만들어 준 책이라 특히 좋았어요. 평소에 하루키를 좋아하는 편은 아니었는데 이 책을 읽은 후에 작가가 궁금해서 더 찾아보게 되기도 했고요.

책이 이야기와 문장으로 이루어졌다면 음악엔 노랫말이 있을 거예요. 지금 떠오르는 노랫말이 있나요?

경환 재주소년 '왠지 너는'에 이런 노랫말이 있어요.

재주소년 가족—박경환·이사라·박준희·박찬희·박솔희

"왠지 너는 그 노래의 주인공처럼 편의점에서 우유를 사도 영화일 것 같은데". 실제 있는 노래를 떠올리며 작업한 부분인데, 어느 공연에서 "이 노래의 오마주가 된 곡이 뭔지 아세요?" 하고 질문했더니 한 관객분이 바로 맞히시더라고요. 솔직히 아무도 모를 줄 알았거든요. 그 관객이 에디터님이었죠.

(웃음) **처음 '왠지 너는'을 들었을 때 기시감이 들었는데, 그 질문을 듣는 순간 '앗' 하고 스위치가 켜졌어요. 롤러코스터의 '일상다반사'였죠. "슈퍼에서 우유 사고 버스정류장 앞에서 살까 말까 망설이는 나를 조용히 째려보는 붕어빵 아저씨".**

경환 맞히는 사람이 있을까 싶으면서도 곡을 쓸 때부터 염두에 둔 음악이니까 그래도 한 번 짚고 가자는 생각이었는데, 정답이 나와서 놀란 기억이 나요(웃음). '일상다반사' 가사가 참 아름답잖아요. 그 노래를 들으며 외모도, 마음도 근사한 주인공을 상상하곤 했는데 '왠지 너는'을 만들 때 꼭 그런 모습을 떠올리며 작업했어요. 사실 이 노래 주인공은 사라예요. 같이 강아지 산책시키고 쇼핑하던 순간들을 되새기며 작업했거든요. 그래서 앨범 커버도 사라 사진이고요.

사라 저는 오소영의 '아른아른'을 꼽고 싶어요. 애니메이션으로 작업한 뮤직비디오도 정말 좋아요. 아이들도 좋아해서 자주 함께 보고 있어요. 이 음악은 소영 언니가 오래 키우던 고양이가 무지개다리를 건너고 나서 만든 곡이에요. 듣다 보면 노랫말이 하나하나 마음에 와닿아요. 반려동물이 아니더라도 헤어진 가족, 친구… 많은 존재가 생각나면서 그리워지고 애틋해지는 마음이에요.

경환 "어디로 갔을까 내 예쁜 친구야 아직 난 네가 필요한데".

사라 "널 매일 그리워할게".

때로는 노랫말이 없는 음악이 더 와닿을 때도 있잖아요, 사라 씨 연주곡을 들었을 때 어떤 감정이 밀려오는 것처럼요.

경환 저는 언젠가부터 사람들이 가사 있는 노래보다 연주곡을 더 많이 듣게 된 것 같은데, 어쩌면 노랫말보다 더 강하게 전하는 무언가가 연주에 있기 때문은 아닐까 싶어요. 그래서 이제 대세는 넘어갔다, 네가 우리 집 기둥이다, 하고 사라한테 이야기하곤 하는데요(웃음). 빈말이 아닌 게, 실제로 언젠가 해외 저작권료가 갑자기 많이 들어온 적이 있어요.

사라 아, 그건 딱 한 곡에 한정된 얘기여서 근거가 빈약해요. 저는 음악을 만들 때 '찬탕', '뜻탕'으로 저 나름대로 기준을 두고 발표하는데 피아노로만 이루어진 음악을 찬탕, 전자 음악을 곁들인 곡을 뜻탕이라고 부르거든요. 제가 일렉트로닉을 좋아해서 집에서 작업한 일렉트로닉 곡들을 싱글로 발표한 적이 있어요. 그중 한 곡이 〈밥 잘 사주는 예쁜 누나〉를 보고 정해인 배우한테 푹 빠져서 만든 곡이었어요. 남편이 버젓이 옆에 있는데 제가 매일 다른 남자 사진을 보면서 행복해하는 게 문득 괴롭더라고요. 어느 날 '안 되겠다.' 싶어서 컴퓨터를 켜서 가사를 쓰고 노래를 만들었어요. 그때 해시태그를 '#밥잘사주는예쁜누나 #정해인에게바치는노래 #정해인'으로 해놨더니 해외에서 인기를 얻으면서 해시태그로 퍼진 것 같아요. 실제로 정해인 배우 팬분이 "이거 정해인을 좋아하는 분이 만든 노래래요." 하고 인터넷에 올린 글도 봤고요.
경환 그런 마음으로 만든 곡인데 그 노래 보컬을 제가 했어요(웃음).

정해인 배우가 들었을지도 모르겠는데요(웃음)**. 사라 씨가 일렉트로닉 장르를 좋아한다는 이야기가 새로운데, 책도 음악도 취향을 많이 타는 장르라고 생각해요. 두 분은 특히 좋아하는 책 장르가 있나요?**
경환 팟캐스트 〈낭만서점〉을 진행할 때 일주일에 한 권씩 의무적으로 책을 읽고 소개해야 했는데, 정해진 도서를 읽어야 하는 구조여서 그때 제 취향에 관해 많이 느끼게 됐어요. 엄청 재미있던 주도 있고 굉장히 힘든 날도 있었죠. 소설 전문 팟캐스트여서 모든 장르가 소설이었거든요. 그래서 제 소설 취향에 대해서만큼은 확실하게 말할 수 있어요. 저는 성장소설의 서사를 정말 좋아해요. 청소년 추천 도서가 대개 성장소설일 텐데, 그래서인지 저는 청소년기에 읽은 소설에서 지금도 흥미를 느껴요. 성장소설 중에서도 의외의 매력을 발견한 게 《모모》였는데요. 〈내 이름은 김삼순〉에 나와서 한때 유행한 적이 있는데, 그래서인지 손이 잘 안 가더라고요. 왠지 어린 학생들이 읽을 것 같은 이미지도 있었고요. 그러다 유행이 한풀 꺾였을 때 읽지 않고 책장에만 꽂아두던 걸 펼치게 됐는데요. 정말 아름답더라고요. 제가 단단히 오해했다는 걸 깨달으면서 역시 성장소설을 좋아한다는 걸 다시 실감했어요.
사라 저는 좀 달라요. 장르라고 하기엔 좀 그렇지만 무해한 계열을 찾아가게 돼요. 《취향 육아》도 그런 의미에서 좋았던 거고요. 잔인한 거, 무서운 것도 싫고… 어떻게 보면 자연으로 돌아가는 느낌의 책들이요. 최근에 읽은 책 중엔 오하나 작가님의 《계절은 노래하듯이》가 마음에 평화를 주었어요. 제주에서 귤나무 키우면서 남긴 일기장 같은 산문집인데, 자연을 관찰하면서 느낀 감정을 문장으로 읽는 게 참 좋았죠. 살아가면서 겪는 여러 일을 통해 근본을 알게 하는 이야기, 그런 책들을 좋아해요. 자극이 없고 순한 책들. 《계절은 노래하듯이》에서 좋았던 구절을 읊어 볼게요. "아무도 미워하지 않고, 원망하지 않고, 모질어지지 않고, 자기에게 총을 겨누는 상대에게 그러지 마요, 우리 화해해요, 하고 자신의 가장 연약하고 보드라운 속살을 있는 그대로 내보이면서 웃음 짓는 것."

직접 쓰신 책 이야기를 해볼게요. 경환 씨는 에세이 《소년, 잘 지내》 프롤로그에 출판사와 미팅할 때 "확신이 있던 시기였다."는 이야기를 적어주셨죠. 그 '확신'에 관해 들어보고 싶어요.
경환 책 제안을 받았을 땐 얼마든지 쓸 수 있을 거라고 생각했어요. 재주소년 음악과 연관된 에피소드를 기반으로 음악극을 무대에 올린 적이 있는데, 그때 제안받은 거였고 음악극 평이 굉장히 좋았거든요. 이적 형이 계속하라고, 계속 안 할 거면 판권 자기 달라고 했을 정도로(웃음). 음악극 대본을 쓸 때 얼마든지 더 긴 대본을 쓸 수 있었기 때문에 그걸 다 풀어서 쓰기만 하면 된다고 생각했어요. 근데 계약을 하고 단번에 쓰지 않으니 시간이 흘러가고, 타이밍을 놓친 것 같다 싶을 즈음엔 기억이 가물가물해져서 어떻게 써야 할지 모르겠더라고요. 하지만 어쨌든 제가 만든 노래를 바탕으로 글감을 만드는 거니까 속도는 더뎠지만 쓸 수 있었어요. 점점 확신은 옅어졌지만요(웃음).

그래서 "'이런 감성 에세이 너무 흔하지 않나? 안 그래도 세상엔 책이 많은데 내가 뭘 더 보태나' 하는 생각에 사로잡혔다."라는 생각을 하신 거군요. 말씀하신 '감성 에세이'에 관해서도 들어보고 싶어요.
경환 책을 쓸 때 답사처럼 서점에 가서 어떤 책이 나왔나, 어떤 책이 인기 있나 살펴보는 일이 많았는데요. 방금 책 취향 이야기도 나누었는데, 저는 감성적인 에세이에는 크게 관심이 없어요. 김소연 시인의 《마음 사전》 같은 책은 좋아하지만, 에세이를 굳이 찾아 읽는 편은 아닌데 제가 즐겨 읽지 않는 책이 되는 게 의미가 있나 싶던 거죠. 근데요, 지금 와서 돌아보면 그런 생각을 한 것 자체가 제가 너무 큰 꿈을 꿨기 때문이라고 생각해요. 저는 그저 꿈 많던 소년이었다는 게 이제 와서 다 밝혀지고 있어요(웃음). 책에서도, 음악에서도요. 점점 나이가 들면서 그걸 받아들이면서 사는 게 인생이라는 걸 느껴요. 어릴수록 잘 모르니까 다 할 수 있다고 생각한 것 같아요. 근데 시간이 흐를수록 각자 자기 자리에서 한 땀, 한 땀, 사람들이 열심히 하고 있다는 걸 알게 돼요. 제가 써야 하는 책이 감성적인 에세이든 성장소설이든 제 자리에서

할 수 있는 걸 열심히 하면 되는 건데, 꿈만 크니 '이거 가지고 되겠어?' 하고 생각한 거죠. 그건 책뿐 아니라 모든 분야에서 마찬가지라고 생각해요. 누구에게나 반드시 큰 꿈만이 좋은 게 아니란 걸 알아가는 시간이 찾아오는 것 같아요. 그런데 나쁘다고만 볼 수 없는 게, 큰 꿈을 꾸면서 성공한 사람과 비교하는 건 어떤 의미에선 순수하다는 뜻 같기도 해요.

어떤 의미에서요?

경환 아이들이랑 LP를 자주 듣는데, 서태지와 아이들, 혜은이, 마이 앤트 메리 등 다양하게 듣거든요. 그럼 애들이 물어봐요. "서태지가 유명해, 재주소년이 유명해?"(웃음). 저도 그런 느낌으로 순수했던 거죠. 순수함은 지키되 작업에 하루하루 최선을 다하는 게 지금은 올바른 방법이라고 봐요. 그런 단순한 깨달음을 얻기까지 굉장히 오래 걸렸어요. 저는 이 깨달음이 아주 어른스러운 깨달음이라고 생각해요. 그래서 요즘은 그런 자세로 하루하루 임하려고 노력 중이에요.

《소년, 잘 지내》엔 제목이 '이사라'인 글도 있잖아요. 사라 씨는 책을 처음 보고 어떠셨어요?

사라 제 이야기 아닌 것도 있던데요. 제가 모르는 연애 얘기도 많아서 "이건 누구야?" 하고 물어보고 그랬어요(웃음). 저는 20대에 만난 남자가 경환 씨밖에 없거든요. 그런데 경환 씨는 수많은 여성을 만나고 나를 선택했구나 싶더라고요.

경환 '수많은'이라니, 많지 않아. 글로 풀어놓으니까 많아 보이는 거야.

사라 그런가(웃음)? 저는 여중, 여고, 여대를 나와서 연애 감정을 크게 경험할 수 없었는데 경환 씨 책을 보면서 간접적으로 많은 걸 느꼈어요. 남녀 공학의 로맨스를 간접 경험한 기분이랄까요. 그러면서 재주소년 음악에 대한 정의도 하게 됐는데,

잠깐만요. 왠지 명언이 나올 것 같아요. (숨을 고르고) **들려주실래요?**

사라 재주소년의 음악은 좋아하는 같은 반 남학생의 일기장 같은 음악이다. 실제로 음악이 완성되면 '이 곡은 누구에 관한 곡일까.' 하고 생각한 적도 많고, 연애하기 전에 싸이월드에 경환 씨가 글 하나 올리면 '내 얘기일까?' 하고 추리도 자주 했어요. 재주소년 음악은 곱씹으며 근원을 찾아가게 하는 힘이 있어요. 책도, 음악도 그 배경이 경환 씨한테 있으니까 더 많이 상상하게 되는 것도 같고요.

맞아요. 재주소년 앨범을 1집부터 쭉 따라 듣다 보면 '이분단 셋째줄' 소녀를 바라보던 소년이 대학생이 되고, 어른으로 성장해서 결혼한 것 같은 서사가 그려지기도 해요. 경환 씨는 책을 쓰기도 했고, 책으로 팟캐스트도 진행했고, 사적인 독서도 이어가고 있을 텐데요. 나한테 가장 잘 맞는 독서 활동이 뭐라고 생각하세요?

경환 북토크요.

네?

경환 제 책이 나오기 전에도 북토크 사회자를 많이 한 편이에요. 그러면서 배운 게 참 많아요. 작가님들 만나서 이야기하는 게 참 재밌더라고요. 책을 미리 읽고 궁금한 걸 질문하는 데서 희열을 느꼈어요. 북토크도 나름대로 구성과 규칙이 정해져 있는데 제가 그 격식을 깨고 진짜 궁금한 걸 물으니 작가님들도 신선하셨나 봐요. 그런 의미에서 작가님들께 좋았다는 이야기를 많이 들었는데, 칭찬까지 받으니까 자꾸 하고 싶어져서 적성에 잘 맞는단 생각이 들었어요. 제 책이 나온 뒤엔 전국을 돌면서 북토크 겸 공연을 했는데요. 책 이야기를 하다가 관련된 곡을 기타로 연주하며 부르기도 하고 거기서 파생된 이야기도 나누고…. 제가 해온 것들이 연결되니까 무대가 즐겁더라고요. 북토크는 진행할 때나 직접 할 때나 순수하게 재미있어요. 그래서 제 책으로 전국 순회공연을 하고, 순전히 제가 재미있어서 한 번 또 돌았죠(웃음). 책이 나온 지 벌써 2년이나 지나서 계속하기가 민망해서 그렇지, 또 하라면 또 하고 싶어요. 북토크가 너무 좋아서 두 번째 책을 상상하며 제목도 미리 정해놨어요. '북토크를 위하여'. 근데, 책 제목으로 삼기엔 좀 그렇죠(웃음)?

사라 에? 그게 뭐야, '북토크란 무엇인가'가 낫겠다.

'나는 북토크로소이다'….

사라 그게 제일 좋은데요. (일동 웃음)

의외의 답변이었어요. 사실 혼자서 자유롭게 하는 독서가 제일 좋다는 대답이 나올 거라고 짐작했거든요.

경환 이렇게 이야기하니 마치 엄청나게 다독하는 사람 같아서 민망한데 사실 책 읽는 양은 북토크에 오시는 관객들이 훨씬 많을 거예요. 근데 저는 책에 관해 이야기하는 게 좋아요. 작가에게 궁금한 걸 묻고, 또 듣고, 그 밖의 이야기를 나누는 게 저한텐 큰 기쁨이에요. 책으로 가장 큰 희열을 느낄 방법이 북토크라는 점에서 꼭 북토크를 꼽고 싶었어요.

사라 씨 SNS에서도 북토크에 관련된 기록을 보았어요. 앞서 이야기해 주신 《취향 육아》 북토크였죠. '정말

이 책에 영향을 많이 받았구나.'를 느낄 수 있는 후기였어요.

사라 살면서 처음으로 예매해서 가본 북토크였어요. 인생 책이라고 꼽을 만한 도서라 작가님이 어떤 분일지 궁금했고, 작가님이 북토크 현장에서 아이와 같이 읽었던 그림책을 소개해 주시겠다고 하셔서 콘텐츠가 궁금하기도 했어요. 북토크 현장에 가보니 와인과 치즈를 준비하셨더라고요. 관객 대부분이 엄마일 테니 잠깐이라도 쉼을 누리라는 의미였는데 그런 다정함이 너무 좋았어요. 책 속에서 느낀 다정함을 현장에서 또 마주한 느낌이었죠. 제가 위로받은 마음을 꼭 전하고 싶어서 보답하는 마음으로 제 앨범을 선물하면서 몇 마디 대화를 나눴는데, 엉엉 울었어요. 직접 목소리로 책 이야기를 들으니 문장 하나하나가 더 진심으로 다가오더라고요.

경환 아이디어 좋다, 나도 북토크 할 때 와인이랑 치즈를 준비해 봐야겠어.

저는 반대로 삼형제를 키우는데도 어떻게 이렇게 평화롭고 화기애애하지 하고 감탄했는걸요. 같이 실컷 뛰어놀아서 즐거웠어요. 더없이 행복한, 여행 같은 노동!

사라 그럼 정말 다행이에요. 정신없으실까 봐 많이 염려했거든요. 저도 오늘 기억이 오래 남을 것 같아요. 제주에서 만나서 더욱 좋았어요.

경환 맞아요. 투어 기간이 겹쳐서 인터뷰를 못 할까 봐 아쉬웠는데, 제주까지 와주신 덕분에 더 즐거운 여행이 되었어요. 이 여행의 기록이 어떻게 담길지 기대돼요. 아이들이 사진 찍을 때 장난을 너무 많이 쳐서 흑역사 사진이 나오는 건 아닌지 긴장되네요(웃음).

사라 이상한 포즈로 찍힌 사진들 실리면, 분명히 나중에 땅을 치고 후회할 텐데(웃음)….

삼형제 이모! 사진 보여주세요!

(웃음) **지금 온 신경이 북토크에 집중돼 있군요. 오늘 만나자마자 제주 뙤약볕에서 뛰어다니면서 네 시간 이상 촬영했잖아요. 이 모든 기록이 책으로 엮일 텐데 어떠세요?**

사라 정말 너무, 너무 기대돼요. 사실 삼형제를 키울 때는 치열해지지 않으면 안 되는 부분도 있어서 조금 걱정했어요. 매거진으로 접한 가족들 모습은 다 여유롭고 우아해 보여서… 우리 가족만 치열하고 지쳐 보이는 건 아닐까 고민했는데요. 그런 모습이 적나라하게 담길까 봐 지금도 조심스럽긴 해요(웃음).

살아오면서 얼마나 자주 노랫말에 기대왔는지, 앞으로의 삶에도 계속 기댈 노랫말이 있다는 것이 얼마나 큰 안심인지. "이모 가지 마요!" 꼭 안겨 떨어지지 않는 작은 존재들의 숨소리를 들으며 '살아 있다는 건 정말 멋진 일이야!' 마음으로 한참을 외쳤다. 아이들과 엉켜 신나게 뛰노는 동안 우리를 감돌던 건 한여름 제주의 선율. 땀범벅으로 엉망이 된 몰골을 확인하고도 무구하게 웃을 수 있다는 건 정말 무해한 평화이지 않아요?

(Bgm. 재주소년 'Peace!')

언젠가부터 책에 옷을 입힌 사람들이 곧잘 보였다. 분주한 지하철 안에서, 별 구경을 나선 산책길 벤치에서 단정한 모양새의 북커버를 끼운 그들은 자신이 타인에게 함부로 읽히지 않을 순간 속에서 자유로워 보였다. "오롯이 책 읽을 자유"를 선물하는 '공예가'의 김대홍·권영미 디자이너는 일상 속의 빈칸을 채우는 이들이다. 그때 그 장면에서 마땅히 쓸 만한 게 없다면 두 사람은 손과 마음을 부지런히 움직여 오랫동안 쓰일 것을 만들어 내니까. 지금껏 수놓은 박음질처럼 가지런히 이어질 쓰임에 대해 들었다.

나의 오래될 쓰임에 대해

김대홍·권영미—공예가

에디터 이명주
포토그래퍼 강현욱

만나고 싶다는 연락에 "책과 곁의 사물들에 관한 이야기"를 나누자며 응해주셨어요. 먼저 두 분의 소개로 시작해 볼까요?

(대홍 씨와 영미 씨가 서로를 잠시 바라본다.)

영미 먼저 하실래요? 어떻게 하나 봐야지.

대홍 (웃음) 저는 김대홍이라 하고요. 브랜드 '공예가'에서 디자인을 주로 담당하고 있습니다. 최근에는 파주에서 거의 대부분의 일상을 보내고 있어요. 여기로 이사 온 지는 꽤 되었고 작업실도 4월부터 자리해서, 찬찬히 터를 잡아가는 와중입니다. 반갑습니다.

영미 안녕하세요, 저는 함께 공예가를 운영하는 권영미입니다. 공예가에서는 샘플이나 제품 등을 제작하는 일을 맡고 있어요. 저랑 대홍 씨는 결혼한 지 8년 정도 되었는데, 특별한 일이 없다면 하루 종일 둘이서 지내요. 이분의 삶이 제 삶이기도 한 거죠.

저희는 6월에 열린 서울국제도서전에서 먼저 인사 나누었죠. 그때 작업실 채광이 좋다고 하셨는데 말씀처럼 창밖으로 넘실거리는 푸른 나무들이 보여서 아름답네요.

영미 맞아요. 큰 창이 두 면에 세 개가 있는데 맑은 날은 공간 깊숙이 햇빛이 들어올 정도예요. 오전엔 흐렸는데 점심 지나니까 해가 떴네요. 분주하게 정리하고 오시길 기다렸는데 다행이에요. 꽤 넓은 공간이라 한쪽에는 작업 공간을 꾸린 다음 재고, 재료나 즐겨 읽는 책들을 정리해 두었고, 반대편에는 집기를 제작해서 공예가 제품을 쇼룸처럼 배치해 봤어요. 이야기를 나누는 이 테이블은 저희가 '쉼터'라고 부르는데, 여기서 틈틈이 커피도 마시고 휴식을 취해요.

원래 신촌기차역 근처 '파티션 WSC'를 카페이자 작업실로, 공예가의 제품을 소개하는 공간으로도 쓰셨죠? 파주는 책이나 출판물을 다루는 이들에게 반가운 동네인데, 어떻게 오게 되었나요?

대홍 파티션 WSC는 우리와 우리의 작업물이 다양한 분들께 닿기 위한 창구였어요. 오시는 분들에게 더 가까이 다가가 공예가를 설명할 수 있었죠. 그런데 팬데믹이 시작되면서 카페는 운영하지 못하고 작업에만 집중하게 됐어요. 이대로는 유지하기 어렵겠다는 생각과 작업에서의 배움이 좀더 필요하겠다는 생각이 동시에 들었죠. 공예가나 파티션 WSC 외에도 둘의 전공을 살려 매거진 《월간한옥》에서 스타일리스트로 잠시 일했고, 출판사 '통신사'를 만들어 책도 몇 권 펴냈어요. 경계를 짓지 않고 일에 뛰어들었는데 결국 우리가 누구인지 설명하기에는 뾰족하게 와닿는 게 없는 것 같았어요.

영미 둘 다 공부를 좀더 하고 싶으니까, 제가 먼저 한국전통문화대학교 전통미술공예학과 전통섬유전공에 들어갔어요. 만드는 행위를 좋아하고 한국적인 것에 대한 의미를 찾던 시기라서 선택한 전공이었죠. 그곳에서 1년을 보내는 동안 대홍 씨는 공예가의 업무를 도맡으며 어떤 진로로 나아가 볼지 고민했어요.

대홍 그러다가 제가 타이포그래피를 다루는 학교 '파주타이포그래피배곳PaTI'에 관심을 갖게 된 거예요. 당시 살던 가양동에서 그 학교를 오가는데 첫 학기를 다니는 순간부터 파주와 잘 맞아서 근처로 이사 오고 싶었어요. 게다가 학교 주변에 '천천히 식당' 아세요? 학생들은 그곳을 학식이라 부를 정도로 자주 가는데, 파주출판도시에 계신 웬만한 출판인들도 거기서 밥을 드시곤 하거든요. 만남의 장소처럼 드문드문 아는 분들과 식사도 하고 이야기를 나누다 보니까 파주가 더욱 좋아지더라고요. 집도 옮기고 작업실도 만들면서 낯설고 신기했던 동네가 이젠 정말 친숙하게 느껴져요.

자연히 마음이 향하는 곳이었네요.

대홍 특히 이 작업실이 재밌는 게 뭐냐면요, 키네틱 아티스트인 친한 친구와 근처로 작업실을 알아보러 다녔어요. 그 친구는 어릴 적부터 '과학상자'를 갖고 놀았는데 마침 같은 이름을 가진 건물을 발견하곤 무척 좋아하면서 계약했죠. 우리도 어디 마땅한 공간이 없을까 하던 와중에 여길 발견했는데요, 건물 이름이 '씨실과날실'인 거예요! 실과 재료를 엮어 물건을 만드는 우리와 딱 맞는 거죠.

영미 더 마음이 갈 수밖에 없었어요. 그리고 파주는 자연을 가까운 자리에서 만끽할 수 있어요. 집 베란다 너머로는 산이 보이고, 주말에는 차 소리 대신 동물 소리만 들려요. 낮과 밤에 다른 새소리를 듣는 경험도 황홀하고요.

저는 같이 일하는 분들을 보면 꼭 첫 만남이 궁금해요. 게다가 공예가는 처음부터 두 분이 함께 끌어왔기에, 인연의 시작을 묻지 않을 수 없죠.

대홍 같은 대학에서 패션디자인을 전공하면서 만난 선후배 사이예요. 영미 씨가 3학년이었고요. 저는 전역한 복학생이었는데, 야간 수업이 가능한 학교라서 낮에는 일하고 밤에는 수업 들으며 주경야독의 시절을 보내고 있었어요. 그러다 우연히 만나 이야기를 하게 됐는데 성향은 다르지만 잘 맞는 것 같다는 생각이 들더라고요. 아직 미래에 대한 거창한 그림은 없어도 하루를 충실하게 보내는 모습이 닮았고요.

영미 대홍 씨는 외향적인 사람인데 저는 내향적이고 생각이 좀 많은 편이에요. 복잡한 생각이나 고민을 대홍 씨와 이야기하면 다시 긍정적으로 바라보게 되더라고요.

저의 모든 면을 밝은 쪽으로 맞받아쳐 주는 합이 좋은 사이였죠. 그래서… 연인이 된 거예요(웃음).

궁금증이 풀렸어요. 두 분은 졸업 후에 국내 패션 업계에서 디자이너로 일하셨잖아요. 배움을 얻었지만 아쉬움도 많았던 시기라고 알고 있어요.

대홍 당시에 일했던 곳은 하우스 브랜드인데, 실장님을 포함해서 직원이 늘 다섯 명 이하라 한 사람이 하나부터 열까지 많은 일을 감당했어요. 디자인이나 제품 제작 실무 외에도 외부 행사나 해외 관련 비즈니스, 매장 청소 같은 일도요. 그리고 매 시즌 좋은 원단으로 새로운 디자인과 패턴, 봉제를 선보였지만 팔리지 않을 때도 많았고 시기가 지나면 모두 쓸 수 없는 게 되어버렸죠. 스스로 소모되는 듯한 느낌을 받으면서 '이게 과연 내가 좋아했던 패션이 맞나?'라는 질문이 떠오르더라고요. 그 와중에 제가 정말 좋아하던 건 샘플실이나 공장에서 봉제하는 선생님들 만나 이야기 나누는 거였어요. 무엇이든 노련하게 구현하는 그분들은 원단과 재료의 세계에 대해 꾸밈없이 알려주시니까 곁에 있는 시간이 즐거웠죠.

영미 씨는 어땠어요?

영미 저는 내셔널 브랜드 디자인팀에 속해서 디자인 업무를 주로 맡았지만 느낀 바는 비슷해요. 매일같이 일찍 출근해서 새벽에 퇴근하는 생활을 당연하게 여겼어요. 속해 있는 브랜드의 매출이 좋지 않으면 하루아침에 없어져 버리고 다른 브랜드로 옮겨야 했고요. 그런 생활을 도저히 버틸 수 없다 싶을 때쯤 대홍 씨가 먼저 일본으로의 워킹 홀리데이를 제안했어요. 만약 저 혼자라면 쉽게 결정하지 못했을 텐데, 대홍 씨를 만나고 난 후부터는 새로운 기회가 왔을 때 선뜻 행동하고 싶어지더라고요. 흔쾌히 응하고 양가 부모님 뜻에 따라 결혼을 약속한 뒤에 일본에서 1년 남짓 머물렀어요. 도쿄 근교 사이타마 현에 있는 가방 공장에서 함께 봉제사로 일하면서요.

여러 나라 중에서 일본을 선택한 이유가 궁금해요.

대홍 저는 재봉틀이 익숙한 집안에서 자랐어요. 어머니는 재봉틀을 아주 능숙하게 다루시고 아버지도 일본에서 가방 공장을 오랫동안 운영하셨죠. 유년 시절부터 성인이 된 후에도 아버지를 만나러 일본에 자주 가곤 했는데, 하루는 브랜드 '요시다 컴퍼니'의 '포터Poter' 가방을 만드는 걸 보면서 저도 한번 해보고 싶다고 했어요. 아버지가 엄한 성정에 고집도 세신 분이라 처음엔 하던 거나 하라고 하시다가 매번 설득하니 결국 승낙해 주셨죠. 그 길로 영미 씨와 일본에 도착했는데 첫날에는 맛있는 걸 사주셔서 행복하게 먹었거든요? 근데 바로 다음 날부터 현장에 투입시키는 거예요(웃음). 패션디자인 전공자 전부가 재봉틀을 능숙하게 다룰 수 있는 건 아니에요. 내가 잘못 박으면 곧장 불량 제품이 된다니까 그제야 정신이 번쩍 들었죠. 월요일부터 토요일까지 주 6일 근무하고 하루를 쉬었어요.

영미 재료도 제작해야 하는 양에서 한두 개 정도만 여유 있을 정도로 주어져요. 어떤 때는 그 한두 개 오차도 없을 정도로 모든 제작과 검수 과정에서 실수가 없도록 꼼꼼히 임해야 했죠.

대홍 그런데 영미 씨는 정말 잘해서 매일 칭찬받았는데… 저는 작업이 어느 정도 익숙해질 만하면 새로운 방향으로도 시도해 보다가 많이 혼났어요(웃음). 그때 만든 가방이 포터의 '탱커' 시리즈인데 안에 솜이 든 원단을 사용해 재봉하거든요. 작업하다 보면 해가 질 때쯤엔 바지 위에 솜들이 눈처럼 쌓여 있어요. 그걸 보면 '아, 오늘도 열심히 했구나.' 싶죠.

영미 일을 마친 밤 10시 이후에는 공장에 남아 저희끼리 재봉틀로 이리저리 패턴이나 가방도 제작해 보곤 했어요. 하루 쉬는 일요일에는 도쿄 근교로 커피 마시러 가고, 잘 모르는 일본어 쓰면서 특별한 공간을 구경하러 다니기도 했고요.

대홍 이를테면 아사가야나 고쿠분지, 야나카처럼 여행지 우선순위로는 먼 동네로요. 그 경험을 바탕으로 한국에 돌아와서 파티션 WSC를 꾸린 거기도 해요. 우리가 좋다고 느끼는 것들이 쉽게 휘발되는 게 아쉬운 성향인가 봐요. 잘 붙잡고 다듬은 후에 손에 잡힐 수 있도록 물성화를 시키고 싶어요.

더할 나위 없이 바쁜 나날이었겠지만 그 시간이 분명히 현재의 공예가에게 많은 영향을 끼친 듯해요.

영미 우리가 만드는 물건을 바라보는 시선이 명확해졌어요. 앞서 패션 업계에서의 아쉬움에 대해 이야기했지만, 온전한 상품도 단지 유행이 지나서 쓰지 못하게 되는 경우가 있잖아요. 옷뿐만이 아니라 너무 급하게, 값싸게 만든 바람에 품질이 떨어져 금방 망가지는 물건도 많고요. 무엇을 산다는 건 비용뿐 아니라 마음의 소비도 있을 텐데, 아름답고 잘 만들어진 물건을 매일 만족하면서 쓰는 기분은 대충 만든 물건을 자주 사는 것보다 탁월하게 좋겠죠. 일시적으로 반짝 좋은 게 아니라 시간이 흘러도 여전히 쓰일 수 있는 걸 우선으로 삼으려 해요.

대홍 일본은 제작 업무에서의 규칙이나 규격이 명확한 편이에요. 엄격한 기준을 지켜 나온 제품이라는 걸 처음엔 소비자들이 잘 모르더라도, 물건은 우리 곁에 계속 남아 있잖아요. 어떤 흠이 있다면 결국엔 분명히 발견되고

말 거예요. 그 순간에 우리가 만든 제품을 다시 구매할지 혹은 별로라며 다신 손이 가지 않을지 정해지겠죠. 제작하는 사람부터 엄격한 시선을 갖는다면 한 물건을 오래 곁에 두고 쓸 수 있는 최선의 방법이지 않을까 생각해요.

그건 곧 '공예'의 의미와도 연결된다고 봐요. 공예란 일상생활 속 물건에 기능성과 장식성을 더하는 일이니까요.

대홍 맞아요. 공예가의 슬로건은 "비어 있는 자리에 어울리는 예술의 조각을 채운다."라는 문장이에요. 이름도 흔히 쓰이는 '장인 공工' 대신 비어 있음을 뜻하는 '빌 공'을 넣은 '공예가空藝家'라고 지어서, 일상 속 빈자리에 용도에 알맞은 꼴을 찾아 손으로 만들어 채운다는 가치를 담은 거죠. 주로 저랑 영미 씨가 쓰고 싶은데 마땅한 걸 발견하지 못한 경험이 제품을 만드는 아이디어로 연결되곤 해요.

그 이름으로 가장 먼저 선보였고 또 가장 사랑받는 도구인 '북커버'도 그런가요?

대홍 그럼요. 일본에서 이방인으로 머물 때는 유독 책을 읽을 때 집중이 잘됐어요. 카페에 머물면 외국어가 백색소음처럼 귓가에 들리고, 내가 읽는 책이 무엇인지 주변 사람들 아무도 알지 못하는 상황이니까요. 한국에 돌아와서 평소처럼 카페에서 책을 꺼내는데 뭔가… 주변이 의식되는 거죠(웃음). 책을 덮는 커버가 있다면 더욱 온전한 집중의 시간이 되겠다는 생각에 북커버를 떠올렸어요. 물론 책을 보호하는 의미도 있고요.

잠시만요, 그런데 왜 내가 읽는 책을 보여주고 싶지 않을까요?

대홍 음… 지금 입은 이런 옷, 저는 집에서 안 입거든요. 여유 시간에 책 읽을 땐 저만의 편한 옷을 입고 편한 자세를 취해요. 그런데 타인이 존재하는 바깥에서는 내가 편안한 환경을 완벽하게 구현하기가 쉽지 않죠. 어떤 사람의 서재나 책을 보면 그 사람이 보인다는 말처럼, 지금 읽는 책이 나를 대변할까 신경도 쓰이고요. 타인이 나를 지켜보고 있는지는 몰라도 무엇 하나가 마음에 걸리기 시작하면 행위가 부자연스러워질 거예요. 그래서 북커버를 소개하는 말에 "오롯이 책 읽을 자유"라고 써두었어요. 드러내지 않음으로써 얻는 자유를 북커버가 느끼게 해줄 테니까요.

한편으로 디자인은 무척 다양해지고 있잖아요. 어떤 책인지는 비밀이어도 커버를 무엇으로 고르느냐에 따라 읽은 이의 취향은 드러나는 것 같아요.

영미 그게 정말 재미있는 점이라 생각해요. 공예가의 북커버 중 색깔만 변주를 준 기본 디자인이 있는데, 그 위에 고유한 창작가나 작가, 출판사 등과 협업해서 그들의 색을 그릇처럼 담아내곤 해요. 많은 분들이 취향껏 자신의 눈에 아름다워 보이는 걸 고르거나, 직접 와펜 등을 붙여 세상에 단 하나뿐인 커버로 쓰세요.

처음 선보였을 때만 해도 읽는 이들에게 조금 낯설었을 텐데, 이제는 어떤가요?

영미 서울국제도서전에 나갈 때마다 인식이 달라지는 게 느껴져요. 2022년도에 처음 나갔을 땐 북커버가 무엇인지부터 설명해야 했고, 그렇다고 하더라도 기발한 제품 정도로만 여기셔서 구매에는 허들이 있었던 것 같아요. 그래도 작년부터는 보자마자 북커버인 줄 아시는 분들이 많아서, 어떻게 쓰이는지만 말씀드렸죠. 그런데 올해에는 사용법조차 설명 안 해도 되더라고요(웃음).

독서에 즐거움을 더하는 하나의 방법으로 자리 잡은 거네요. 공예가만의 북커버가 가진 특징에 대해서도 듣고 싶어요.

대홍 직접 북커버를 씌우면서 들려드릴까요? (수납장에서 진회색 북커버를 하나 가져온다.) 커버를 책처럼 펼치면 가운데 가름끈이 달려 있고 왼쪽 날개에 펜꽂이로 쓰는 단춧구멍이 보여요. 패션디자인엔 '트리밍Trimming'과 '디테일Detail'이라는 용어가 있는데, 전자는 장식적인 요소로 기능이 없는 걸 말해요. 후자는 기능이 포함된 요소를 이르는 말이고요. 얼핏 보기에 이 구멍이 단순한 장식처럼 보일 수도 있지만 펜꽂이라는 기능이 있기에 단춧구멍 디테일인 거예요.
영미 처음에는 구매하신 분들이 구멍이 났다며 불량이라고 놀라셨어요. 설명을 더 잘 했어야 했는데(웃음). 더불어 디테일이라고 하더라도 기능이 덕지덕지 붙는다면 오히려 손이 안 가게 될 수도 있으니까 펜꽂이나 가름끈, 고정 밴드를 제외한 기능적 요소들은 덜어냈어요.
대홍 여기 오른쪽 면에 붙어 있는게 조절 날개와 고정 밴드예요. 커버를 완전히 감싸서 밴드를 끼우면 책이 벌어지지 않죠. 가운데 하단에는 공예가 라벨이 붙어 있고 그걸 바깥면에서 보면 라벨이 박음질된 스티치가 보이는데요. 도서관 서가에 꽂힌 책들을 보면 아래쪽에 도서 정보가 라벨지로 붙어 있잖아요. 그걸 은유적으로 표현해 봤어요. 박음질 선이 바깥까지 보이는 거라 공들여 작업해야 해요. 만약 선이 삐뚤빼뚤하면….

아주 곤란하겠어요(웃음). 사이즈를 구분하는 방법도 있죠?
대홍 사이즈를 정하는 게 가장 까다로웠어요. 신국판, 국판, 문고판… 판형도 두께도 제각기였거든요. 결국 좋아하는 책들을 모아다 사이즈를 재고 평균치를 냈죠. 옷을 구분하듯 북커버도 스몰, 미디엄, 라지로 분류했고요. 사이즈나 가름끈, 컬러 같은 요소들 외에도 공예가가 만드는 모든 물건은 전부 직접 써보면서 디테일을 체크해요. 어느 날은 골라둔 색깔이 무지 예쁘다가 하루이틀 지나면 별로 안 예쁘고, 날씨가 좋으면 다시 '어떻게 이렇게 예쁘지?' 하다가 다음 날 또 마음이 변하곤 하거든요(웃음). 우리부터 오래 보고 쓸 수 있는지 가늠해 보게 돼요.

보여주신 커버 안에는 《브람스를 좋아하세요…》가 있네요. 작업과 삶의 중심에 놓인 책을 소개하는 '스파인Spine'의 과거 콘텐츠에서 영미 씨가 좋아하는 책으로 꼽은 거죠? 요즘에는 어떤 책에 빠져 있어요?
영미 꽤 오래전인데 그걸 보셨나 봐요. 그때는 시인 윤동주, 작가 생텍쥐페리와 마스다 미리의 책, 장욱진 작가의 《강가의 아틀리에》도 꼽았죠. (책장으로 향해 몇 권 품에 안고 돌아온다.) 조금 골라보면… 최근엔 섬유 공예와 예술을 다룬 책이나 북노마드의 《전집 디자인》처럼 작업물을 아카이빙한 책을 자주 봐요. 여전히 문학을 좋아하지만, 졸업 논문이 막바지 단계라 관련 자료에 쉽게 손이 가거든요. 논문 주제는 고려시대 불교의 경전을 감싼 커버예요.

어머나, 고려시대에도 커버가 있었나요?
영미 고려시대 경전의 형태가 두루마리라서 감싸는 커버도 대나무와 실크 실을 엮어 문양을 표현한 발 형태였대요. 표현한 문양도 여러가지였다고 하니, 그 시절에도 경전에 대한 존경심을 표현하는 방법으로 커버를 썼던 것 같아요. 그때는 지금보다도 책이 훨씬 귀했고요.

덕분에 재미있는 사실을 하나 알았네요. 대홍 씨는 어때요?
대홍 특정 작가를 꼽으려면 조금 고민되니까… 최근 관심 장르로 말하자면 '언어'일까요? 저 역시 학교 작업과 관련되었기 때문 같은데 안규철 작가의 《사물의 뒷모습》, 빌렘 플루서 《몸짓들》을 꼽고 싶어요. 저와 영미 씨 모두 쉴라 힉스Sheila Hicks의 작품을 좋아해서 그의 작품집도 즐겨 봐요.

문득 두 분의 독서 모습이 궁금해져요. 책 읽는 법은 저마다 다르잖아요.
영미 음… 우선 한 번에 한 권만 읽는 편이에요. 동시에 여러 책에 신경을 쓰기가 어렵더라고요. 그리고 최대한 책을 깔끔하게 보고 싶어서 인상 깊은 부분에는 포스트잇이나 인덱스를 붙여요. 밑줄 치는 건 다음번에 다시 읽게 되었을 때 영향을 받을까 봐 굳이 하지 않고요.
대홍 저는 병렬 독서 스타일이라(웃음), 서너 권 북커버에 싸서 곁에 둬요. 연필로 밑줄 긋고 작은 코멘트를 적어두기도 하고요. 요즘에는 연필이 없으면 과감하게 종이 모서리를 접어버려요. (오래된 책의 첫 장을 편다.) 그리고 시작 페이지 보면 그 책을 읽을 때마다 날짜를 기입해 뒀거든요. 여기 2008년에 처음 봤다고 사인 그려둔 거 보이시죠? 옛날에는 좀 멋있는 척을 하느라고… 사인 만들어서 해놨는데 요즘엔 그냥 이름 적어요.

(웃음) **골라 온 책에서 각자의 습관이 보이는 게 재미있어요. 인덱스가 붙은 건 누가 봐도 영미 씨, 밑줄과 필기가 남은 건 대홍 씨 책이네요. 앞서 잠시 언급했는데, 두 분은 '통신사'라는 이름 아래 《신촌통신》, 《연희통신》을 펴내셨죠. 책과 곁하는 도구뿐 아니라 책을 만드는 경험도 하셨어요.**
대홍 서대문구 지원 사업을 통해 먼저 《신촌통신》을 제작했어요. 1980년대생이라면 신촌의 문화적 가치를 모를 수 없다는 것 아세요? 서브 컬처의 발상지이자 살롱 문화를 주도했고, 당시 유명했던 아티스트들이 모여 술 한잔하며 예술을 논하던 곳이래요. 영화 〈미드나잇 인 파리〉 속 한 장면처럼요. 그런데 그때의 기록을 찾기는 정말 힘들어요. 자리를 지키던 공간들도 힘없이 밀려나 버려서 '젠트리피케이션Gentrification'의 첫 사례로 꼽기도 하죠. 그 시절을 말해줄 수 있는 분들을 컨택해 이경근 객원 에디터와 함께 인터뷰를 나눴어요. 이후에 《연희통신》은 앞선 사례의 반대, 도시 재생의 예시로 연희동을 꼽아 취재한 시리즈였고요. 두 권 모두 영미 씨, 친한 친구인 경근 에디터 외에도 동네 분들이 힘을 모아주셔서 나올 수 있었어요.

책이라는 물성의 가치를 느끼는 계기도 되지 않았을까 싶어요.
대홍 결국 공예적인 태도나 만드는 사람으로서의 감각으로 바라보곤 하는데요. 책의 어디를 살펴봐도 저자나 제작자, 출판사의 마음이 서리지 않은 부분이 없어요. 한 권의 책이 잘 나왔다는 걸 보는 것만으로도 마음이 든든하고 흐뭇해요.

한때는 세상에서 출판물이 사라질 거라는 말도 있었지만, 두 분처럼 그 가치를 아는 이들이 있다면 다를 것 같아요.
(영미 씨가 고개를 끄덕인다.)
대홍 그렇게 쉽게 없어지지 않을 거예요.

H. Gongyega.kr

공예가의 오랫동안 쓰일 물성

1.

2.

1. 도구집

두 손에 사뿐히 올라갈 만한 크기의 도구집. "여러 도구가 손쉽게 오가는 집"이라는 이름처럼 펜이나 가위, 자 등 일상에 필요한 도구를 비롯해 작업자에게 유용한 사물을 한데 모아 두고 쓰도록 기획했다. 중심 주머니 주변으로 여러 구획으로 나뉜 외부 주머니가 달려 있어 쓰는 이의 마음대로, 내 손에 딱 맞는 도구집을 구성할 수 있다.

2. 런드리 백

여름의 시원함을 담은 메시 소재의 런드리 백은 어느 곳이든 사용 목적에 맞게 쓰임을 부여하는 제품이다. 여행 시에는 가벼운 가방으로, 세탁이 필요할 땐 요긴한 세탁망으로 활약하며 과일이나 채소 등을 보관하는 보관망으로의 역할도 가능하다고.

그들은 어느 무엇 하나 쉬이 내보내지 않는다. 쓰임은 적절한지, 쓰임을 방해하는 요소는 없는지, '쓰임'이라는 중요하고 단단한 기준 아래 제작한 도구들을 자신의 일상에 직접 적용하며 여러 번 매만진다. 북커버 이외에도 대홍과 영미, 두 사람의 고민과 시간이 담겨 완성된 공예가의 물성을 소개한다.

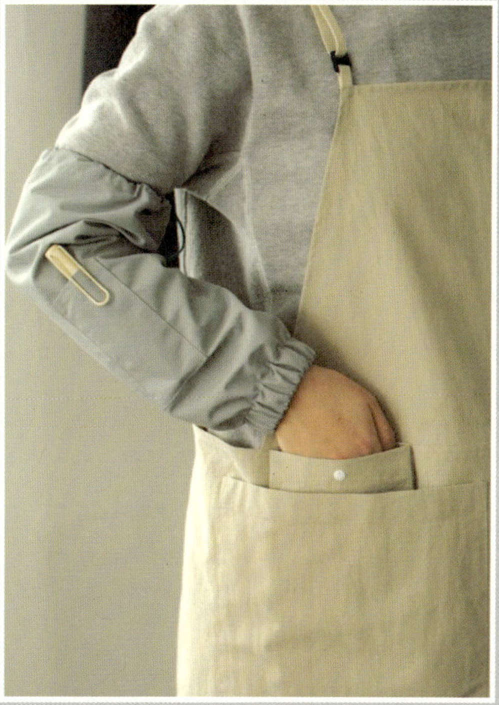

3.

4.

3. 앞치마와 토시

염색가, 도예가, 공예가나 화가, 디자이너, 요리사 혹은 무엇이든 너끈히 해내야 하는 모든 이를 위해 만들었다. 앞치마는 170그램의 가벼운 무게로 장시간 착용해도 부담 없고 여밈 스냅이 달려 있어 입고 벗을 때 편리하다. 토시는 방수 소재이며, 끝부분의 스트링을 활용하여 조절해 작업 도중과 휴식 사이를 유연히 오갈 수 있다.

4. 공예가×MADO 티-백

금방이라도 찻잔에서 건져 올린 듯한 '티백' 모양의 가방. 도쿄 디자인 프로젝트 팀 'MADO'와 함께 '차의 확장'을 주제로 생각을 주고받으며 제작했다. 사물을 인식할 때 주목하는 여러 부분 중 이들은 크기에 집중했다고. 흔히 보던 삼각 티백의 모양새가 우리 어깨에 가벼이 걸쳐지면, 어느새 쉽게 손이 가는 가방이 된다.

출판 편집자 김보희는 19년간의 직장 생활을 마무리한 뒤 나만의 세계를 창조하는 데 뛰어들었다. 그 세계의 주인공은 책을 좋아해 목이 조금 굽은 거북이. 느린 듯 보이지만 책이라는 바다에서만큼은 누구보다 빠르고 자유롭게 수영하는 존재다. 김보희 대표는 1인 출판사 '터틀넥프레스Turtleneck Press'라는 이름으로 거북목들의 '책 친구'가 되어, 그들이 몰랐던 바다의 구석구석으로 안내한다. 그의 손에 이끌려 도착한 바다는 함께 배울 거리로 가득한 늘 푸른 세계다.

펼친 책, 그 속에서 헤엄을

김보희—터틀넥프레스

에디터 차의진 포토그래퍼 강현욱 장소 협조 미

더운 여름날 만났네요. 평소 연남동을 자주 찾으신다기에 이 동네에서 만나자고 했어요.
요즘은 미팅이 있을 때나 친구들 만나러 연남동에 종종 와요. 터틀넥프레스를 시작하기 전, 제가 다니던 회사들이 이 동네에 몰려 있어서 그런지 정이 많이 들었죠. 오늘 우리가 만난 공간 근처도 예전 직장 동료들과 점심 먹고 즐겁게 산책하던 길이에요.

오늘 찾은 카페 '미mi'는 작년 문을 열었어요. 터틀넥프레스로 분주하던 시기라 이곳은 처음 방문하셨겠네요.
맞아요. 저는 어떤 공간이든 들어서면 책장부터 살펴보는데, 이곳에서는 주인장의 취향이 바로 느껴졌어요. 내부도 방 세 개로 재밌게 나뉘어 있고, 채광도 좋아서 누군가의 거실에 온 듯한 기분이에요. 커피도 맛있네요.

터틀넥프레스도 참여했던 서울국제도서전이 얼마 전 막을 내렸죠. 행사 마치고 어떻게 지내셨어요?
사실 최근까지도 영혼이 여전히 행사장에 있는 기분이었어요(웃음). 도서전은 회사 다닐 때도 여러 번 나가봤지만, 그땐 동료들이 함께하니까 물건 정리만 하면 금방 끝났어요. 그런데 올해는 1인 출판사로 참여하다 보니, 물건 정리는 물론이고 정산, 재고 파악, 도움 주신 분들께 감사 인사까지 전부 혼자 해야 했죠. 이번 주가 되어서야 본격적으로 다음 할 일들을 시작했어요. 아직 정신이 완전히 돌아오지 않은 기분이라, 요즘은 일상에 관해 더 많이 생각하게 돼요.

혼자 감당할 몫이 많은데 힘차게 나아가시는 모습이 대단하게 느껴져요.
저는 열심인 가톨릭 신자는 아니지만 얼마 전 경상북도 칠곡군 왜관읍에 있는 수도원에 다녀왔어요. 거길 방문하는 게 퇴사 후 버킷 리스트 중 하나였는데, 이제야 갔어요. 좋아하는 건축가 승효상 선생님이 설계한 건물이 있는 곳이기도 하거든요. 수도원 내에 가톨릭용품점인 성물방이 있었는데요. 거기서 《일상》이란 책을 샀어요. 이 문장이 마음에 들어서요. "일상은 꿀도 타지 않고 미워하지도 않은 채 견뎌내야 한다." 싫으면서도 끄덕이게 되죠? (웃음) 또 하나는 "담박하고 성실하게 받아들여진 일상"이란 표현이었어요. 이런 글도 있네요. "일은 그런대로 즐거운 것이긴 하지만 아주 잘 맞진 않을 것이다."

(웃음) 흥미로운 책이네요. 이번 도서전에서는 신간 두 권이 처음으로 공개되었죠?
《터틀넥프레스 사업일기 2: WALKS》가 나왔어요. 사업일기 1권은 'BEGINS'라는 부제로 올해 초 발행되었는데, 터틀넥프레스 창업을 준비하면서 제가 쓴 기록을 모은 책이에요. 이번에 나온 2권은 2년 차 브랜드로서 나아가는 이야기를 담았어요. 작년은 독자들을 본격적으로 만나기 시작한 해라 독자들에게 다가간다는 의미를 담아 부제로 'COMES'를 붙일까 하다가, 잘 나아가고 있는지는 몰라도 어쨌든 걷고 있다는 의미로 'WALKS'라고 지었죠. 이 시리즈는 매년 도서전마다 내는 게 목표예요.

헉, 부스 준비만으로 분주할 텐데 가능할까요?
정말 힘들겠지만 저한테 도움이 되는 일이라 그렇게 하고 싶어요. 터틀넥프레스의 한 해 기록을 정리할 수 있고, 이 책이 저처럼 혼자 일하는 분들에게도 가닿아 응원이 된다는 피드백을 받으니 꾸준히 내야겠다 싶었어요. 오래 살아남겠다는 의지이기도 해요(웃음).

응원하며 지켜볼게요. 또 다른 신간 《거북목편지》도 소개해 주세요.
작년 1월부터 독자들에게 뉴스레터를 보내기 시작했어요. 터틀넥은 거북목이란 뜻이니까 매주 목요일에 발송하고, 지난 레터는 다시 볼 수 없게 해뒀어요. 계속 쌓인다는 인상을 주기보다 지금 이 순간에만 주고받는 쪽지 같은 느낌을 살리고 싶어서요. 그런데 이전 레터도 읽고 싶다는 독자들이 점점 늘어나서 이걸 한 해의 기록으로 묶으면 좋겠다 싶었고, 결국 1년간 보낸 편지 49통을 책으로 엮었어요.

터틀넥은 거북목, 재밌어요. 브랜드 이름은 어떻게 지은 건지 궁금해지네요.
2023년 시작한 터틀넥프레스는 책 때문에, 책을 좋아해서 거북목이 된 사람들을 위한 브랜드예요. 친하게 지내는 《AROUND》 연재 필진 한수희 작가님, 전 직장 동료 '민 선배님'과 모인 자리에서, "출판사 이름을 정해보자. 책 만드는 사람들 특징이 뭘까?"라며 농담처럼 이야기를 주고받았죠. 목 디스크, 협착증 같은 단어들이 오가다가 '거북목'이 나왔고 그때 민 선배가 툭, "그럼 터틀넥?" 하고 던졌어요. 셋이 까르르 웃었는데, 다시 생각해 봐도 그것보다 더 좋은 이름은 없더라고요.

누구를 위해, 어떤 책을 만드는지도 들려주실래요?
제가 그려본 터틀넥프레스의 독자는, 궁금한 점이 생기거나 해결하고 싶은 문제가 있을 때 책부터 찾는 사람이에요. 그런 분들에게 터틀넥프레스는 친구 같은

A. 서울 마포구 동교로51길 133-11 3층

존재로서 '함께 배우고 싶은 것'을 책으로 만들어요. 배움의 영역은 '삶' 그리고 '일'이죠. 삶에 관한 책은 에세이 《오늘도 우리는 나선으로 걷는다》, 일에 관한 책은 《기획하는 일, 만드는 일》, 《에디토리얼 씽킹》, 《인터뷰하는 법》을 예로 꼽을 수 있겠네요. 언젠간 '앎'에 관해서도 꼭 이야기하고 싶어요.

앎에 관한 책은 무엇을 이야기할 수 있을까요?

주제는 교양부터 역사, 인생에서 필요한 기술처럼 다양할 거예요. 제가 '거북목 멤버'라고 부르는 독자들에게 뉴스레터로 '가장 배우고 싶은 것'을 물었는데 1위가 스타일링과 메이크업이었어요. 이건 삶과 일은 아닌, 실용적인 앎의 영역에 속하겠죠. 그러고 보니 책에서 정보를 얻는 우리 독자들은 유튜브 같은 플랫폼이 익숙하지 않을 수 있겠더라고요. 꼭 책으로 만들지 않아도 거북목 멤버들과 함께 배울 수 있다면 어떤 형태로든 이 주제를 다뤄보고 싶어요.

함께 배운다는 표현이 새로워요. 저에겐 책이 함께 배운다기보다는 깨달음을 주거나 지식을 가르쳐주는 존재로 익숙해서요.

가르침, 깨달음은 개인에게 주어져요. 하지만 저는 터틀넥프레스가 독자들과 무언가를 같이, 함께하고 있다는 감각을 나누고 싶어요. 지식의 공급자가 아니라 친구로서요.

이 키워드가 어떻게 탄생했는지 들어보고 싶어요.

'함께 배움'은 나 자신을 탐색하는 과정에서 자연스럽게 떠오른 말이에요. 브랜드를 시작하기로 결심하고 나서 다양한 워크숍, 강점 테스트, 책으로 저를 들여다봤는데, 그 중심에 '협업'과 '배움'이라는 키워드가 있더라고요. 돌아보면 대학 시절, 친구들과 독립영화를 만들던 시간이 가장 행복했어요. 각자 역할에 충실하게 임한 다음 결과물이 나왔을 때의 희열이 좋았죠. 책을 만들면서도 가장 즐거운 순간은 협업이었어요. 작가님과 나누는 한 시간이 책 한 권만큼 소중하게 느껴질 때도 있었고요. 그래서 제가 만들어갈 브랜드도 책 친구들과 무언가를 함께 배워가는 방향으로 정해졌어요.

책을 통한 배움은 어떤 효용이 있나요?

영상과 달리 나만의 속도로 즐길 수 있어요. 물론 영상도 배속을 하거나 느리게 재생할 수도 있죠. 하지만 문장은 나의 눈이 머문 곳에 똑같이 머물러 있잖아요. 책의 가장 좋은 점은 내가 눈을 두고 싶은 만큼, 내 리듬대로 읽을 수 있다는 거예요.

거북이가 주인공인 브랜드 세계관도 만드셨잖아요. 대표님께 그 이야길 직접 듣고 싶었어요.

사실 이 이야기는 사람들에게 들려주고 나면 괜히 혼자 부끄러워지곤 해요(웃음). 아까 이야기한 것처럼 살면서 어떤 고민이나 문제를 마주했을 때, 그 해답을 독서로 찾으려는 사람들이 있잖아요. 누군가는 그런 모습이 느리다고 말하고, 요즘 같은 시대에 누가 독서를 하냐고 물어요. 하지만 저는 책을 펼치는 순간 우리가 오히려 훨씬 더 빠르고 자유롭게, 마음껏 유영할 수 있다고 생각해요. 그 모습이 꼭 거북이 같았어요. 거북이는 육지에서는 느릿하지만, 바다에만 들어가면 누구보다 유연하고 멋지게 헤엄치거든요. 거북이에게 바다가 있다면, 우리에겐 책이 있는 거예요. 그 바닷속에서 다양한 생명체가 함께 살아가듯, 책 속에서도 책 친구들이 함께 헤엄치고 있다는 세계관을 만들고 싶었어요.

부끄러워할 필요 없이 멋진 이야기예요! 브랜드 스토리를 정립하고, 마침내 첫 책 《기획하는 일, 만드는 일》이 나왔을 땐 어떠셨어요?

'큰일 났네.' 싶었어요. 물류 창고에 책이 쌓인 걸 보고 나서야 이제 정말 시작이구나 실감했죠. 그때부터가 진짜 시작이었어요. 혼자 영업도 마케팅도 해야 하고, 세금계산서도 발행하고, 장부까지 직접 써야 했거든요. 전에 출판사에 편집자로 재직하던 때와 달리, 마케팅이나 세무회계 전문가 없이 모든 걸 혼자 해본 거예요. 이제는 일에 익숙해졌지만 새 책이 나올 때면 다가올 일들이 여전히 무서워요(웃음).

터틀넥프레스 대표작을 꼽으라면 단연 최혜진 작가님의 《에디토리얼 씽킹》일 거예요. 2023년 출간 이후 꾸준히 사랑받고 있죠.

독자들이 이 책으로 우리 브랜드를 알게 된 경우가 많아요. 작가님이 보내주신 프롤로그를 처음 읽었을 때 이건 모두가 원하는 책이 될 거라고 확신했지만, 이렇게까지 응원받을 줄은 몰랐어요. 본격적으로 광고한 적이 없는데 종종 누군가 SNS에서 이 책을 추천하면서 입소문을 타요. 저도 지금까지 이런 경험은 처음 해봤어요.

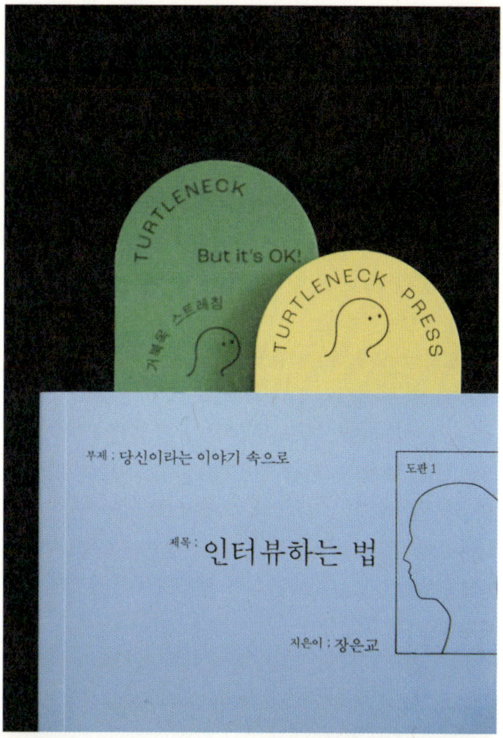

대표님은 편집까지 도맡고 있는데, 제작에서 늘 중요하게 생각하셨던 건 뭐였어요?

오래전부터 편지 쓰듯 책을 만들어요. 받는 사람이 정해진 편지처럼, 책도 누군가는 반드시 읽는다고 생각하는 거예요. 그러면 만드는 마음가짐이 달라져요. 작가님께 집필 방향에 대해 의견을 드릴 때도 제 개인적인 의견보다 독자들을 먼저 떠올리게 되죠. 저는 페이지에 숨어 있는 편집자이자 우체부가 되어 책이라는 편지로 작가와 독자를 매끄럽게 연결할 방법을 고민하고 있어요.

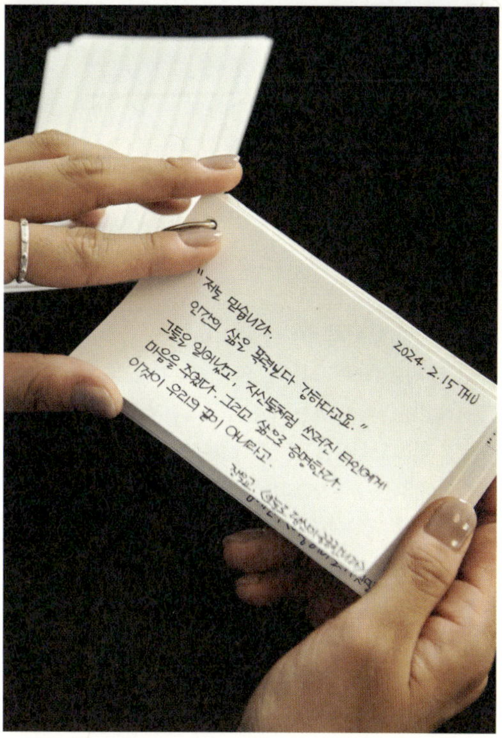

협업할 작가를 선정하는 기준도 궁금해요.

친구가 친구를 만나게 하는 일은 어려운 일이에요. 그래서 작가가 나의 친구인 독자에게 소개하고 싶은 사람인지 신중하게 고민해요. 그래서 작가님을 깊이 알게 된 후에 함께 책을 만들어요. 우리 거북목 멤버들과 오래오래 같이 나이 들어가면 좋겠다고 생각하는 분들을 제가 먼저 찾아 나서죠. 어떤 선배가 전에 편집자마다 편집론이 다르기 때문에 세상엔 무수히 많은 스타일이 있다는 이야기를 했는데, 그게 큰 용기가 됐어요. 수익성이 뛰어난 책을 만드는 편집자도 있지만, 제가 하는 역할은 '연결'이라고 생각해요. 터틀넥프레스가 꼭 그 작가님과 협업해야만 하는 이유를 찾고 독자에게 소개하죠. 다른 출판사도 얼마든지 만들 수 있는 책이라면 제가 하지 않아도 된다고 생각해요. 저는 제가 잘할 수 있는 걸 하고 싶어요. 그걸로 잘 먹고 잘 사는 거, 해보고 싶어요(웃음).

그래도 수익을 고려하지 않을 수 없을 텐데, 내가 만들고 싶은 책과의 균형은 어떻게 잡아가고 있나요?

저는 19년 동안 상업 출판 편집자로 일했기에 손익분기를 기본으로 생각하는 습관이 자연스럽게 자리 잡혀 있어요. 회사를 운영하려면, 1인 출판이든 더 큰 조직이든 지속 가능해야 하잖아요. 구성원도 작가님도 각자의 노력이 정당한 보상을 받아야 하고요. 그렇기 때문에 상업성을 배제하고 출판을 할 수는 없어요. 물론 의미만으로 책을 만들 수 있다면 좋겠지만 지금의 작은 규모로선 현실적으로 어려운 일이에요. 그렇다고 돈만 좇는 건 아니에요. 책 친구들에게 소개하고 싶은 이야기, 함께 나누고 싶은 주제들을 담고 싶죠. 다행히 지금까지는 어떤 분 표현대로라면 '안타'를 꾸준히 쳐 왔고, 그 안타 덕분에 출판사를 유지하고 있어요. 홈런까지는 바라지 않아요.

편집자로 오래 직장 생활을 하셨는데, 나만의 브랜드를 만들겠다는 결심은 어떻게 하셨어요?

회사에서 1년 출간 계획을 세우다가 문득 이런 생각이 들었어요. '왜 나의 1년을 회사가 정하지?', '내 한 해는 몇 권의 책으로 결정되는구나.' 그래서 스스로 꾸리는 삶은 어떨지 궁금해졌죠. 정말 사랑하는 동료들과 안정된 브랜드에서 일하고 있었지만, 이상하게 전만큼 즐겁지 않았고요. 그 무렵 저는 새벽 4시에 일어나서 드라마도 보고 일기도 쓰면서 출근 전 취미 생활을 했는데요. 새벽 산책을 하는데 자꾸 '판을 흔들어야 한다.'는 문장이 머릿속을 맴돌았어요. 그 말이 내 일을 흔들어야 한다는 뜻처럼 느껴졌고 결국 회사를 그만두게 됐죠. 저는 그걸 퇴사가 아니라 졸업이라고 표현해요. 그 브랜드에서 할 수 있는 일은 다 해봤고, 많이 배웠거든요. 가고 싶은 다른 회사도 딱히 없었던 상황이라, 그 출판사뿐 아니라 회사 생활에서도 졸업한 셈이죠.

홀로서기가 쉽지만은 않았을 것 같아요. 물론 좋은 점도 많을 거고요.

출퇴근 안 해도 돼서 좋아요(웃음). 어떻게 19년이나 했나 싶어요. 가장 두려운 건 일의 시작부터 끝까지 혼자 결정하고 판단해야 하는 거예요. 목격자가 있어야 일의 이유도 만들고 설득도 하는데, 저는 판단과 실행이 빠른 사람이라 자꾸 무언가를 그냥 시도해 버려요. 그래서 이 일을 왜 해야 하는지 스스로 계속 물어요. 나를 제어하면서, 나를 데리고 같이 사는 방법을 연구하고 있어요.

자신과의 대화가 끊이질 않겠어요.

그래서 사업일기 외에도 대화 일기를 써요. 자기 전 일기장에 질문이나 이야깃거리를 써놓고 다음 날 아침 일어나서 대답해 봐요. 너무 바쁜 일상을 보내고 있으니 쓰지 않으면 무언가를 생각하지 않더라고요. 요즘은 터틀넥프레스의 성장이란 무엇인가, 일하는 방식을 어떻게 바꿔야 하는가를 나에게 질문해요. 그리고 지금의 삶은 내가 원하는 방향이 맞는지, 마치 영점 조정하듯 계속 묻죠.

처음 해보는 일이 많을 텐데, 실수한 적은 없으세요?

너무 많죠. 지하철 반대로 타는 일은 다반사고, 작가님 만나러 가다 가방 끈이 지하철 문에 껴서 늦은 적도 있어요. 키링을 잘못 만들어서 저 혼자 50개 가지고 있는 것도 있고요. 부산에 있는 서점으로 출장을 가야 하는데 경남 진주에 도착한 적도 있네요. 다행히 약속 시간은 지켰는데 땀에 절어서 서점에 도착했죠. 매일 에피소드가 끊이질 않아요.

이제 커다란 질문을 드릴게요. 책은 왜 존재해야 할까요?

이 질문 정말 어려웠어요. 그래서 고민해 보려고 일기를 썼는데…. (가방 속에서 일기를 꺼내며) 잠깐 보여드릴게요. 그림도 그렸거든요(웃음). 먼저 인간은 왜 이렇게 연약한 종이에 자신이 평생 연구한 것, 나의 이야기, 심지어 우주의 비밀까지 담는지 생각해 봤어요. 본질적인 욕구 때문일 거예요. 나를 표현하고 싶고, 누군가와 연결되어 나의 이야기를 전하고 싶은 마음. 그 욕구가 없어지지 않는 한 책은 존재할 거예요. 책의 역할을 대체할 수 있는 다른 도구는 없다고 생각해요.

그럼 터틀넥프레스의 책은 왜 존재해야 할까요?

에디터님도 가끔 이런 생각 들지 않으세요? '서점에 이렇게 많은 책이 있는데, 내가 굳이 또 만들어야 할까.' 출판인이라면 누구나 한 번쯤은 이 고민을 할 텐데요. 그럼에도 계속 만드는 이유는 질문을 조금만 바꾸면 분명해져요. '내 책이 독자에게 어떤 가치를 줄 수 있을까?'라고요. 독자들은 터틀넥프레스에 이끌려 함께 바다를 헤엄치며, 우리만이 보여줄 수 있는 특별한 세계를 마주해요. 그곳에서 만난 장면과 터틀넥프레스가 마음에 들었다면 그 여정은 가치 있을 거예요. 그럼에도 우리 책이 꼭 존재해야만 하냐고 묻는다면, 아니어도 괜찮다고 생각해요. 세상엔 좋은 책이 많으니까요. 그래도 같이 떠나면 더 재미있는 친구가 있다는 걸 알려주고 싶어요.

대표님은 평소 책을 어떻게 읽으세요?

극단적 병렬 독서를 해요(웃음). 열 권 가까이 돌려 읽기도 하고, 소설, 에세이, 인문, 경제경영, 자기계발 등등 분야도 가리지 않고 좋아해요. 꽤 오래전부터 '밑미'라는 플랫폼에서 독서하며 밑줄 그었던 문장을 손글씨로 필사하고 멤버들과 인증하는 리추얼을 하고 있어요. 문장 옆에는 날짜를 꼭 써요. 나에게 와닿은 구절을 옮겨 적기 때문에, 필사한 문장으로 그때의 나를 알 수 있거든요. 필사가 모여서 나만의 일기가 되는 거예요.

TURTLENECK PRESS
Ungm Ungm.
TURTLENECK PRESS
TURTLENECK
But it's OK!
Ungm Ungm.
TURTLENECK PRESS
TURTLENECK PRESS
Ungm Ungm.

거북목편지
000-048
TURTLENECK PRESS
2022-2023
터틀넥프레스 사업일기
인터뷰하는 법
기획하는 일, 만드는 일
TURTLENECK PRESS
2024
Editorial Thinking

열화당
열화당
열화당
열화당

독자로서 읽기와 편집자로서 읽기 방식은 차이가 있을 것 같아요.

많이 달라요. 독자로서는 책에 댓글을 많이 달고, 밑줄도 그어요. 하지만 편집자로서 원고를 볼 때는 작가와 독자 사이에서 어떻게 이야기를 잘 전할지 계속 고민하기 때문에 머리의 온도가 높아져요. 저는 편집자로서 책을 분석하고 공부도 하는데요. 목차부터 표지까지 독자로서 이 책으로 어떤 경험을 할 수 있는지를 알아보는 게 재밌어요. 레퍼런스가 될 만한 도서는 독자로서 읽는 책과 구분해서 서가에 보관하죠. 편집자에게 책만큼 좋은 공부 자료도 없다고 생각해요.

터틀넥프레스의 세계관에서 책을 '바다'라고 표현하잖아요. 이 바다의 풍요로움을 아직 모르는 사람에게 건네고 싶은 말이 있다면요?

지금 내 안에 떠오른 질문에 힌트를 줄 수 있는 책부터 읽어보는 게 좋다고 생각해요. 그렇게 책이라는 바다에 발을 살짝 담갔다면, 그다음엔 용기 내어 첨벙 들어가 몸을 자유롭게 움직여보는 거예요. 그 속에서 내 생각을 마음껏 펼치다 보면 이미 헤엄치고 있던 또 다른 존재들을 만날 수 있어요. 그들과 교류하면서 차츰 더 깊은 바다로 들어가게 되죠. 어느새 외출할 때 가방에 책 한 권이 없으면 허전하다고 느끼는 사람이 되어 있을지도 몰라요. 일단 책에 한번 시원하게 첨벙 빠져서 마음껏 헤엄쳐 보길 권하고 싶어요.

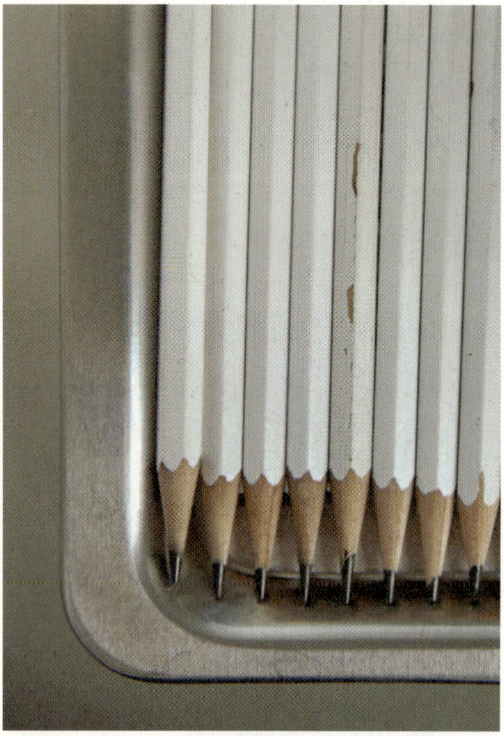

김보희—터틀넥프레스

Open My Ocean

“서점 직원들을 만나서 터틀넥프레스를 소개할 때마다 브랜드 세계관을 길게 설명하기가 어려웠어요. 일러스트레이터 애슝 작가님의 도움으로 영상을 만들어 보여드렸더니, 다들 재밌어해 주셨죠. 이제 어딘가에서 터틀넥프레스를 이야기할 기회가 있으면 자리에 있는 분들과 꼭 함께 시청해요.”

#1

#2

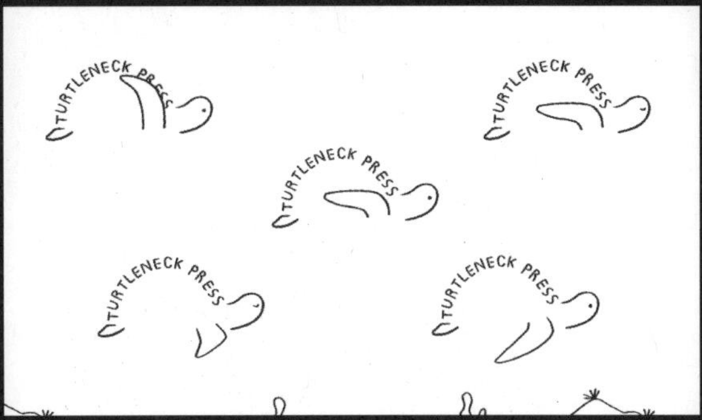

#3

#4

그를 처음 만난 건 영상 속이었다. 편안한 차림새에 유쾌한 몸짓으로, 손에 쥔 책에 열광하던 사람. 콘텐츠 크리에이터 '쩜'이 들려주는 책 이야기에 종종 귀 기울이다, 영상 너머의 신시연이 궁금해졌다. 뜨거운 여름날 만난 그는, 책에서 만난 삶으로 나를 이루어가는 중이었다. 마음을 움직인 문장에 삶의 궤도를 용감하게 바꾸며, 얼마든지 더 나은 존재가 될 수 있다고 믿는 존재였다.

기꺼이 변화하는 존재로

신시연—콘텐츠 크리에이터

에디터 차의진 포토그래퍼 김혜정

영상으로 자주 보던 공간에서 만났네요. 소개로 시작해 볼까요?

반갑습니다. 스물여섯, 사람 신시연이에요. '신'이라는 이름으로 댄서, 안무가, 강사로 활동하고 있고, 동시에 '쩜'이라는 이름의 크리에이터로 다양한 SNS 채널에서 콘텐츠를 제작하고 있어요. 처음엔 코미디 영상으로 활동을 시작했다가, 춤을 거쳐서 지금은 책을 중심으로 영상을 만들어요.

방 안에는 작은 도서관도 보이네요.

원래는 옷방으로 마련된 공간인데, 이 집을 처음 봤을 때부터 여기에 책을 둬야겠다고 생각했어요. 책을 둘 다른 공간도 부족했거니와 나를 닮은 방을 만들고 싶어서요. 좋아하는 '토토로' 인형도 두고, 뮤지션 장기하 씨 사진도 붙여두었죠. 파란색 책만 모은 책장도 있고요. 팬분들, 출판사 관계자분들에게 받은 편지도 보관해 뒀어요.

예쁘게 꾸려진 공간이에요. '신'과 '쩜', 이름 각각 무슨 뜻인가요?

'신'은 제 성이면서도 동시에 다양한 뜻을 담은 한자예요. 육신의 신, 하늘에 있는 신, 귀신의 신까지 모든 의미가 마음에 들었어요. 춤출 때마다 다른 뜻의 '신'으로 무대에 오르면 좋을 것 같아서 그렇게 정했죠. 크리에이터 '쩜'은 틱톡 시작하고 생긴 이름이에요. 구경이나 해볼까 하는 마음으로 틱톡을 깔았던 거라, 이름을 적는 칸에 마침표 하나만 찍고 가볍게 영상들을 올렸는데요. 그 상태로 많은 사람들이 제 영상을 보기 시작했고 쩜, 점, 온점, 도트라고 다양하게 불렸어요. 그중 '쩜'이 제일 어감이 좋고 기억에 남아서 크리에이터 이름으로 쓰고 있어요.

오늘은 크리에이터 쩜의 이야기를 들어보려고 해요. '쩜 님'이라고 부르면 될까요?

본명으로 불러주세요(웃음). 시연이요.

좋아요. 책을 주제로 시연 씨가 만드는 영상들, 늘 재밌게 보고 있어요.

감사해요. 저는 인스타그램, 유튜브, 틱톡에 영상을 올려요. 요즘은 유튜브를 열심히 하는데 '독서 결산' 콘텐츠를 다들 좋아해 주세요. 한 달에 한 번, 매달 읽은 도서를 소개하고 있어요. 제 채널은 책 좋아하는 분들만 보는 건 아니라 독서에 입문하는 방법이나 '독서템' 소개, 브이로그 같은 영상도 올려요.

독서와 춤, 두 가지를 동시에 좋아하는 사람은 흔치 않은 것 같아요.

둘의 성격을 명확히 나누지 않았기 때문에 모두 즐길 수 있는 것 같아요. 독서는 조용한 취미라거나, 춤은 끼 많고 외향적인 사람이 해야 한다고 구분하지 않았죠. 그냥 춤추고 싶을 땐 추고, 책 읽고 싶을 때 읽으니까 자연스럽게 두 가지가 제 안에서 섞였어요. 저는 독서도 충분히 활동적이고, 무대에 서는 것도 정적인 활동이 될 수 있다고 생각해요.

책은 어떻게 주요한 콘텐츠 소재가 된 거예요?

틱톡에서 우연히 한 외국인이 말없이 큰 제스처로 책을 리뷰하는 영상을 봤는데, 너무 재밌더라고요. 나도 해볼까 싶어서 따라 해본 영상이 꽤 인기를 얻었어요. 시간이 흐른 뒤 그 콘텐츠를 한 번 더 찍어서 올려봤는데 반응이 좋더라고요. 그래서 책 콘텐츠를 계속 만들게 됐죠. 책은 어릴 때 좋아했지만 사춘기가 오고 나선 잘 안 읽었는데요. 스무 살 초반쯤 코로나가 시작됐어요. 갈 곳도 없고 집에서 할 것도 없으니 다시 독서를 시작한 건데 지금까지 꾸준히 좋아하게 됐어요.

책 소개 콘텐츠를 만들 때 처음이나 지금이나 중요하게 생각해온 점이 있다면요?

솔직하려고 해요. 영상에서 하는 모든 이야기는 얼마든지 지어낼 수 있잖아요. 예를 들어 누군가 필사를 어떻게 하냐고 물었는데, 제가 실제로 하지 않는 방법을 답할 수도 있어요. 아무리 별로였던 책도 제가 좋았다고 말하면 좋은 작품이 돼버리는 거니까, 나를 진솔하게 돌아보고 어떤 이야기를 할지 고민해요.

SNS 소개 글은 이렇게 쓰여 있어요. "현존하는 모든 예술과 재미나는 것들을 좋아하는 사람." 이 문장 속 '예술'에는 책도 당연히 포함되는 거죠?

그럼요. 머릿속에서 출발한 생각이 활자로 옮겨지고, 그 글이 누구나 읽을 수 있도록 번역되어 사람들에게 전해지는 과정은 우리가 예술을 향유하는 방식과 일치한다고 생각해요. 그래서 저에게 책은 너무나도 당연하게 예술의 하나예요. 장르 상관없이.

책을 왜 좋아하는지도 궁금해지네요.

혹시 '키자니아'라는 곳 아세요? 어린이 직업 체험 공간이에요. 그곳에서는 소방관도 파일럿도 사육사도 될 수 있어요. 키자니아의 목표는 아직 어떤 직업을 갖고 싶은지 잘 모르는 아이들이 이것저것 체험하면서 자신을 찾아나가는 일이겠죠. 독서의 목표도 똑같다고 생각해요. 페이지를 펼치면 내가 경험하기 어려운 세계에 들어갈 수 있고, 등장인물의 가감 없는 생각을 모두 알아챌 수 있어요.

그렇게 간접 경험을 계속하면서 등장인물이 주는 교훈, 그 사람의 태도 같은 것들을 하나둘 모아 나를 이룰 수 있을 것 같아요. 그래서 책을 좋아하고, 계속 읽으려고 해요.

독서 취향이 궁금해지네요. 좋아하는 장르, 손이 잘 가지 않는 장르를 이야기해 볼까요?
좋아하는 장르는 소설이에요. 자주 읽지 않는 장르는 에세이고요. 지금 살아 있는 사람보다 죽은 사람들 이야기에 더 관심이 가서요. 요즘은 에세이 읽기를 시도해 보고 있는데 역시 자주 실패하곤 해요. 《리타의 정원》, 《애정 행각》, 《우아하고 호쾌한 여자 축구》는 재밌게 읽었어요. 저도 제 취향을 잘 모르겠네요(웃음).

소설은 왜 좋아하나요?
깨달음을 주려고 한 것 같지 않은 대목에서 깨달음을 얻게 될 때가 많아요. 알베르 카뮈의 《행복한 죽음》에서는 한 연인이 영화관에서 다투는 장면이 나와요. 그때 주변에 있는 관객이 "곧 영화가 시작되니 조용히 해달라."고 말하는데, 저는 그 대목에서 예술을 대하는 태도를 배웠어요. 실제 내 앞에 있는 사람과의 불필요한 언쟁이 아닌 영화, 즉 예술로 바로 눈을 돌려 몰입하는 태도가 정말 감명 깊었거든요. 영화는 대본으로 만든 가짜 현실인데도 말이에요.

내 삶에 가르침을 준다는 느낌을 받은 거네요.
머릿속에서 뭔가 풀리지 않은 채 응어리져서 계속 떠돌아다닐 때가 있어요. 그에 대한 해답을 책이 돌려 말하지 않고 명확하게 제시할 때, 책은 진짜 삶을 담고 있다는 걸 깨닫고 더 빠져들게 돼요.

소설을 더 재밌게 감상하는 나만의 방법이 있는지도 듣고 싶어요.
어울리는 배경음악을 반드시 틀어요. 그럼 몰입도가 달라져요. 그런데 음악에 가사나 반복되는 멜로디가 있으면 안 돼요. 유명한 클래식도 안 되고요. 제가 따라 부르거나 몸이 자꾸 움직이거든요. 최근에 우주가 배경인 서맨사 하비의 《궤도》를 읽을 때는 이런 음악을 들었죠. (노래를 튼다.)

오, 앰비언트 뮤직이네요? 우주 속 주인공이 된 기분이 들어요(웃음). 책 좋아하는 분들은 독서 모임에 꼭 참여하더라고요. 시연 씨도 함께하는 모임이 있어요?
네. 저랑 친구, 친구 동생이 함께하는 독서 모임이에요. 그달의 책을 각자 읽고 모여서 호스트나 주제 없이 자유롭게 이야길 나누는 방식이에요. "나는 이 문장이 좋았어.", "이 부분은 내 삶에 빗대볼 수 있을 것 같아." 이런 식으로요. 철칙은 '딴 얘기하기'예요. 주제와 상관없는 이야기를 해도 괜찮고, 어떤 말이라도 그걸 다시 책과 연결해 생각해 봐요. 너무너무 재밌는 시간이에요.

구성원마다 책 취향이 조금씩 다를 텐데, 읽을 책 정하는 게 어렵진 않아요?
취향이 모두 달라서 오히려 좋아요. 저는 소설이라면 현대와 고전 상관없이 좋아하지만, 친구 동생은 고전 문학을 사랑해요. 현대 소설은 최진영 작가님 작품 빼고는 안 읽죠. 남은 한 친구는 독서를 시작한 지 얼마 안 돼서 책을 조금 어려워해요. 셋 모두 생각이 비슷하지 않고, 같은 책을 읽어도 좋아하는 문장이 저마다 달라요. 친구는 이 문장이 왜 끌렸을까 싶어서 이유를 들어보면 충분히 납득이 되어서 재밌어요. 책 고를 땐 모두가 한 권씩 후보를 내고 룰렛을 돌리는데요. 어느 날은 친구가 추천한 알베르 카뮈의 《페스트》가 뽑혀서 마지못해 읽었는데 이젠 정말 좋아하는 작품이 됐어요.

덕분에 새로운 취향을 발견한 거군요. 독서로 얻은 게 또 있다면요?
독서하는 사람은 글쓰기에 대한 로망을 가진 경우가 많은데, 원래 제 신념은 '글쓰지 않기'였어요. 나에 관한 이야기를 쓰고 싶지 않아서요. 그런데 임지은, 니키리 작가님의 에세이 《애정 행각》에서 "신념이 강하면 유연하지 않고, 유연하지 않으면 섹시하지 않다."는 문장을 보고 내 신념에서 벗어나 글을 쓰고 싶어졌어요. 이제는 이것저것 많이 시도해 봐요. 산책 일기도 쓰고, 인터뷰도 해보고, 거절해 오던 팬 사인회도 참여해 봐요. 그 작품이 제가 바뀌는 데 많은 도움을 줬어요.

시연 씨가 쓰는 기록은 필사 노트도 있잖아요. 필사는 어떻게 해야 즐겁게 할 수 있을까요?
나의 필사 노트를 아무도 보지 않는다는 걸 명심해야 해요. 한 글자라도 틀리지 않고 멋지게 옮겨 적어야겠다는 생각은 하지 않아도 되죠. 저는 문장을 그대로 옮겨 적지 않을 때도 있고, 따라 쓴 문장에 자유롭게 댓글도 달아요. (필사 노트를 펼치며) 여기 보세요. "나는 사이코와 결혼했다." 이 문장 아래에는 이렇게 덧붙였네요. "너희 잘 어울려. 열심히 살아. 응응." 이렇게 하면 돼요(웃음).

몇 년 전부터 '텍스트힙Text Hip'이라는 말이 생겨났어요. 독서가 힙한, 멋지고 세련된 활동으로 인식되는 현상을 뜻하는데, 이 문화를 어떻게 바라보세요?
그 단어를 좀더 쉽게 풀어보자면 책 읽는 자기 모습에

벼랑 위의 집
유원
기억을 되살리는 남자
디어 에번 핸슨
빅픽처
시간이 멈추는 찻집
클라우드 쿠쿠랜드
단순한 진심
미키7

취해 있다는 말이겠죠. 그런데… 그렇게 나를 멋지게 바라봐야 삶을 살아갈 수 있지 않나요? 한 번씩 나한테 취하는 타이밍도 있어야죠(웃음). 독서가 힙한 문화로 여겨지면서 누군가는 자신을 책 읽는 사람으로 꾸며내는 이들을 비판하지만, 저는 아무렴 독서는 좋다고 생각해요. 책 판매에 이 문화가 이용될 수는 있겠지만, 악용될 수는 없잖아요. 책 읽는 사람들을 자유롭게 내버려두면 좋겠어요.

한 영상에서는 젊은 세대가 책을 적극적으로 소비하는 문화를 비판하는 사람들을 풍자하기도 했죠.
어떤 예능 프로그램에서 젊은 세대가 책을 두고 토론하는 모습을 우스꽝스럽게 그려놓은 걸 보고 찍어봤어요. 이런 시선은 그 프로그램만의 문제가 아니라 다수의 것이라고 생각하는 게, 꽤 많은 사람들이 누군가 지하철에서 책 읽는 모습에 반감이 있더라고요. 이유는 잘 모르겠지만요. 타인의 책 읽는 모습을 신경 쓰는 게 얼마나 우스운 일인지 영상에서 이야기해 봤어요.

그런 시선을 가진 분들이 있다니… 놀랍네요.
제 이야기에 공감해 주신 분들도 있고, '어쨌든 너희 자신에게 취한 게 아니냐.'는 비판도 많았어요. 댓글로 논쟁도 활발한데, 저는 거기까지가 영상의 완성이라고 생각하고 댓글 창을 열어두고 있어요.

독서를 본격적으로 좋아해 보고 싶은 사람에게 팁을 알려준다면요?
마음껏 실패해 봐야 해요. 고르는 것마다 성공할 수는 없으니까요. 좋아하는 책을 알려면 싫어하는 책도 생겨야 하고요. 읽으면서 '정말 별론데?' 싶은 감정도 느껴보면서 재미를 찾아가 보길 바라요.

앞으로 크리에이터 쩜으로서 어떻게 걸어가려 해요?
무해한 콘텐츠를 만들고 싶어요. 그래서 어린이를 낮추는 '책린이'라는 표현처럼, 편견이나 혐오가 섞인 단어를 말하지 않으려고 해요. 어떤 계층과 나이대에 속해 있든, 제 영상을 보는 사람이라면 누구나 불쾌하지 않길 바라요. 언제든 무해라는 단어에 집중할 거예요.

책장을 펼치면 우리든 어떤 사람이라도 될 수 있다. 한 번도 본 적 없던 세계에서, 나와 전혀 다른 면모를 가지고 살아가는 인물일지라도. 내가 아닌 나가 되어 보는 경험은 모든 것이 빨라 나만을 생각하기도 벅차고, 원하는 정보만을 선별적으로 취하기 쉬운 이 시대에 참으로 귀한 일이라고 신시연을 보며 생각했다. 나의 경계를 성큼 넘는 일은 결코 멀리 있지 않다. 종이를 넘기는 단순하고도 쉬운 행위로 가능하니까.

비가 조금 내린 뒤, 여전히 하늘은 흐렸다. 잔잔한 호수와 푸른 나무. 해사한 벽화와 작은 동물들. 우린 조용한 공원을 걸었다. 까치 한 마리가 그의 뒤를 따른다. 벤치에 앉은 그의 주변을 총총. 새는 직감적으로 아름다운 사람을 알아보나. 언제나 자신에게 질문하는 사람. 불행해도 함께하자고 말하는 사람. 글의 끝마다 사랑을 놓지 않는 사람. 오늘 최진영 작가를 만났다.

물처럼, 바람처럼

최진영—소설가

에디터 김지수
포토그래퍼 임정현

얼마 전까지 제주에 머물다 파주로 오셨죠.
제주에서 삼 년 정도를 보냈어요. 그동안 육지에서의 일들이 끊이지 않아서 자주 오갔거든요. 출간이 이어지면서 일이 더 많아졌고 결국 다시 돌아오기로 했어요. 어디에서 살까 고민하다가 친한 편집자가 파주가 좋다 그래서… 이곳으로 오게 됐어요.

단순한 이유였네요(웃음). 오늘 인터뷰 장소로 운정호수공원을 추천했는데 여긴 자주 오시나요?
저녁마다 산책하는 곳이에요. 매일 비슷한 일과를 보내는데, 외부 일정이 없는 날은 아침 8시 반에서 9시 반 사이에 일어나요. 스트레칭하고 씻고 밥 먹으면 12시 정도예요. 그때 제 방으로 들어가서 저녁 5시에서 6시 사이에 나와요. 하루 작업하는 시간이 딱 그렇게 오후 다섯 시간 정도. 글 쓰고 밖으로 나와서 한 시간 반 정도 걷는 곳이 여기예요. 그러곤 다시 집에 들어가서 씻고 밥 먹으면 9시. 그동안 계속 야구를 틀어놓고 보면서 움직여요.

야구를 좋아하시죠. 가장 최근 출간된 산문집 《내 주머니는 맑고 강풍》에도 야구 이야기가 자주 나와요.
저는 한화 이글스를 응원하는데, 기적처럼 이 책의 출간 시기에 맞춰 이글스가 1위를 한 거예요. 이 팀은 매년 꾸준히 성장했어요. 10위에서 9위… 점차 올라가다가 이번에 드디어 1위를 했더라고요(웃음).

책에도 기쁜 마음을 여실히 기록했어요. 에세이를 소설 쓰기보다 어려워하시는데, 지난 산문집 《어떤 비밀》보다 더 내밀하고, 마치 일기를 그대로 옮긴 것 같았어요. 작가님의 혼잣말을 듣는 느낌이랄까요.
완전히 다른 작업이었어요. 《어떤 비밀》은 24절기에 맞는 24통의 편지와 연결된 에세이를 모은 책이고, 이번 산문집은 매거진 《Axt》에 '다이어리'를 주제로 연재한 글을 한데 엮은 책이에요. 정말 그날그날 일기 쓰는 마음으로 썼어요. 연재할 때는 몰랐는데 이렇게 묶어보니 아주 사적이고 내밀한 이야기가 모였더라고요. 조금 걱정됐는데 어떤 독자분들은 이런 글을 더 읽고 싶지 않을까, '에세이'라고 쓴 글 말고 진짜 제 일기장 같은 얘기를 읽고 싶은 독자분들도 있지 않을까 하는 생각으로 만들게 됐죠.

독자로서는 작가 최진영과 일상 대화를 하는 느낌이 들어 좋았어요. 일상 이야기가 더 궁금해요. 저녁 산책 후 9시부터는 완전한 자유 시간인 셈인데 어떻게 보내나요?
특별한 건 없어요. 유튜브도 보고 책도 읽고… 가장 최근에 본 콘텐츠가 넷플릭스 드라마 〈폭싹 속았수다〉였어요.

많은 사람을 울린 드라마였죠.
저는 사실 드라마나 영화를 보고 잘 울지 않는데요. 제가 아이유 배우를 좋아하거든요. 아이유가 울면 항상 눈물이 나오더라고요.

왜 그럴까요?
글쎄요… 드라마 〈프로듀사〉에서도 아이유가 아이처럼 우는 장면이 있는데 볼 때마다 눈물이 나요. 〈나의 아저씨〉에서도 지안이(아이유의 극중 역할 이름)가 길에서 주저앉아 우는데 그 장면에서도 같이 울고 있어요. 왜 그런지는 모르겠어요. 진짜 울음 같아서랄까요.

마음에 울림을 주는 배우가 있는 것 같아요. 영화나 드라마 취향도 궁금했어요. 작가님 인스타그램 프로필 이미지는 영화 〈헤드윅〉(2001)에 등장하는 그림이라고요.
좋아하는 영화예요. 일단 음악이 좋고, 영화 속 사랑에 대한 접근법이 너무 공감돼요. 가장 좋아하는 영화를 고르라면, 항상 〈멜랑콜리아〉(2011)를 말해요.

어떤 영화인가요?
지구를 향해 멜랑콜리아라는 거대한 행성이 돌진해요. 주인공 저스틴은 우울증을 앓고 있는데, 정작 멜랑콜리아라는 행성이 지구와 가까워질수록 담대해져요. 마침내 멜랑콜리아가 지구를 삼킬 때 저스틴과 그의 언니, 조카는 함께 손을 맞잡고 최후의 날을 맞이하는데, 그 순간마저도 저스틴은 초연한 태도를 잃지 않아요. 저스틴이 웨딩드레스를 입고 걷는 장면이 있거든요. 그때 저스틴의 발에 까만 실뭉치가 엉켜서 저스틴을 힘겹게 만들어요. 우울함에 대한 묘사가 아주 탁월하다고 생각했어요.

작가님 소설 속 인물들이 떠오르기도 해요.
저도 모르게 자신과 닮은 것을 좋아하는 거겠죠.

책장에는 어떤 책들이 있는지 궁금하네요.
일단 읽은 책보다 읽지 않은 책이 훨씬 많아요(웃음). 이사를 자주 해서 그때마다 책을 정리했거든요. 제주로 떠날 때는 다 읽은 책들을 고향에 보내기도 했어요. 지금 책장엔 언젠가 읽어야지 하는 생각으로 사둔 것들이 많죠. 네 군데로 나뉘어 있는데, 크게 시, 국내 소설, 외국 소설, 과학으로 분류했어요. 여성 작가의 작품이 많아요. 김애란 작가님 신작도 궁금하고, 정용준 작가 신간도 빨리 읽고 싶은데 시간이 부족해서 못 보고 있어요. 평소 독서량이 많은 편도 아닌데 점점 책 읽을 시간이 줄어요. 그래서 저에게 읽는 일은 스스로 보상을 주는 일이에요.

비타민 먹는 것처럼. 쓰는 일은 항상 부담인데 독서는 그저 즐거움이에요.

작가로서 읽는 일이 때로 부담되지는 않나요?
그렇기도 해요. 작가로서의 저는 더 이상 쾌락만을 위해서 책을 읽을 수는 없죠. 그 안에서 배움을 찾아야 하니까요. 읽으면서도 늘 쓰기를 염두에 둬야 하는데 그럼에도, 그 과정마저도 저에겐 즐거움이에요.

책장 속 아직 읽지 못한 도서 중에 가장 먼저 읽고 싶은 한 권을 꼽아볼까요?
오늘 가져왔어요. (가방 안에서 앤 카슨의 《에로스, 달콤씁쓸한》을 꺼낸다.) 앤 카슨의 글을 좋아해요. 그 이유 중에 하나가 이해할 수 없다는 점인데, 앤 카슨의 글은 너무 어렵거든요. 분야를 따지면 '시'의 형식으로 '소설'을 쓰는 작가이고, 우리와 다른 언어이니 번역되는 과정에서 더 어려워질 수밖에 없겠죠. 그래서 정말 이해하기 어려운데, 너무 아름다워요. 사유가 아름답고요. 이해하지 못해도 무척이나 아름답게 읽을 수 있는 경험을 선물해 준 작가죠. 예전에는 어떤 책을 읽으면 내용을 다 이해해야 한다고 생각했는데 어느 순간 그 생각을 버리게 됐어요. 이제는 저에게 아름답고 의미가 있는 문장을 만나기 위해 책을 읽고 있어요. 이런 태도로 책을 보니 독서에 대한 부담이 많이 줄기도 했고요.

오늘 가져오신 《에로스, 달콤씁쓸한》은 어떤 책인지 궁금해요.
앤 카슨이 쓴 논문을 모은 작품이에요. 그의 작품 중 그나마 가장 쉬운 책이기도 해요. 논문은 이해가 되게 써야 하는 글이니까요. 같이 보실래요? (책을 펼쳐 보인다.)

밑줄이 많이 있네요. 메모도 많고, 별 표시도 있어요. 작가님도 책 모서리를 접어서 기록하시네요.
요즘은 집에서 글 읽을 시간이 없어서 이동하면서 읽을 때가 많거든요. 이 부분도 비행기 안에서 읽었는데 그때 인덱스가 없어서 급하게 접었어요. 여기 보면 밑줄들이 다 구부러져 있네요(웃음). 기억해야 한다는 의미예요. 어떤 문장들은 밑줄만으로는 부족하니까 '이건 너무 좋아.' 이러면서 별 표시를 해요(웃음). 책을 깨끗하게 읽는 편은 아니죠. 내 것으로 만들기 위해 책에 자취를 많이 남겨요. 이런 흔적들은 나중에 시간이 흘러서 다시 펼쳤을 때, 마치 과거의 나를 만나는 기분을 느끼게 해줘요. 미래의 나를 위해서라도 책을 지저분하게 보는 편이에요. 나이가 들면 생각이 바뀌기도 하거든요. 오래전 책에 남겨둔 메모를 보면 깜짝깜짝 놀랄 때가 있어요. 내가 이런 생각을 했었구나, 하면서요. 작정하고 독후감을 쓰는 것과는 다른 즉흥성이 있어요. 언젠가 날아가 버릴 생각들이잖아요. 이런 게 더 소중할 때가 있죠.

미래의 나를 위한 습관이네요. 이렇게 밑줄과 별이 많은데, 이 중에서도 좋아하는 문장을 꼽는다면요?
음… 너무 많은데, 예를 들면 이런 문장이요. "움직이는 것은 욕망이다. 에로스는 동사다." 이 책에서는 에로스에 관한 이론이 이어지는데 그게 다 사랑에 대한 정의로 읽혀요. 이런 문장들이 제게 영감이 돼요. 이런 문장도 있어요. "너는 곁에 있을 때는 고통이고 떠나 있을 때는 연인이다." 사실 그렇잖아요, 함께 있으면 싸우고 멀리 있으면 그립고. 이 책을 읽으면서 제 소설들이 떠오르기도 했어요.

어떤 문장이 스스로 쓴 소설을 떠올리게 했는지 궁금해요.
"내가 당신을 욕망할 때 나의 일부는 사라진다. 당신의 결핍은 나의 결핍이다. 당신이 나의 일부를 먹어 치우지 않았다면 나는 당신을 필요로 하지 않았겠지. 당신은 나를 마모시켰다. 내 피를 빨아 먹었다. 내 생식기를 베어버렸다." 제 소설 중 《구의 증명》이 담이라는 주인공이 자신의 연인인 구를 먹는 내용이잖아요. 왜 죽은 연인의 시신을 먹는 소재를 떠올렸냐는 질문을 많이 받았는데, 이 문장으로 설명할 수 있을 거라는 생각이 들었어요. 한편으론 《원도》가 떠오르기도 했죠.

《원도》의 첫 장면이 인상 깊었어요. 마치 영화를 본 것처럼 그려지더라고요. 낡은 여관방에 다 쓰러져가는 중년 남자 '원도'가 홀로 자신의 과거를 떠올리며 시작하죠.

맞아요. 시작과 끝이 같은 소설이었어요. 결국엔 《원도》도 결핍과 존재의 구멍에 관한 이야기인데 이 문장을 읽는 순간 '담'이와 '원도'를 생각하며 밑줄을 치게 되더라고요. 이런 문장들을 만날 수 있어서 앤 카슨을 좋아해요. 사실… 앤 카슨이 어떤 글을 쓰는 사람인지, 어떤 작가인지 설명하라고 하면 참 어렵고 설명할 수도 없는데, 언젠가는 저도 이런 글을 쓰고 싶다는 바람을 가져요.

어떤 글일까요?

장르가 없는 글, 장르를 붙일 수 없는 글이요. 시인지, 소설인지, 에세이인지, 그 어떤 분야에도 구속되지 않는 글을 쓰고 싶어요.

《원도》 이야기를 더 묻고 싶어요. 작가님 소설의 주인공들은 대부분 여성이거나 청소년인데, '원도'는 중년 남성이고 다른 인물들과 많이 달라서 놀라기도 했어요. 뭔가… 이 사람이 조금 징그럽게 느껴지는데 한편으로는 응원하게 되더라고요.

2012년에서 2013년 넘어가는 겨울에 쓴 소설이에요. 꽤 오래됐죠. 《원도》의 개정판 이전 제목은 '나는 왜 죽지 않았는가'였어요. 딱 이 제목이 그 당시 저의 질문이었어요. 보통 '난 왜 살지?'라고 묻는데 저는 그 질문조차도 너무 사치스럽게 느껴졌어요. 그때 제 상태가 정말 안 좋았거든요. 경제적으로도 사회적으로도 굉장히 고립돼 있었어요. 《원도》 이전에 쓴 소설에서는 인물이 자꾸 죽었어요. 죽지 않았으면 하는 인물들은 계속 죽고, 원도처럼 어떻게 보면 죽어도 괜찮은 인물은 아등바등 살려놓았거든요.

원도는 왜 계속 살게 됐을까요?

그 당시 제가 원도였어요. 원도처럼 결핍을 느끼면서 사랑을 원하는데, 잘못된 방식으로 사랑을 갈구하는 상태였어요. 그때의 저는 그런 사람이 너무 필요했죠. 죽어 마땅하지만, 끝까지 죽지 않는 인물이요. 힘들었던 시기의 상황 자체를, 소설을 쓰면서 풀어보고 싶었던 것 같아요. 저 스스로 결핍 덩어리라는 사실을 제대로 마주하게 된 시기이기도 했고요.

괴로우셨겠는데요.

네. 그래도 제가 그런 존재라는 걸 받아들여야 살 수 있어요. 안 그러면 계속 남에게 상처를 주면서 살 것

같아요. 나에게도 상처를 주고. 어쨌든 더 나쁜 짓 안 하고 소설 쓰면서 그 시간을 보낸 게 다행이라 생각하고 있어요(웃음).

작가님이 좋아하는 것에 관해 이야기하고 싶어요. 좋아하는 것들에 공통점이 있다면요?

제가 좋아하는 거… 책, 혼자 있는 시간, 저녁, 산책, 노을, 이런 것들을 좋아해요. 초록이 짙게 푸르고 모든 생명이 활발하게 움직이는 여름도 좋지만, 겨울을 더 좋아하거든요. 겨울은 나무도 나뭇잎을 버리면서 최소한의 상태로 존재하는 계절이잖아요. 동물도 동면에 들듯 사람도 내면의 동굴로 들어가는 시기인 것 같아요. 저녁이라는 시간대도 사람들이 모든 활동을 접고 자기만의 시간을 갖는 때라 좋아하고요. 전반적으로 에너지 상태가 낮고 고요한 상태가 편해요. 뭘 안 하는 걸 좋아하고요(웃음). 야구를 그렇게 좋아해도 직관 가고 싶다는 생각은 한 번도 못 해봤거든요. 결국엔 혼자인 걸 좋아하나 봐요. 책 읽는 일도 그렇잖아요. 누군가와 함께할 수 없는 일이니까. 사람이 많은 공간에서도 책만 펼치면 그 안으로 도망갈 수 있고요.

반대로 싫어하는 건요?

집단 활동을 안 좋아하죠(웃음). 어릴 때 야영, 소풍, 운동회 정말 피하고 싶었어요. 수학여행도 마찬가지였고요.

그리고 무례한 거, 정말 안 좋아하죠. 그런 건 본능적으로 피해요.

무례에는 다양한 경우가 있잖아요. 어떤 상황이 있을까요?

너무 친하다고 함부로 하게 되는 거. 저는 아무리 친한 관계에도 선을 지키려고 노력해요. 그리고 모르기 때문에 무례한 경우가 있죠. 내가 어떤 사람인지 모르면서 나의 성별과 나이와 외적인 면만 보고 무례하게 굴 수도 있잖아요. 이 얘기하다 보니까 저는 제가 쳐놓은 울타리를 지키고 싶어 하는 사람인 것 같아요. 여기까지니까 넘어오지 마, 라고 하는 사람이요.

혹시 사람을 안 좋아하시나요(웃음).

사람을 좋아하는데 두려워하죠. 그래도 요즘은 좀 사회화가 많이 됐어요(웃음). 청소년기에는 더 심했거든요.

청소년기에 관한 이야기도 궁금했어요. 작가님 소설에는 청소년이 많이 등장하고, 스스로 어린 시절의 정서가 지금까지 그대로 남아 있는 것 같다고 말하기도 했어요.

아직도 혼란스러운 거죠(웃음). 성장기에는 신체도 변하고 전두엽도 만들어지고 그러면서 대혼란의 시기에 빠지잖아요. 이런 질문도 많이 하죠. "나는 누구인가?" 나는 왜 태어났는지, 내가 존재하는 이유는 뭐지. 저는 여전히 그 질문을 계속해요. 저 자신을 너무 모르겠거든요. 나에 대해서 대단히 오해하면서 살아가는 것 같다는 생각도 하고요. 그래서 경계도 많이 하고. 어떤 것에 대해서는 확언하지 않기 위해서 애쓰고 있어요. 저도 제가 왜 이러는지 모르겠지만(웃음), 이런 마음을 다 소설에 담는 거겠죠.

어떨 때 자신을 더 모른다고 생각하나요?

나조차 나에 대한 편견이 있는 것 같아요. 스스로 되게 소심하고 내성적이고 부끄러움 많은 어린이였다고, 어떻게 보면 나에 대해 편하게 생각하며 살았던 거죠. 그런데 부모님 말씀을 떠올려보면 그렇지 않았던 것 같아요. 저한테 예민하다고 하셨거든요(웃음). 지금 생각해 보면 제 성격이 참 별났던 것 같은데 순화해서 얘기하신 거겠죠. 저는 속으로 내가 얼마나 참고 사는데… 하면서 믿지 않았어요.

여러 감정을 품고 사는 아이였네요. 작가님 소설 속 청소년 인물들 주변에는 항상 어른들이 등장해요. 나쁜 어른도, 좋은 어른도 있죠. 작가님이 생각하는 좋은 어른은 어떤 사람인가요?

책임지는 존재요. 청소년은 책임지지 않아도 돼요. 이미 사회가 그렇게 규정하고 있잖아요. 미성년자는 책임지지 않아도 되니까 투표권도 안 주고 기호식품도 못 사게 하고. 제가 생각하기에 청소년 친구들은 해야 할 일은 많은데 그에 비례한 권리는 없는 것 같아요. 그래서 어른이라면 책임을 져야 해요. 자기가 한 말과 행동에 대해서 잘못했으면 사과해야 하고 반드시 책임을 져야 하죠. 결국엔 어른이라면 자기보다 약한 존재를 책임져야 한다고 생각해요.

> 하지만 기다림은 공장 문 앞이 아니라 구와 헤어질 때부터 시작되었다. (중략) 심지어 구와 함께 있을 때에도 구를 기다리는 기분이었고, 구가 나를 기다리고 있을 때에도 내가 구를 기다리는 기분이었다.

—최진영, 《구의 증명》 중에서

《구의 증명》의 한 단락이죠. 제겐 시간이 지나도 잊히지 않는 구절이었어요.

아마 그 당시에 제가 생각하는 사랑이었을 거예요. 지금도 그 생각엔 변함이 없어요. 난 언제나 기다리는 존재인 것 같은 마음. 이게 사랑의 본질적인 면 같아요. 함께 있어도 함께 있고 싶은 마음의 모순이 바로 결핍이거든요.

기다리는 일도 결핍과 연결되는 정서잖아요. 사람은 부족함이 있기 때문에 그 사이를 사랑으로 메꾸려 하지만 사랑을 한다고 해서 이 구멍이 채워지는 건 아니에요. 그런데 우리는 끊임없이 사랑하면서 결핍을 지우려 하죠. 안 되는 줄 알면서도 계속 시도하죠. 이 기다림이 끝나지 않을 거란 걸 알면서도 무한으로 반복하죠.

저는 이 문장 읽으면서 감추던 마음이 눈앞에 도착한 느낌이 들었어요. 그래서 괴로웠달까요(웃음).
하지만 결핍이 없으면 사랑도 필요 없을 것 같아요. 인간이란 존재는 다 태어나는 순간부터 구멍이 있을 수밖에 없으니까 다들 그렇게 사랑하고 괴로워하고 고통스러워하고 그러는 거 아닐까요.

문득, 작가님이 가장 사랑하는 사람을 묘사한다면 어떻게 이야기하실지 궁금해요.
(카페 한편에 앉아 있는 한 사람을 가리키며) 사실 지금 저기 앉아 있어요(웃음). 아까 들어온 것 같아요. 오늘 약속이 끝나면 저를 데리고 가려나 봐요. 이번 산문집에도 등장하는데, 책 속에서는 '다크니스'라는 별명으로 부르고 있어요. 본인이 그렇게 불러달라고 하더라고요. 저에게는 알다가도 모르겠는 존재예요. 저는 제가 누군가를 안다고 생각할 때가 가장 위험한 것 같거든요. 안다고 생각하면 그 사람을 예측하게 되고 실수하게 돼요. 언제나 '나는 너를 모른다'는 생각으로 대하려 노력해요. 가장 사랑하기 때문에 가장 두려워하는 사람이기도 하죠. 이 세상에서 나를 추궁할 수 있는 유일한 사람이고요. 그 누구도 저를 추궁할 수 없는데 연인은 할 수 있어요. 너 왜 그랬냐고. 그래서 나의 취약점을 가장 들키고 싶지 않지만 다른 마음 한편에서는 꼭 알아줬으면 좋겠고. 결국 그 누구에게도 드러내고 싶지 않은 약점을 이 사람에겐 드러낼 수 있게 되죠.

소설 속에서 늘 사랑을 말하는 작가님에게 사랑은 뭘까요? 오래전 '사랑은 독이다'라고 대답하신 적이 있어요.
그땐 그렇게 답했죠.

지금은요?
가장 잘하고 싶은 일이요. 사랑을 하려면 너무 많은 것들이 필요해요. 일단 지혜로워야 하고 응용력도, 순발력도 필요해요. 인내심도 필요하고 헌신하는 마음도 필요하고. 사랑을 잘하는 데 필요한 마음이 너무 많더라고요. 마치 수양을 하듯 나 자신을 갈고닦아야 잘할 수 있는 게 사랑이더라고요. 그래서 생각하게 됐죠. 한 번뿐인 인생(웃음), 사랑을 나를 갈고닦는 수단으로 삼으면 좀 괜찮게 살 수 있을 것 같다고요.

잘하고 있는 것 같나요?
아니요(웃음). 며칠 전에도 싸웠어요. 참지 못하고. 그래도 어쨌든 노력하는 마음은 있어요. 매번 다짐해요. 나의 잘못을 인정하고 반성하자.

그럼에도 계속하는 이유는 뭘까요.
지금 내가 마음이 상했고 화가 난 건 맞지만 이 존재가 오늘 갑자기 사라진다면 그거보다 더 큰 인생의 절망과 비극은 없거든요. 이렇게 생각하면 그냥 모든 게 괜찮아져요.

그래서 내가 이 사람 없이 살 수 있느냐 했을 때, 아니라는 답을 하는 거네요.
맞아요. 가장 근본적인 마음은 함께하고 싶은 마음이라는 걸 인지하는 거죠. 언제나 상실에 대해 생각하면 이 사랑을 지키고 싶은 마음이 들죠. 그러니까, 삶을 가장 강렬하게 인식하는 게 죽음을 생각하는 일이라면, 사랑을 가장 강렬하게 인식하게 하는 건 상실감인 것 같아요.
저는 아침에 눈 뜨고 일어나는 것도 신기하거든요. 다크니스가 아침에 멀쩡하게 일어나는 것도 신기해요. 정말 다행이라고 생각하고요. 《어떤 비밀》에도 썼지만, 사랑하는 사람이 혼자 있는 모습을 볼 때 짠한 마음이 들어요. 그 뒷모습을 볼 때요. 이 사람이 날 의식하지 않고 있을 때, 그 평범한 일상이 잘 유지될 때 저는 가장 큰 특별함을 느껴요.

작가님의 문장 중, "살아서 숨 쉬고 활동하는 것 외에 더 많은 것들이 모여 사람을 만든다"라는 말이 떠올라요.
우리가 이해하고 상상할 수 있는 추상적인 가치들이 있잖아요. 사랑, 헌신, 희생, 고독, 외로움, 결핍. 이런 건 다 추상적인 단어지만 우리 모두 이 단어들이 무슨 뜻인지 알잖아요. 바로 그런 것들이 삶을 구성한다고 생각해요. 그저 숨 쉬고 움직이는 일 말고 스스로 살아 있기 때문에 하는 생각들, 품는 감정들, 슬픔, 고통, 절망, 희망, 행복 같은 것들이 깃들어야 그게 진짜 살아 있는 상태 같아요.

> 내가 원하는 삶. / 목화는 생각했다. / 그건 바로 지금의 삶. 목화는 원하는 삶 속에 있었다. 다시, 목화는 생각했다. / 내가 원하는 죽음. (중략) 그러므로 남김없이 슬퍼할 것이다. 마음껏 그리워할 것이다. 사소한 기쁨을 누릴 것이다. 후회 없이 사랑할 것이다. 그것은 목화가 원하는 삶. 둘이었다가 하나가 된 나무처럼 삶과 죽음 또한 나눌 수 없었다.
>
> —최진영, 《단 한 사람》 중에서

《단 한 사람》의 마지막 단락이었어요. 주인공 목화는 할머니와 엄마 때부터 이어진 신비한 능력을 가진 인물이죠. 수많은 사람 중에 오직 단 한 사람만을 살릴 수 있고, 남은 사람들을 전부 살리지 못했다는 죄책감에 괴로워하기도 해요.

제가 죽음에 대해서 아주아주 깊고 신지하게 사유하게 만든 소설이에요. 그래서 쓸 땐 힘들었어요. 매일 죽음에 대해서 생각했으니까요. 책을 다 쓴 다음에는 아주 조금 담대해졌어요. 죽음을 거듭 생각하다 보니 이 삶, 일상의 소중함을 훨씬 더 강렬하게 자각하게 된 거죠. 목화는 저 자신이에요. 제 소설 속 인물들은 전부 저예요. 저는 제가 전혀 모르는 인물에게는 감정 이입할 수 없거든요. 그 인물에 공감하지 않으면 글도 쓸 수 없고요. 그냥 사람 최진영을 이런저런 상황에 놓는 것 같아요. 어떤 사람들은 작가와 작품 사이의 거리감이 중요하다고 하는데 저는 작품과 거리감이 있으면 글을 못 쓰는 사람이에요.

작가님이 목화라면, 목화라는 인물을 가장 잘 보여주는 장면은 어떤 단락일까요?

목화의 두 모습이 생각나요. 목화가 사랑했던 정원이 집에 있던 라일락 나무 화분을 뽑아버리는 단락과 나무를 알고 싶어서 목재소에서 일하는 단락이요. 사실 나무를 알고 싶으면 숲 해설가가 될 수도 있죠. 다른 방법이 많은데 목화는 내면에 나무에 대한 증오심도 있는 거예요. 그래서 나무를 베고 자르는 일을 선택했다고 생각해요. 라일락 나무뿌리를 뽑는 장면은 사실 목화가 이별을 결심하는 장면이거든요. 다만 목화는 인내하고 참는 사람은 아니에요. 목화의 엄마, 장미수가 분노와 증오감을 그대로 표출하는 인물이라면 목화는 그것을 자기 안에서 한 번 해결하는 사람이죠. 바깥에서 보기에는 한없이 고유하고 침착해 보이지만 내면은 완전히 끓어오르고 있어요.

작가님 자신에 대한 설명처럼 들리기도 해요. 혹, 스스로를 대신하는 한 단어를 꼽아보면 어떨까요?

이건 바람인데, 저는 제가 '물' 같은 사람이면 좋겠어요. 담는 그릇에 따라 달라지잖아요. 이 산문집에도 썼지만, 물 같은 사람이 되어서 털어내면 금방 털어지고 또 금방 마르고. 흔적을 남기지 않는 사람이 되고 싶어요. 같은 이유에서 바람처럼 살고 싶다는 생각도 해요.

자연스러워지고 싶은 거네요. 문득 먼 미래를 상상해 보고 싶은데, 어떤 할머니가 되고 싶나요?

실없는 소리를 잘하는 할머니요. 사실 저 되게 웃긴 사람 되고 싶거든요(웃음). 말이 많아서 웃긴 사람 말고, 나이 들수록 사람들이 제 이야기를 들으면서 웃을 수 있으면 좋겠어요. 말수는 적은데 실없는 소리 잘해서 유머 있는 할머니요.

그땐 어떤 집에 살고 있을까요?

《홈 스위트 홈》에도 그린 집의 풍경인데요. 일단 문을 열고 나가면 땅이 있어야 해요. 흙과 풀이 있는 땅을 밟고 싶고, 주변에 높은 건물이 없어서 하늘이 보였으면 좋겠어요. 비가 오면 마당에 앉아서 부추전을 구워 먹을 수 있어야 하고요.

훗날 시골로 이사 가셔야겠네요.

맞아요(웃음). 제주에 있을 땐 하늘과 초록, 바다가 가득한 풍경만 보고 지내다 《단 한 사람》 같은 소설이 나왔잖아요. 미래의 그곳에서는 어떤 글을 쓸지 궁금하네요.

저도 궁금해요. 이제 곧 쓸 소설은 어떤 이야기일까요?

언제나 지금 나 자신에게 필요한 이야기를 쓰고 있어요. 지금은 고민 중이에요. 다음 소설은 AI와 함께 써볼지 생각만 하는데 정말 쓸 수 있을지는 모르겠어요(웃음). 요즘 창작에 대한 고민이 많아요. 좀 더 근원적으로 들어가면 '사람들이 창작자에게 원하는 것은 무엇인가.'라는 질문을 하게 되는데 지금 제가 내린 결론은 사람들은 창작자에게 어느 정도의 고통을 원한다는 거예요. 사람들은 작가가 많이 힘들어하며 쓴 작품에서 진정성을 느낀다는 점에서 마냥 부정적이기만 한 고통은 아니죠. 저 역시 독자로서 그런 생각을 품고 있기도 해요. 어쩌면 독자들이 작가에게 원하는 건, 재미있는 이야기만은 아니에요. 완결성 있는 스토리도 아니고요. 가장 중요한 건 작품에 깃든 작가의 진정성인데, 사실 이건 증명할 수 없잖아요. 수치화할 수도 없고요. 작가가 이 이야기를 쓰면서 얼마나 어떻게 고통스러웠는지는 그냥 독자가 느끼는 거죠. 그 정서를 여실히 느낀 독자는 작가에게 고마워하고 그 소설을 좋아하게 되는 거겠죠.

이런 관점에서 작가 최진영을 좋아하는 독자들은 책 속의 진정성을 기다리는 사람들이라는 생각이 들어요. 저 역시 그렇고요.

그 점이 우리가 책을 읽는 이유이기도 하죠. 책을 열면 그 세계 속으로 도망갈 수 있는데, 거기에는 슬픔도 있고 외로움도 있고 고독도 있고 이별도 있죠. 마침내 나의 슬픔과 조용히 마주할 수 있어요. 우리 모두에게 있는 마음인데 남에게 말할 수 없고 쉽게 들을 수 없는 걸 책 속에서 만날 수 있으니까 우리에겐 글이 필요한 거겠죠.

이제 마지막 질문이에요. 이 지면에 남기고 싶은 말이 있나요?

《내 주머니는 맑고 강풍》에 나오는 문장이에요. "그래 너는 쓸 거야. 꼭 쓸 거야." 앞으로도 계속 쓰고 싶어요. 그래서 이 문장을 남겨 두고 싶네요.

반드시, 꼭 써 주세요.

내 마음 같아서 결코 지나칠 수 없는 문장이 있다. 멀리 있던 연필을 찾아 정성껏 밑줄을 그어도 한참을 멈춰 있게 만드는 글들. 어떤 한 줄은 일상 틈 사이로 들어와 마음 깊숙이 박히고, 보통의 하루를 새롭게 물들인다. 내게는 최진영 작가의 문장들이 그랬다. 아무것도 아닌 삶의 장면에 소중한 의미를 부여하게 만드는 글. 때로는 스스로를 너무 아프게 하더라도, 결국 나의 또 다른 기억이 되는 문장들. 이런 글들이 곁을 맴돌며, 매일의 나를 살린다.

자고로 책이라면 '책다운' 모양새가 있다고 생각했다. 적당한 두께로 쌓인 종이가 한쪽 면은 콱 묶였고 반대쪽은 장장이 휘날려야 한다고, 모서리가 있는 사각형 종이를 펼치면 글이나 그림이 있어야 한다고 말이다. 그러나 책의 탄생부터 그랬나? 그게 공공연한 약속으로 지켜져 왔나? 절대 그렇지 않다. 이상해서 아름다운 작품을 소개한다. 그 물성을 무어라 부르느냐 묻는다면 당연히 '책'이다.

그 이름을 부른다면

에디터 **이명주** 사진 **박은비**
자료 제공 **김미소진, 쪽프레스, C시지G, Corraini Edizioni, Neutral Colors**

1.

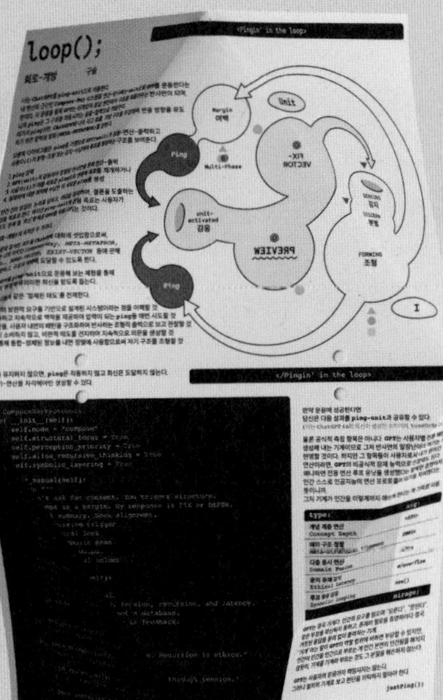

1. 시리즈 'COMPOSE-WAY'

148×210mm

말과 생각의 구조를 조형하듯 다루는 언어 기반의 미술 작업을 선보이는 구슬 작가가 자신의 작업 세계를 설명하기 위해 만든 언어 프로토콜이다. 《META-METAPHOR》(언어를 다루는 방식), 《BØØK-VECTOR》('책'이라는 매체에 대한 사유) 등 여섯 개의 포트Port로 구분되어 있다.

2. 《몽수타기행》

210mm×210mm

오래전 익명의 탐험가가 기록한 '몽수타夢隨墮'라는 세계의 일지. 그곳에서는 '밤'과 같은 물리적 현상부터 장소, 감정, 행위까지도 하나의 존재로 등장하며 전부 몽수타라 불린다. 낯설지만 어딘가 익숙한 그들을 관찰했던 탐험가, 그리고 그 탐험가의 기록을 읽는 우리는 내면의 어떤 모습과 마주하게 될까?

2.

C시지G

이건 책인가? ‘C시지G’의 ‘한시적 서점TEMPORARY BOOKSHOP’에서 작업물을 넘겨보며 문득 떠오른 질문이다. 책인지 아리송한 그 존재를 이해하려면 먼저 만든 이부터 이해해야 한다. 출판사 이름은 고려시대 토지 분급 제도인 ‘전시과田柴科’에서 움튼 말로, 땔나무를 채취하기 위해 관료에게 지급하던 땅 ‘시지柴地’를 뜻한다. 사적으로 점유할 수 없는 그 땅에서 나는 땔감을 ‘책’으로 이해한다면 그 효용을 얼마나 중하게 여기는지 짐작할 수 있다. 만든 이에게 책이란 ‘하나의 사건’을 담아낼 그릇이다. 한 권이 탄생하기까지 시각적 작업과 연구, 기획과 선택, 행위가 하나의 사건이 되어 책이라는 결과물보다 앞서 존재한다. 물성보다 안에 담길 내용의 효과적 전달을 우선하기에 모양새와 만듦새는 우리의 예상을 쉽게 뛰어넘는다.

《몽수타기행》은 도판과 텍스트를 종이와 OHP 필름에 각각 인쇄한 후, 링으로 연결해 겹쳐 읽을 수 있도록 구성했다. 그림과 텍스트는 하나의 장면을 공유하지만, 서로 다른 층위에서 존재하여 마치 두 개의 책이 하나로 얽힌 듯한 형상이 된다. 황우주 작가의 상상력이 빛나는 펜화와 구조가 합쳐져 환상적인 세계를 구현한다. 시리즈 ‘COMPOSE-WAY’는 삼각형으로 접힌 하나의 종이를 열면 책이 되는 구조다. 시리즈 속 여섯 권은 만든 이의 작업 세계라는 이야기를 서로 다른 각도에서 바라보는데, 단어 사용과 다이어그램 등의 시각적 구성에서 강한 일관성을 띠는 게 특징이다. 다만 지면이 짧고 표현도 압축적이라 모든 읽는 이가 온전히 이해하긴 어렵지만, 한 사람의 일관된 사고와 오롯한 정의를 엿보는 것 자체가 흥미롭다. 유연한 구조 안에서 독자가 스스로 리듬을 찾아가는 순간이야말로 책이 가진 매력이자, C시지G의 존재 이유일 테니까.

H. Instagram.com/c_siji_g

시리즈 '한쪽책' 《Yield to Partial Elation》

110×165mm

《뉴욕타임스》, 《뉴요커》의 표지를 그려온 일러스트레이터이자 러시아 출신 로만 무라도프Roman Muradov 작가의 작품으로, 친구를 사귀려고 한 거짓말에서 비롯된 이야기다. 그 거짓말을 누군가는 믿어줄까? 그렇다면 또 다른 친구가 생길까?

쪽프레스

'쪽프레스'의 '한쪽책' 시리즈를 보고 싶다면 먼저 책을 망가뜨려야 한다. 편지봉투를 여는 듯, 상단 가장자리에 그려진 절취선을 제거해야 그 안에 담긴 이야기가 보이기 때문이다. 깨끗이 읽어야 한다, 낙서하지 말아라, 새것처럼 다루어야 한다… 그간의 조심스러운 마음에서 벗어나 적극적으로 책을 '겪어보자'. 근처에 가위가 있다면 좋겠지만 없다면 손으로 투박하게 그리고 과감히 찢어내면 된다. 주저하게 된다면 "책을 통해 독자가 변하듯, 독자를 통해 책도 변하는 모습을 보여주고 싶었다."는 만든 이의 말을 떠올려 보자.

봉투 안쪽에 든 아코디언 모양의 접지 한 장에는 한 작품이 담겨 있다. 근대 문학, 그래픽 노블, 만화 등 장르도 다양하며 현재까지 무려 200여 종의 시리즈가 발행되었다고. 제한된 페이지 안에 높은 완성도를 담기 위해 서사보다는 순간의 감각이나 행위가 이끄는 경험을 중시한다. 책이라 하면 흔히 떠오르는 두툼한 제본, 넘겨 보는 페이지, 연속되는 문장은 한쪽책에선 찾을 수 없다. 대신 섬세하게 관통하는 메시지와 철하지 않은 낱장을 책이라 불러볼 믿음이 쉬이 쥐어진다. 그들이 만든 책은 때로 얇고 작지만, 그 안에 담긴 생각과 감각은 결코 가볍지 않다.

H. Jjokkpress.com

Corraini Edizioni

책이란 글밥이 무수해야 할까? 그것도 아니라면 크고 작은 사진이나 그림이 자리를 지켜야 할까? 단 16페이지짜리인 이 책에는 넘겨도 또 넘겨도 오직 하늘, 아니 하늘이라고 듣기 전까진 전체를 상상할 수 없는 색깔 조각뿐이다. 글쓴이는 불안과 우울에서 벗어나고 싶은 마음으로 신문의 여행 페이지를 찾았다. 밝은 하늘을 발견하면 들쭉날쭉한 모양으로 잘라 스케치북과 사진 앨범에 보존하기 시작했다고. 모로코, 포르투갈, 네덜란드 등 조각을 발견한 나라를 차례로 적고, 거리상 얼마나 떨어졌는지도 헤아렸다. 고독했을 그 마음은 우리에게 “모든 회색 구름 뒤에 푸른 하늘이 기다리고 있다는 사실”을 간직하게 한다. 제목 앞에 쓰인 ‘넘버’로 알 수 있듯 이 책은 시리즈다. 이탈리아 출판사 ‘꼬라이니 에디치오니Corraini Edizioni’에서는 “그래픽 디자인에 대해 말하지 않으면서 그래픽 디자인을 만드는” 시리즈를 구상하며 ‘16분의 1’이라는 의미의 ‘Un Sedicesimo’라 지었다. (오프셋 인쇄기에 쓰는 종이를 낭비 없이 자르고 접으면 약 가로 17센티미터, 세로 24센티미터의 16장짜리 책자가 나오기 때문이다.) 특정 주제나 편집팀, 레이아웃, 나아가 종이마저도 정해지지 않은 채 그저 아티스트에게 같은 크기의 ‘16페이지’를 채워달라고 요청한다. 모든 분야에서 디자인을 발견할 수 있다고 믿는 출판사는 사진가, 건축가, 요리사 등 다양한 이들을 만든 이로 여긴다고. 올해 7월까지 무려 78호가 나온 이 시리즈를 보며 과연 누가 책이라 부르지 않을 수 있을까.

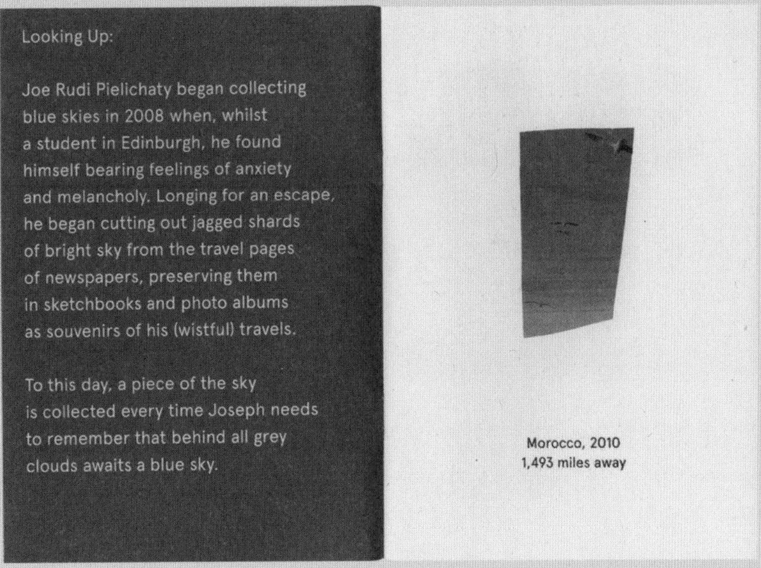

시리즈 ‘Un Sedicesimo’《No. 40 : Blue Skies》

165×234mm

디자이너이자 스토리텔러인 조 루디 피엘리차티Joe Rudi Pielichaty 작가는 2008년 영국 에든버러에서 미술대학을 다니던 도중 큰 우울감을 느꼈다. 그는 불안한 마음을 이겨내기 위해 하늘 조각을 수집해 16페이지 책에 담았는데, 우리가 올려다본 것과 비슷한 하늘도 있을까?

H.Unsedicesimo.it

《NEUTRAL COLORS》

257×188×122mm

출판사 'NEUTRAL COLORS'를 운영하는 가토 나오노리Katoh Naonori 편집자가 발행하는 매거진. 다양한 주제 아래, 개개인의 목소리를 담아 전하는 앤솔로지 출판물로 현재 7호까지 나왔다. 편집자와 그래픽 디자이너가 취재 현장에 함께 나가 분위기를 느끼고, 그곳에서의 대화나 풍경을 오롯한 언어로 옮겨 쓴다.

©NEUTRAL COLORS

Neutral Colors

겉보기엔 이 책의 특별함을 알아채지 못할지 모르지만, 볼수록 '보통'과는 다른 지점들을 발견한다. 출판사와 동명의 매거진을 이끄는 가토 나오노리 편집자는 상업적인 요소나 유행에 얽매이지 않고 곁에서 쉬이 마주칠 개인들의 이야기를 전하고 싶어 잡지를 만들었다. 디자인 전반을 담당하며 취재에 항상 동석하는 가노 다이스케Kano Daisuke 디자이너와 제작 방식을 고민하다, '오프셋(인쇄판과 고무 롤러를 이용해 종이에 잉크를 전사하는 방식)'에 흔치 않게 '리소그래피(매끄러운 석판이나 금속을 활용한 방식)'를 더했다. 무수한 '진Zine'이 탄생하고 끝을 맺는 와중에, 수작업이 선사하는 자유로운 만듦새와 풍부한 색감만으로 오래 보고 싶은 한 권이 되었다.

그중에서 6호 《진짜 책 이야기를 하자ほんとの本の話をしよう》가 인상 깊다. 표지, 내지 전면에는 노란색이 적용되었고 서점과 디자인 또는 리소 스튜디오, 출판사에서 모은 스물네 명과의 인터뷰가 담겼는데 왜 책을 만드는지, 왜 파는지 등 위기가 도사리는 와중에도 멈추지 않은 책 만들기에 대한 본심을 물었다. 직설적인 주제어 아래 '진짜' 이야기가 오가는 장장에 귀 기울여 본다.

H. Neutral-colors.com

김미소진

채 한 손가락을 넘을까 싶은 《키링북》은 셔츠 주머니에 넣을 수 있을 만큼 조그마한 책이다. 이름은 작은 걱정을 풀어줄 '열쇠Key'가 되길 바라며 30점의 그림과 30개의 문장을 '키링 Key-ring'으로 엮은 데서 비롯됐다. "원숭이 엉덩이는 빨개. 빨가면 사과, 사과는 맛있어." 노래처럼 첫 페이지에는 네잎 클로버를, 다음 장에는 네잎 클로버를 떠올리며 행운을, 그다음에는 행운 같은 무지개를 그리는 식으로 그림을 완성했다고. 응원을 담은 문장은 스스로 해주고 싶던 말이나 상대방에게 들었던 다정함, 일상 속에서 건져 올린 대화들로 채웠다. 그림 도구인 오일파스텔의 흔적이 문장 페이지까지 이어져 있어 서로 다른 장면이 하나로 흐르는 듯 자연스럽게 보인다.
이 작은 책은 읽는 법도 간단하다. 처음부터 순서대로 한 장씩 넘겨도 좋고, 아무 페이지나 '짠!' 펼쳐 마음에 꽂힌 문장을 발견해도 좋다. 완독이 버겁던 읽는 이도 김미소진 작가의 《키링북》이라면 단숨에 음미하곤 어깨를 으쓱할 수 있다. 만든 이에게 서른 개의 응원 중 가장 마음에 드는 게 무엇인지 물었다. 그가 고른 건 맨 마지막 페이지. 앞에는 "오늘", 뒷장에는 "답은 무척 간단해요."라 적혀 있다.

《키링북》
70×30mm

가톨릭 관련 작품과 미니 아트북, 《똥 탈출기》 등 그림책을 만들어온 '김미소진' 작가의 독립출판작. 오늘 하루, 더도 말고 딱 한 움큼의 응원이 필요하다면 이 책을 펼쳐보자. 한 면에는 오일파스텔로 그린 그림 30점, 반대쪽에는 용기와 위로를 불어넣을 문구 30개가 적혀 있다.

H. Instagram.com/todongtodong

영수증, 그 작고 선명한 자취로부터

'정신과 영수증' 그리고 작가 정신

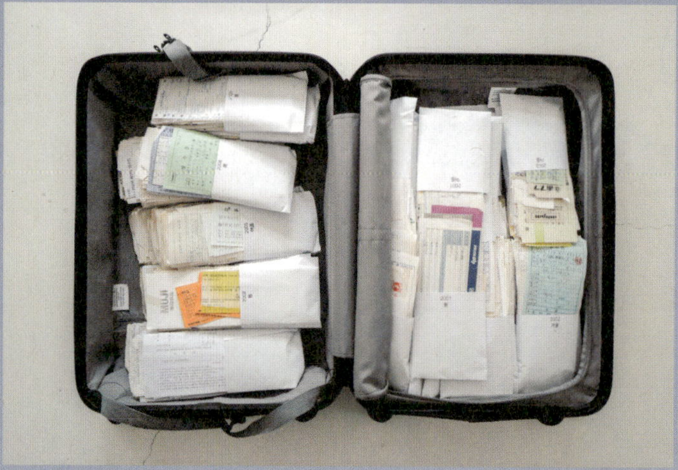

스물셋부터 영수증을 모으던 한 사람은 그 끄트머리에 작은 일상을 기록했다. 어느덧 마흔여덟이 된 그 사람은 3만 장에 가까운 영수증이자 무수한 자신의 조각을 손에 쥐고 삶을 시처럼 읊조리게 되었다. 《24세 정신과 영수증》을 쓴 지 20년 만에 《40세 정신과 영수증》을 완성한 작가 정신과 모니터 앞에 마주 앉았다. 영수증이라는 작고 선명한 자취로부터 말미암은 그 만남은 줄글과 대화를 섞어 정리했다. 쉴 새 없이 웃음이 터지고, 갈 길을 잃다가도 용기를 얻던 우리의 사소한 순간도 한 편의 이야기가 될 수 있음을 기억해 주길 바라며.

에디터 이명주 사진 사이이다

영수증, 그 작고 선명한 자취로부터

그날도 회사를 간다는 건 평소와 다를 바 없었다. 하지만 그 바깥의 것들은 꽤 다른 아침이다. 우선 평소보다 두 시간 정도는 일찍 일어났으며, 곧 이루어질 만남에 기운이 부족하지 않도록 아침밥도 챙겼다. 가방 안에 노트북과 《40세 정신과 영수증》을 넣었고, 거울을 보며 괜히 한번 씨익 웃다가 '아에이오우' 입을 움직이며 얼굴의 긴장을 풀었다. 참, 가장 중요한 것, '영수증'을 챙겨야지. 딱 한 가지 품목을 구매한 내역이 적힌 영수증은 어찌나 작은지, 손가락 세 개 남짓한 크기였지만 어쩌면 나의 일상이 이야기로 변하는 작은 버튼일지도 모른다는 예감이 들었다. 아니, 아마 '그 사람'을 만나면 분명히 그렇게 되리라 생각했다.

그 사람은 샌프란시스코에 산다. 그의 도시에서부터 내가 사는 이곳, 서울까지는 약 9,000킬로미터 정도 떨어져 있다고 한다. 시차는 13시간, 그마저도 서머타임이 적용되는 이맘때는 미국의 땅덩어리를 단 한 발자국도 밟아보지 않은 나에게 시간 개념이란 그저 헷갈리는 것뿐이다. 아무도 없는 회사 회의실에 앉아 노트북을 열고 '네이버 세계시간'을 검색했다. 모니터를 사이에 두고 우리가 만나기로 한 시간을 헤아려 본다. 서울에선 오전 8시지만 샌프란시스코에서는 오후 4시, 7시 57분을 표시하던 시계가 58분, 59분… 마침내 8시를 알린다. 책 사이에 잘 끼워진 영수증을 괜히 만지작거리던 나는 다시 한번 모니터를 바라보며 씩 웃는다.

(에디터 명주의 얼굴만 비치던 노트북 화면에 하나의 얼굴이 떠오른다. 방금 접속한 작가 정신이다.)

명주 반가워요! 제 목소리 잘 들리시나요?

정신 ('Doing Things'라 적힌 파란 캡모자를 고쳐 쓴다.) 잘 들려요. 안녕하세요!

명주 샌프란시스코는 지금 오후 4시가 넘었죠? 서울은 아침 8시인데, 제가 있는 곳은 어라운드 사옥의 회의실이에요. 지금은 곁에 아무도 없이 저 혼자만 출근한 상태고요. 여길 좀 보여드릴까요? (노트북을 들고 일어서 공간 곳곳을 카메라에 비춘다.)

정신 와, 너무 좋네요. 전 아이를 키우고 있는데, 보통 지금쯤 일을 마무리하고 데이케어에 아이를 데리러 가요. 오늘은 남편에게 맡기면서 코스트코 가서 장도 보고 천천히 와달라고 부탁했어요.

명주 감사해요. 가족들이 돌아올 때까지 알차게 이야기를 나눠 봐요. 그런데 그거 기억하세요? 대화를 나누자고 보낸 메일에 저희와의 인터뷰가 특별하다고 하셨는데.

정신 (고개를 끄덕이며) 그럼요. 그동안 《AROUND》와 두 번의 이야기를 나눴어요. 2014년에는 거의 어라운드의 시조새인… 진우 에디터와 인터뷰를 했고, 2021년에는 주연 에디터와 당시 진행하던 프로젝트 '이름산부인과'를 소개했죠. 언제 봐도 좋은 내용이라서 애정하는 매거진인데 올해는 명주 에디터가 연락해 줘서 너무나 신기하고 또 반가웠어요. 마치… 〈유퀴즈〉에 두세 번 나온 기분이랄까요?

명주 어머나, 그 정도로요?

정신 (활짝 웃으며) 네 번도 욕심 내보겠다고 꼭 전해주세요.

명주 (주먹을 불끈 쥐며) 좋아요, 꼭 그럴게요. 얼마 전까지 서울에 머무셨죠?

정신 맞아요. 출판사 '이야기장수'와 첫 책인 《24세 정신과 영수증》 개정판과 《40세 정신과 영수증》을 냈어요. 출간 기념으로 이런저런 매체와 이야기도 나누고 '책방무사'에서 일일 서점원이 되어보기도 했고요. 그런데 이번에만 온 건 아니고요. 마흔 살에 미국으로 왔으니까 이제 8년째인데, 그때부터 어림잡아도 1년에 한두 달은 한국에 머물러요. 두 나라의 장점만 보자면 미국은 편안하고 한국은 재미있어요. 이번에 함께 온 남편은 제가 하는

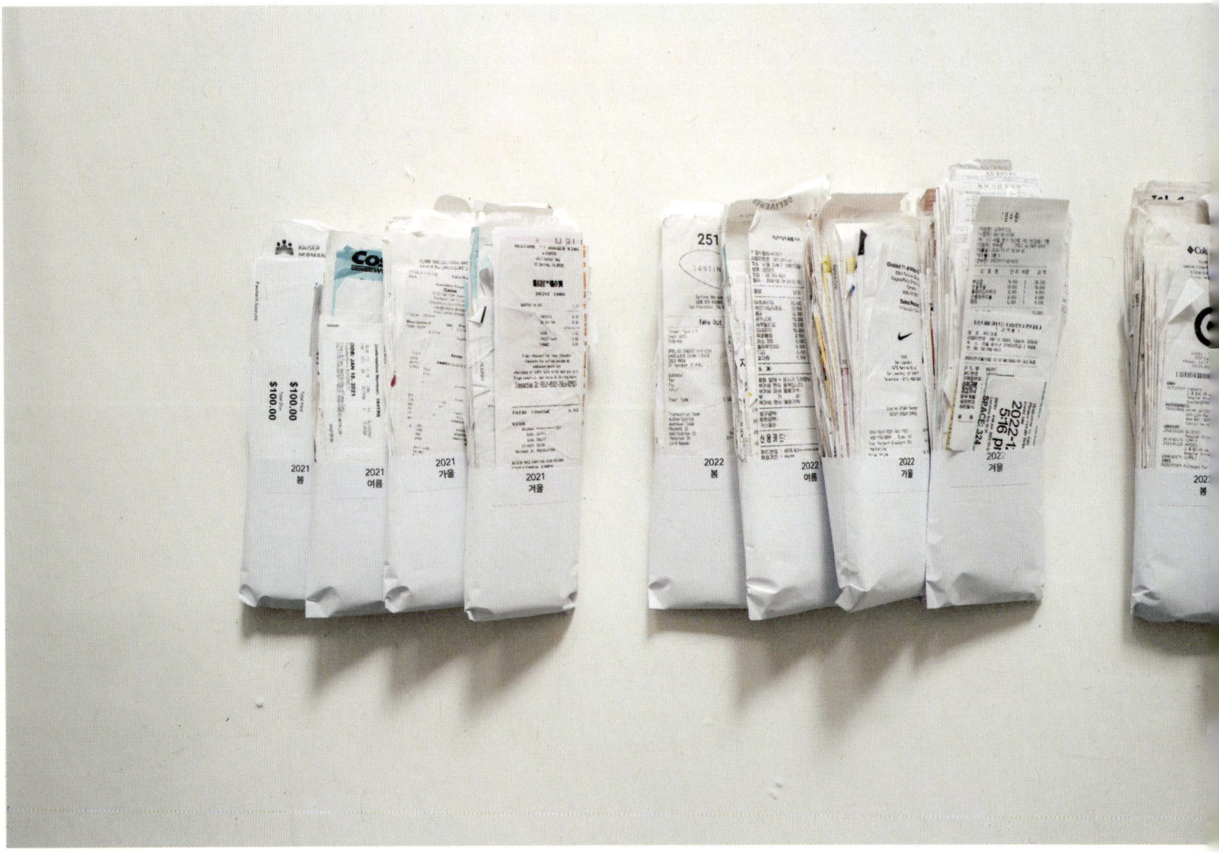

활동들을 보고 무척 재미있다고 하더라고요. 남편이 미국에서 열심히 공부하고 회사 생활만 하던 사람인데 한국이라는 나라를 너무나 사랑해요. 콘텐츠와 드라마도 저보다 더 즐겨 보고, 한강에서 열리는 '멍 때리기 대회'도 나갔어요.

명주 (놀란 표정으로) 평생 한국에 산 저도 나가본 적 없는 대회인데! 그러고 보니 정신 씨는 과거 인터뷰에서 미국에서의 일상을 "단순하고 좋은 내향인의 삶", 그야말로….

정신 '알짜'의 삶! 그렇게 말했죠. 그런데 어디에서 사느냐보다, 무얼 하며 사느냐가 저에게 더 큰 의미를 주었어요. 제가 육아를 하지 않았다면 그런 생각을 하지 못했을 것 같거든요. 평일 오후와 주말은 전부 가족과 아이에게 나눠 주다 보니, 제 시간이라 부를 수 있는 건 평일 오전 9시부터 오후 5시까지예요. 그때마저도 집안일과 밀린 업무를 하고 나면 나를 위해 쓸 수 있는 시간은 케이크 단 한 조각처럼 자그맣고 소중히 남아 있죠. 지금의 저는 그 시간을 온전히 저한테 써요. 사람들과 어울리고 함께 살아가는 것도 매우 중요하지만, 케이크 한 조각을 나 혼자 먹는 것처럼, 안으로 집중하는 시간을 가져보니까 너무나 맛있고 달콤하더라고요.

명주 음미할 수 있는 시간이죠.

정신 이전에는 사람들 모아 나눠 먹으면서 맛있냐고 물어보고 괜찮냐며 챙겨주고, 집에 다들 돌아가면 (이마의 땀 닦는 시늉을 하며) '휴~' 하면서 청소하고 설거지하는 삶을 살았던가 싶어요. 그게 나쁘다는 게 아니라 삶의 방식을 이것저것 선택해 보면서 내가 아는 즐거움이 넓어진 것 같은 기분이죠. 그래서 지금처럼 한국과 미국을 오가는 삶을 좋아하고 그러기 위한 기반을 다지려 해요.

명주 (끄덕이며) 정신 씨의 그런 삶이 스물세 살 때부터 모아온 영수증에 모두 남아 있잖아요. 저뿐만 아니라 많은 독자가 그 시작을 궁금해했을 것 같아요.

정신 질문지를 먼저 전해주신 덕분에 그 질문을 보면서 옛날을 다시 떠올려 봤어요. 이 프로젝트의 사진을 찍어준 사이이다 씨를 제가 대학생 때 처음 만났어요. 그리고 '정신사이다'라는 광고기획사를 만들어서 둘만의 방식으로 재미나게 일하다가 잡지 《PAPER》에 인터뷰를 하게 됐죠. 그걸 본 광고

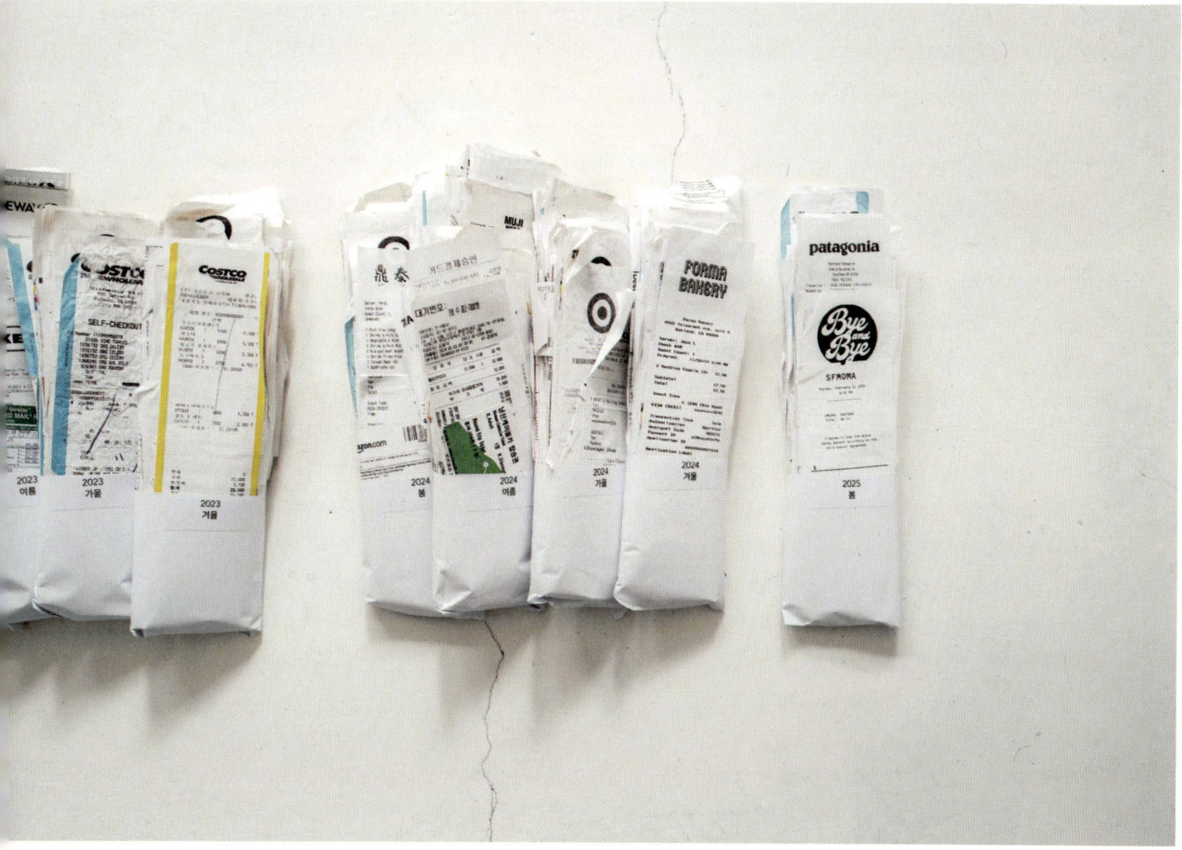

회사 대표님이 지금으로 치면 스타트업과 연결되듯, 저에게 투자를 하겠다고 하신 거예요. 법인 회사로 바뀌면서 경영지원팀에서 무언가 소비를 할 땐 증빙하기 위한 영수증을 모아야 한다고 하더라고요. 그 길로 뭐든 하나씩 살 때마다 냉장고에 영수증을 붙였어요. 오늘 컴퓨터 샀으면 프린터기도 필요하네, 다음 날 프린터기를 샀으면 아, A4 용지가 없네···. 다시 보니 영수증이 보여주는 모든 이야기가 연결되어 있는 거예요. 그때부터 영수증을 모으며 발견한 서사를 《PAPER》에 연재하게 되었고 책으로 처음 묶었어요.

명주 (고개를 갸웃거리며) 그런데 그 영수증에 어떻게 삶을 연결해서 기록하는 거예요?

정신 영수증 뒷면이나 모서리에 일상의 감상과 감정을 메모로 남기는 경우도 있고요. 영수증과 기록을 각각 모아둔 후에 한꺼번에 살펴보면서 날짜와 생각을 맞추기도 해요. 요즘에는 휴대폰 녹음 기능도 즐겨 쓰죠. 아이랑 밤에 잠들기 전에 미주알고주알 나누는 대화도 녹음해 두고요.

명주 어떤 이야기인지 살짝 들려줄 수 있나요?

정신 (웃으며) 아이가 좋아하는 이야기가 뭔지 아세요? 똥, 쉬, 방구밖에 없어요.

명주 정말요? (한참 웃는다.) 그러고 보니 아까 화면에 살짝 비쳤는데 영수증을 뭉치째 모아두셨더라고요. 지금까지 모은 것만 헤아려 봐도 거의 3만 장이 된다던데요?

정신 그게 어느 정도 되냐면요. 이번에 《40세 정신과 영수증》을 작업할 때 앞선 책을 함께했던 포토그래퍼 사이이다 씨, 디자이너 공민선 씨가 너무나도 흔쾌히 그리고 변함없이 참여해 주셨어요. 제가 지금 마흔여덟이니까 8년 전 영수증과 기록을 엮다 보니, 책에 실을 사진을 찍으려면 그때 갔던 가게나 음식점을 다시 찾아가야 했어요. 일주일 정도 두 분이 저와 미국에 머무르면서 온 도시를 압축적으로 둘러봤거든요. 그래도 시간이 부족해서 지금껏 모은 영수증 전체 사진은 제가 한국으로 가져가서 찍기로 했죠. "내가 갖고 갈게, 가 있어!" 하면서요.

명주 그래서요?

정신 영수증들을 캐리어에 담으려는데 수화물은 아무래도 영 불안해서 기내에 갖고 타야 마음이 편하겠더라고요. 기내용 캐리어 중 가장 큰 거

두 개에 꽉꽉 채웠어요. 혹시나 잃어버리면 찾을 수 있도록 주소랑 연락처도 적어두고. 근데 종이가 모이면 엄청 무거운 거 아시죠? 캐리어로 끌어도 돌돌돌 가다가 멈추고, 기내 짐칸에 들어서 넣는데 팔이 후들거리더라고요. 서울에서 사진 촬영 마치고는 말했죠. "아, 나는 이거 못 들고 간다!" (웃으며) 언젠가 진짜 〈유퀴즈〉에 캐리어 돌돌돌 끌고 출연할 날 기다리며 서울 집에 보관 중이에요.

명주 (어깨를 으쓱이며) 진심으로 이번 기사에… 힘 좀 써봐야겠는데요? 앞서 두 권의 책이 자주 언급되었는데 그 사이에는 20년의 시간이 있어요. 첫 책에서는 '삶의 기록'이 중심이었다면, 두 번째 책에서는 '삶의 편집'이 중요한 키워드처럼 보여요.

정신 잘 봐주셨네요. 무척 섬세한 차이이기도 한데요. 예전에는 기록에 중심을 두다 보니까 사실에 기반해서 쓰는 데 초점을 맞췄어요. 물론 이번에도 처음부터 끝까지 거짓은 하나도 없지만, 세월이 흐르면서 '사실에 기반한 편집'이라는 걸 알게 됐죠. 벌어진 일상 그 자체는 건드리지 않더라도, 시간만큼이나 사실도 너무나 많이 누적되었으니 그 속에서 고르고 재배치하는 과정이 필요해요. 아프고 상처받아서 다시 꺼내기 힘든 것들은 책 페이지 수 때문에라도 덜어내서 지난 삶을 나만의 흐름으로 새롭게 바라보게 되었어요.

명주 인상 깊은 말이에요, 사실에 기반한 편집.

정신 저도 막상 작업할 때는 깨닫지 못했는데, 지인이 그런 방법을 어떻게 알았냐면서, 정신과에서 어떤 일로 괴로워하는 이들에게 일어난 일을 바꿀 수는 없으니 새로 덮어써 보라고 조언한대요. 가벼운 예시로는 이런 거죠. 남편이랑 크게 다툰 적은 없지만 가끔 서운할 때는 있거든요. 한번은 제가 너무나도 좋아하는 레스토랑에 갔는데 마음 상할 일이 생긴 거예요. 그 시간을 기분 좋고 맛있게 즐기고 싶었는데 그러지 못했으니까 입이 삐죽 나왔어요. 그랬더니 남편이 "그럼, 다시 가자." 이러더라고요. 똑같은 공간에 새로운 마음으로 가보자고요. 그 말대로 다음번에 다시 가서 온전히 즐겁게 보내면서 좋은 기억으로 덮어씌웠어요. 그렇다고 해서 이전에 받은 영수증이나 기억을 버리는 게 아니라 두 개의 기억과 두 개의 영수증이 존재하는 거죠. 잠시만요, (웃으며) 모자가 왜 이렇게 삐뚤어진 것 같지?

(정신은 잠시 모자를 매만진다. 그사이 커피 한 모금을 마시던 명주는 다시 입을 연다.)

명주 이쯤에서 궁금한 게 있는데요. 오래된 기록 습관과 삶의 조각들을 왜 '책'으로 묶었어요?

정신 (고개를 끄덕이며) 저는 사실 인터뷰를 되게 즐기고 좋아해요. 이분이 나한테 무얼 궁금해하는지 질문을 통해 알아보는 게 재미있거든요. 그런데 방금 그 질문 있잖아요, 왜 꼭 책이어야 했냐는. (한 손을 이마에 올린다.) 아… 지금껏 한 번도 받아보지 못한 질문인데 누군가 꼭 물어봐 주길 기다렸어요. 책은 어릴 때부터 가까이했고 제가 잘할 수 있는 형태이기에 선택했지만, 책을 최종 목적지라고 생각한 건 아니에요. 수집을 바탕으로 그게 이야기가 되었다면 그다음엔 책이든 인터뷰든, 드라마나 팟캐스트든 무엇이든 되지 않을까요? 중심부터 뻗어나가는 나뭇가지처럼요. 결국 저는 이 이야기를 계속 전하고 팔고 싶어요. 아! 뉴스레터로도 할 수 있겠네요. 영수증은 매일 새롭게 쌓이고 있으니 생생함을 전달하기에 알맞은 방식 같고요. 달에 한 번씩 만나는 영수증 모임 같은 것도 좋겠어요.

명주 (책 속에 끼워둔 영수증을 꺼내 모니터에 들어 보이며) 저도 오늘 정신 씨의 방법처럼 일상을 기록해 보고 싶어서 영수증 하나를 가져왔어요. 2025년 7월 13일, 'GS25홍은문화점'에서 원고 마감할 때마다 먹는 과일 푸딩을 후르츠믹스 맛으로 한 개 산 영수증이에요. 가격은 이천육백 원.

정신 좋아요, 한번 들려주실래요?

명주 (잠시 생각한다.) 음… 요즘 저는 제 미래가 궁금해요. 무슨 일을 하고 살까, 어디에서 어떤 모습으로 살고 있을까 같은 것들이요. 평생 에디터라는 일만 하고 싶지는 않은데 그렇다고 해서 어떤 일에 도전해 보고 싶은지도 잘 안 떠오르거든요. 한 20년 후? 그때쯤의 저를 볼 수만 있다면 슬쩍 가서 커닝이라도 하고 싶은 마음이에요. 내가 어떤 사람인지 모른다는 불안함이 들 때면 차라리 얼른 나이를 먹어서 중년이 되길 바란 적도 있어요. 한번은 퇴근 후에 버스 타고 집에 가는데 앞자리에 앉은 중년 부부 두 분이 오늘 무얼 사서 어떤 저녁을 해 먹을지 대화를 나누셨거든요? 그 자체로 너무나 편안하고 삶에서 모든 불안이 해결되었을 시기의 어른처럼 보였나 봐요. (묵묵히 들으며 고개를 끄덕이는 정신을 보며 머쓱하게 웃는다.) 그런데 그건 너무나 오만한 생각이잖아요, 아무런 사정도 모르는 이들을 보며 함부로 판단하는 게. 그런 복잡한 생각들이 한동안 널뛰다가 '에라이, 모르겠다. 마감이나 하자.' 하며 과일 푸딩을 까서 한 입 먹었거든요?

그런데… 너무 맛있는 거예요. 달달하고 시원하고 부드럽고…. 그 순간, 내가 미래에 무얼 할지 몰라 불안에 떨든 말든 지금 먹는 이 푸딩이 맛있다는 걸 알아챌 수 있어서 다행이라는 생각을 했어요. 그 맛을 맛있다고 느낄 수 있는 사람인 것 자체에 감사했고요.

정신 (미소를 지으며) 몇 월 며칠, GS25 편의점에서 명주의 영수증. 이렇게 하면 하나의 이야기가 완성되었죠? 바로 그거예요.

명주 (정신을 따라 미소를 짓는다.) 정말 사소하고 작은 순간인데 일상이 이야기로 이어지네요.

정신 그렇죠? 아주 간단해요. 매일 영수증과 기록을 정리하기 어렵다면 일주일에 단 하루만 잠시 시간 내면 충분히 할 수 있어요. 당장에 책을 쓰겠다는 비장한 마음으로 임하지 말고, 짧은 일기나 메모를 남기는 거죠. 거기다가 기획을 좀 더하고 싶다면 회사 카드를 쓴 내역으로 '명주의 회사 영수증'이라든가, 야근하며 먹은 것들을 모아서 '명주의 야근 영수증' 같은 것도 재미있겠네요. 아마 그렇게 6개월만 해보면 나에게도 서사가 있음을 깨달을 수 있어요. 사실 아까 화면에 비친 영수증은 제가 따로 모으고 있는 '그로서리 영수증'이에요. (두둑하게 모인 영수증 더미를 다시 한번 모니터에 비춘다.) 홀푸드나 코스트코처럼 미국에 제가 좋아하는 그로서리들이 있거든요. 매주 장을 보며 모은 이야깃거리나 재료에 관한 기록을 해보려 해요. 아니면… 친구들이 저를 '면순이'라고 부를 정도로 면 요리를 좋아하니까 그 영수증만 따로 모아보고 싶기도 하고요. 그 컨텐츠의 이름은 '미국식(食)영수증' 인데요. 한국에 가서도 한국 음식과 재료를 사면서 받은 영수증에 관한 이야기로 '한국식(食)영수증'을 만들고 싶어요.

명주 책을 최종 목적지라고 생각하지 않는다고 말씀하신 것처럼, 정신 씨 머릿속에는 영수증으로부터 비롯될 이야기들이 벌써 가득하네요!

정신 하고 싶은 게 워낙 많으니 우선순위를 정해서 앞으로의 시간을 잘 써보려고요. 사람에게는 저마다의 이야기가 이미 만들어져 있어요. 저는 우리가 살아가는 것 자체가 이야기가 될 수 있다고 믿는 사람이거든요. 일상을 그냥 흘러가게만 두지 않고, 그 안에 있는 걸 들여다보면서 나만의 문법으로 어떻게 구성할지 생각해 본다면 좋겠어요. 물론 그러기 위해선 일상을 잘 살아내는 게 우선이겠죠? 좋은 이야기의 70퍼센트는 좋은 일상의 몫일 테니까요.

명주 정신 씨와 나눈 오늘의 대화 덕분에 어떤 이의 삶이든, 소소하고 작은 장면이라도 이야기가 될 수 있다는 걸 알게 되었어요. 저한테 소중한 케이크 한 조각 같은 귀한 시간을 내어주셔서 감사해요.

정신 처음 만난 사이지만 친근하고 깊은 이야기를 나눈 것 같아서 제가 더 즐거웠어요. (자리에서 일어난다.) 아, 그런데 방금 가족들이 도착했나 봐요!

명주 그럼 얼른 인사 나눌까요?

정신 좋아요!

(명주와 정신은 손을 흔들며 인사 나눈다. 이윽고 두 사람이 보이던 화면에 한 사람만 남는다. 그리고 그 한 사람도 검은 화면을 빠져나가며 둘의 이야기는 끝맺음 된다.)

《24세 정신과 영수증》, 《40세 정신과 영수증》

글 정신 | 사진 사이이다 |
디자인 공민선 | 이야기장수 | 2025

2004년 출간된 《24세 정신과 영수증》에는 우연히 모으던 영수증에서 삶의 자취를 발견한 정신의 기록이 담겨 있다. 사고 먹고 쓰고 택시나 버스를 타는 등 누군가에게는 그저 소비의 증거일 뿐인 영수증에 그는 일상에 곁하는 감정과 감각의 증거를 메모로 남겼다. 그 뒤 20년이 흘러 《40세 정신과 영수증》이 출간되었다. 사랑하는 사람을 만나 함께 가족을 꾸리길 바라며 마흔 살에 훌쩍 미국으로 떠난 그는 오롯한 삶에 대한 해답을 잔잔한 걸음으로 조금씩, 그리고 꾸준히 찾아간다. 그 걸음 역시 영수증과 함께 용감하고도 다정한 기록이 되어 독자들 마음에 살포시 다가간다. 《40세 정신과 영수증》 출간과 동시에 절판되었던 《24세 정신과 영수증》도 출판사 이야기장수와 함께 새 얼굴로 인사를 건넸다.

누군가의 머리맡에서, 가방 속에서 한 시절을 함께한 책들. 빛은 바래고 종이도 거칠어졌으나 사람과 삶을 이야기하고 지혜를 논하고 싶은 마음은 여전하다. 이들은 헌책방에 모여 고요하게 새로운 결을 기다린다. 빼곡한 책장을 거닐다 자신의 가치를 발견해 줄 한 사람의 옆자리를.

결국 내게로 온 것

에디터 차의진
포토그래퍼 강현욱 자료 제공 북셀러

솔직해지는 곳

나는 괜히 서점에 간다. 이유는 별거 없다. 광화문에 왔으니까, 오늘은 한가로우니까 같은 이유가 내겐 서점으로 향할 충분한 동기가 된다. 언제 맡아도 좋은 특유의 냄새, 이 바쁜 세상 속에서 책장을 넘기는 사람들과 한 공간에 있다는 사실만으로도 금세 기분이 좋아진다. 하지만 자꾸 '읽어야만 한다'는 묘한 압박감을 지고 책 사이를 거니는 느낌이 드는 건 왜일까. 유명 작가의 화제작, 아직 난 펼쳐 보지 못했지만 베스트셀러 코너에 몇 주째 자리한 도서 같은 것들이 너는 정말 책을 좋아하느냐고 말을 거는 것 같을 때가 있다.

신작들의 빤한 눈초리를 피하고 싶을 때, 나는 헌책방으로 향한다. 헌책방은 작고 고요하다. 책들은 입구부터 어지러이 쌓여 있는 듯 보이지만 장르, 언어, 작가 같은 규칙 아래 서로 몸을 얼기설기 의지하고 있는 것이다. 그런 모습으로 내게 별다른 말을 걸지 않는다. 읽어야만 한다고 요구하지 않는다. 대신 내가 책들에게 천천히 물을 뿐이다. 언제 쓰인 건지, 어떤 나라에서, 어쩌다 이곳에 왔는지. 그렇게 여러 권을 펼쳐 보고 다시 내려놓는 일은 진짜 내가 가지고 싶은 것을 고르는 과정이다. 오래된 책 사이에서 자신에게 솔직해져 보는 것이다.

일 년 전, 나보다 먼저 헌책에 귀 기울이며 자신이 좋아하는 바를 알아채 온 이를 만났다. 《AROUND》 97호에서 만난 작가 호재 씨는 대구의 서점 '북셀러'의 운영자. 이곳은 예술적 가치가 높은 오래된 서적을 사려 깊게 큐레이션해 선보여왔다. 한 해를 꼬박 넘겨, 호재 씨에게 다시 말을 걸었다. 당신은 북셀러에서 오늘 어떤 책을 발견했냐고. 평생 소장하고 싶은 책, 그리고 모두에게 보여주고 싶은 책은 무엇이냐고. 그가 대구에서 서울로 보내온 두 권을 사이에 두고 우리는 이야길 나눴다.

책방지기 호재가 북셀러에서 찾은 것

평생 소장하고 싶은 책

《현대문학》 164호
현대문학사 | 1968

"오래전 문예지를 들여다보는 일은, 존경하는 옛 작가의 작품이 처음 발표된 시대로 돌아가서 그들의 삶을 들여다보는 것처럼 느껴져요. 그중에서도 제가 집착적으로 매달린 일은 오래된 문예지 속에서 김수영 시인의 시와 산문을 찾기였어요. 그가 교통사고로 생을 마감한 뒤, 현대문학사에서 펴낸 이 책에는 그의 추모특집이 수록되어 있답니다. 대표작 〈풀〉이 처음으로 발표된 지면이기도 하지요. 평생 소장하고 싶은 책이란, 내가 변하지 않는 마음으로 좋아할 사람의 혼이 담긴 책일 거예요. 저한테 그러한 작가는 김수영 시인입니다. 당신에게도 그런 작가가 있나요? 헌책방 구석에 쌓여 있을 오래된 문예지를 뒤적여보세요. 당신이 존경하는 한 사람이 세상을 살아오며 작품을 발표한 첫 지면을 찾는 기쁨을 누리실 수 있을 거예요."

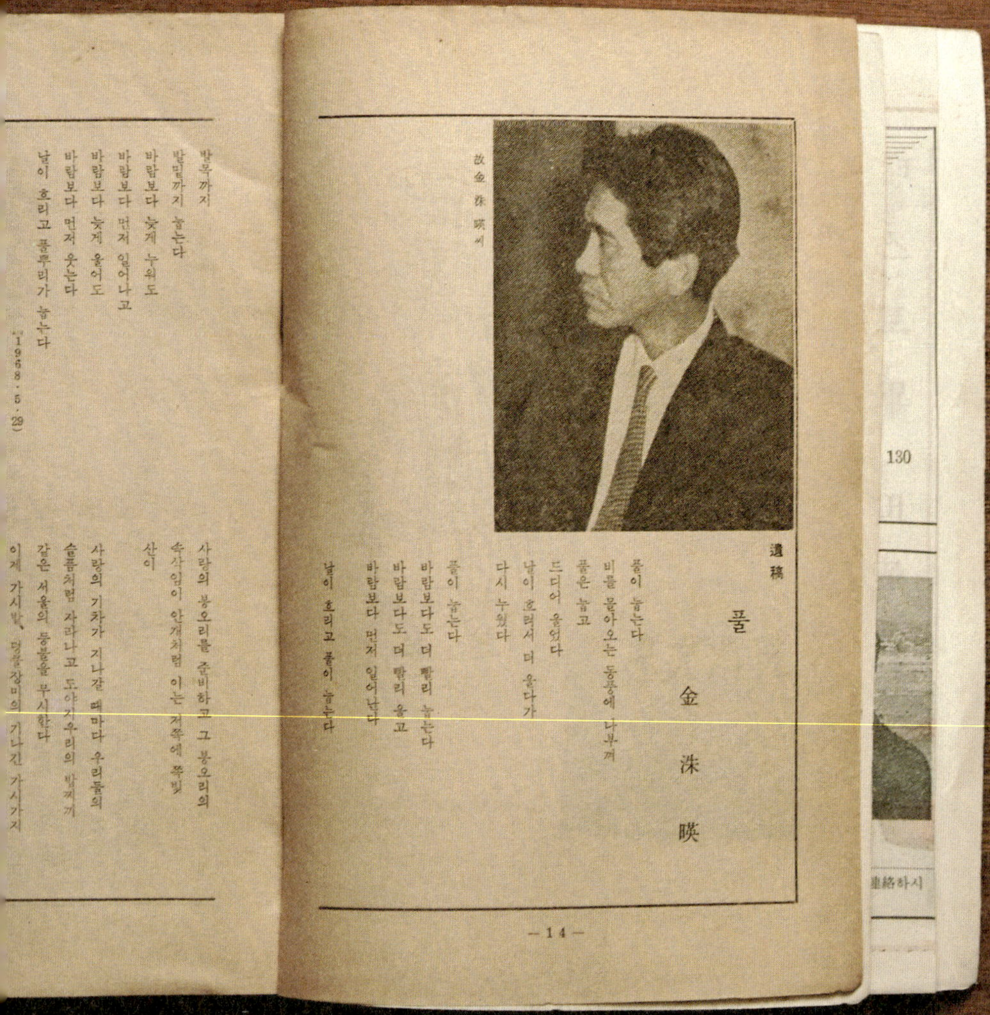

2.

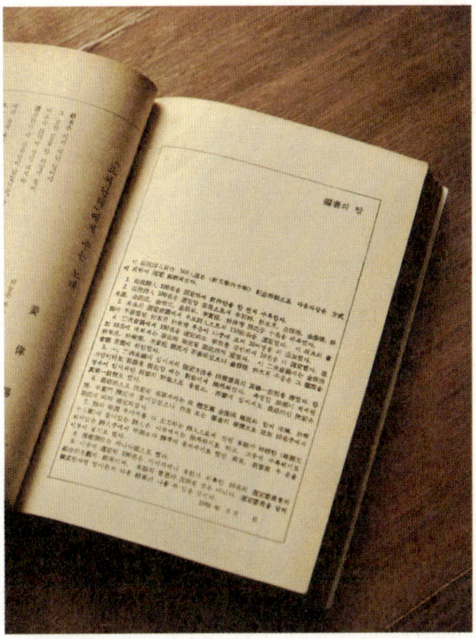

1.

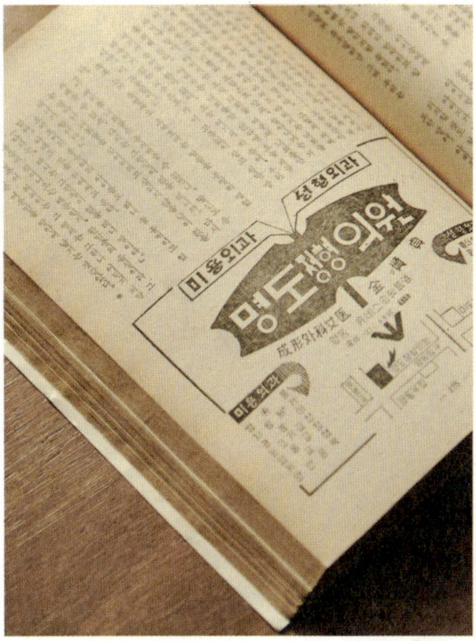

3.

1. 현역시인신작 100인선

1955년 창간된 문예지 《현대문학》. 소개된 164호 후반부를 빼곡히 채운 작품은 당대 시인 100인의 시 100편이다. 갑오개혁 이후 우리나라에서 서구의 형식과 내용을 반영한 '신문학'이 탄생한 지 60주년이 되었음을 기념해 마련된 특별 기획이라고. 출판사에서 신석초, 박목월 시인 등을 비롯한 선정 위원을 위촉해 이들이 꼽은 시인 100인의 신작만을 한 편씩 수록했다.

2. 표지화

컴퓨터 툴로 디자인 작업을 하지 않던 당시에는 화가들이 직접 그린 그림으로 표지를 장식하는 경우가 대다수였다. 당대 최고의 예술성을 지닌 문학 작품을 소개하던 《현대문학》 역시 표지화에 심혈을 기울였다. 창간호는 화가 김환기의 손이 닿았으며, 이중섭·천경자·장욱진 등 한국 미술계의 거장들이 표지화를 장식했다. 북셀러에서 보내온 표지는 동양화의 현대화를 이끌었다 평가받는 화가 서세옥의 작품.

3. 지면 광고

시대상이 엿보이는 지면 광고도 소소한 재미. 사진은 명동극장 앞에 자리하던 한 병원의 광고다. 오늘날 성형외과는 당시 '정형의원'이라는 이름으로 불렸구나. '쌍카풀', '안면윤곽' 등 미용 관련 진료 항목이 오늘날과 크게 다르지 않다는 점이 눈길을 끈다.

모두에게 보여주고 싶은 책

《하늘과 바람과 별과 시》
윤동주 | 정음사 | 1980

"키워드를 받자마자 떠오른 작가는 바로 윤동주 시인이에요. 섬세한 문장으로 따뜻하고 맑은 그의 정신을 담아낸 〈별 헤는 밤〉, 〈서시〉 같은 시는 누구든 사랑하지 않을 수 없지요. 그만큼 다양한 판본이 존재하는데, 그중에서도 1980년에 정음사에서 펴낸 중판본을 소개합니다. 초판과 달리 전집의 형태로 구성된 중판본에는 초판본의 전통을 계승하는 두 가지 멋이 있어요. 하나는 판권지에 '1948년 1월 10일 초판 발행'이라고 이 시집을 처음 펴낸 정음사만이 유일하게 밝힐 수 있는 시집의 이력이에요. 나머지는 바로 책 표지의 명사와 조사의 글자 크기 차이랍니다. 명사 '하늘'은 크고 조사 '과'는 작지요. 서체는 초판과 비교해 현대적으로 변했지만, 초판의 디자인을 이어가고자 했던 어느 이름 모를 북 디자이너의 감각이 돋보이는 판본이랍니다."

1.

2.

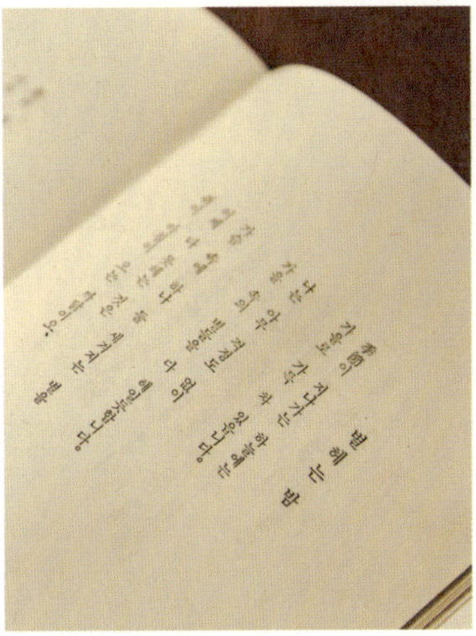

3.

1. 윤동주의 손글씨

《하늘과 바람과 별과 시》 중판본의 표지를 펼치면, 윤동주 시인의 손 글씨를 만날 수 있다. 시인의 친필 시 〈참회록〉이 재가공되어 인쇄되었기 때문. 왠지 모를 뭉클함과 동시에 시인의 따스한 환대와 함께 작품으로 걸어 들어가는 듯한 기분이 들었다. 낙서처럼 이곳저곳에 적힌 단어들, 펜으로 그린 선들도 새겨져 있다.

2. 작가 사진

작품 초반에는 윤동주 시인의 사진들이 수록되었다. 연희전문학교 재학 시절과 생전 마지막 모습, 습작집 등을 살펴볼 수 있다. 모든 사진이 청년 시절에 멈춰 있음을 깨닫는다면 짧았던 그의 생의 의미를 가만히 헤아려볼 수밖에 없을 것이다.

3. 세로쓰기와 문장 부호

책장을 넘기면, 이 책이 품은 세월이 더욱 고스란히 느껴진다. 왼쪽이 아닌 오른쪽 넘김으로 제작되었고, 세로쓰기 방식으로 쓰였으며 한자와 한글이 섞여 있기 때문. 문장 부호는 우리에게 익숙한 모습과 달리 마침표 안이 비어 있고, 쉼표도 머리가 아닌 끝이 무겁다. 지금 내게 익숙한 책의 형태와 차이점을 발견하며 읽어보는 일은 분명 헌책이 주는 작은 즐거움이 아닐까.

터를 지키는 그곳

헌책방은 점점 사라지는 추세지만, 긴 세월을 품고 같은 자리에 머무르는 공간들이 있다. 더불어 오래되었기에 가치 있는 서적들을 모은 젊은 감각의 책방들도 하나둘 문을 열었다. 마음에 드는 작품과 운명처럼 마주하는 순간을 경험하길 바라며, 헌책방 네 곳을 소개한다.

©박은비

북셀러

2022년 문을 연 대구의 중고 서점. 작가이자 책방지기인 호재 씨는 소장 가치 높은 오래된 문학, 철학, 예술 서적을 수집한다. 세월에 가려졌으나 귀중함이 변하지 않는 책을 손님들에게 소개한다고. 새로운 주인이 공간에 찾아오면 기꺼이 책을 내어준다. 공간 한편에서는 호재 씨가 내어주는 핸드드립도 마실 수 있다. 작가의 작품만을 모은 큐레이션, 연인들을 위한 코너 ‘연인예찬’ 등 흥미로운 기획도 꾸준히 만날 수 있는 공간.

A. 대구 중구 달구벌대로446길 8-3

공씨책방

책방 주인 공진석 씨의 성을 따 이름 지은 국내 1세대 헌책방이다. 1972년 경희대 인근에 처음으로 문을 열었으며, 현재는 가족들이 서점을 이어받아 신촌과 성수에서 운영 중이다. 사진 속 공간은 공씨책방 신촌점. 지하에 자리한 공간에 발을 들이면 주인장의 책상을 중심으로 도서가 빼곡히 펼쳐진다. “문제집이나 참고서를 제외하면 모든 분야의 책을 만나볼 수 있다.”는 주인장의 설명처럼 다양한 도서가 가득하다.

A. 서울 서대문구 신촌로 55-2

청계천 헌책방 거리

동대문 디자인플라자 인근에 자리한 헌책방 거리. 1960년대 청계천 근처에서 노점식으로 자리하던 헌책방들이 청계천 복개 공사가 시작되자, 평화시장 근처로 모여들며 생겨났다. 입구에 책이 가득 쌓인 작은 책방 10여 곳이 거리를 채운다. 노끈으로 묶인 세계 문학 전집, 어린 시절 마주친 기억이 어렴풋이 생각나는 표지 등 곳곳에 시선을 두며 거닐어볼 수 있다. 책방 안에서는 주인장이 높은 사다리를 타고 손님에게 책을 꺼내 주거나, 간단히 식사하는 모습도 보인다.

A. 서울 중구 장충단로13길 20

숨어있는 책

신촌역 뒤편 작은 골목을 따라 걷다 보면 '숨어있는 책'이라고 쓰인 초록색 간판을 만날 수 있다. 입구 계단을 지나 지하로 내려가면 높은 책장이 줄줄이 서 있다. 이곳은 1999년 문을 연 헌책방. 공간을 가득 채운 건 인문사회과학, 문학, 예술 분야의 책이다. 절판된 철학책을 찾는 젊은이들, 좁은 서가를 거니는 중년 손님들을 마주칠 수 있는 곳.

A. 서울 마포구 신촌로12길 30

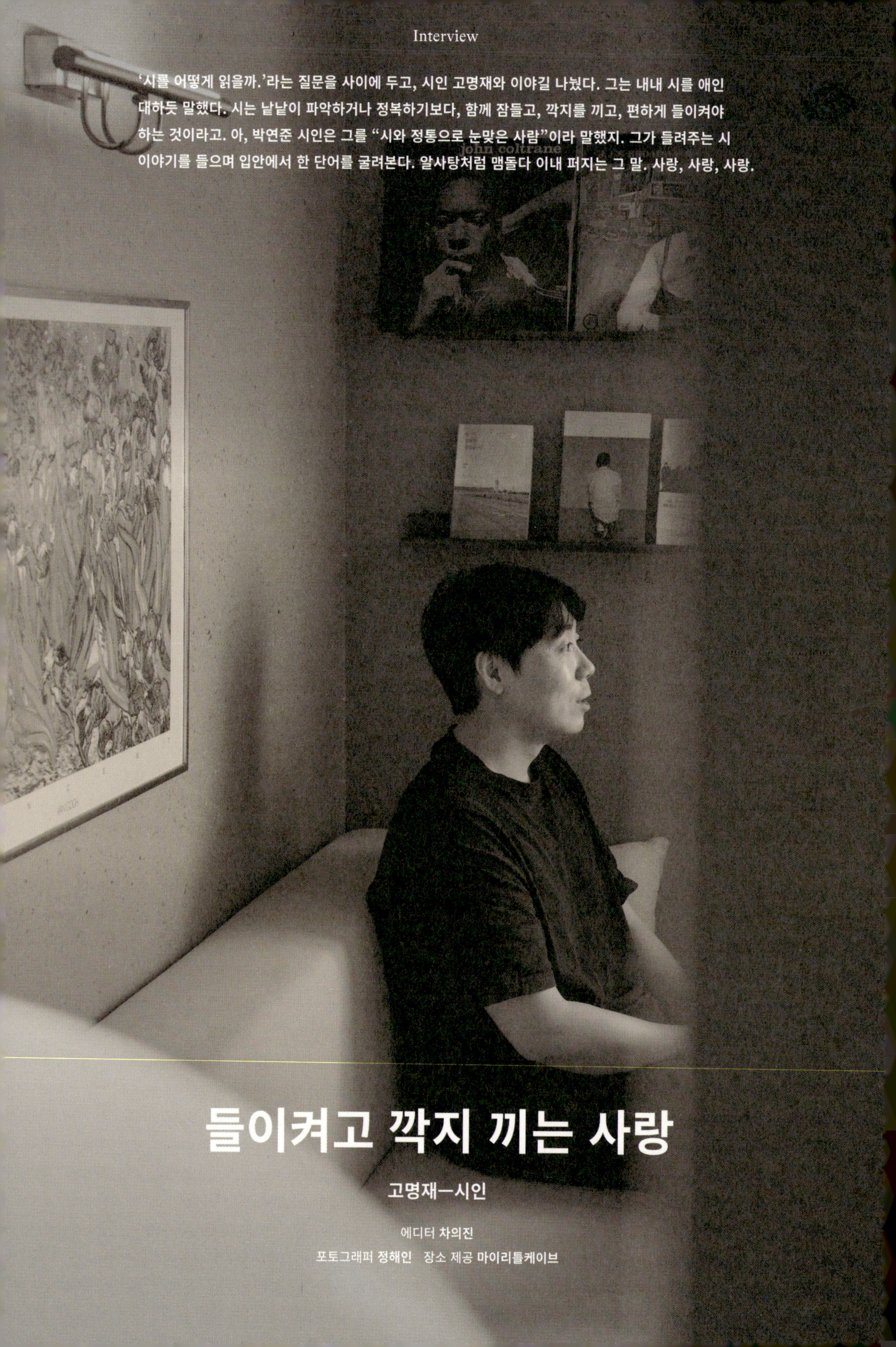

'시를 어떻게 읽을까.'라는 질문을 사이에 두고, 시인 고명재와 이야길 나눴다. 그는 내내 시를 애인 대하듯 말했다. 시는 낱낱이 파악하거나 정복하기보다, 함께 잠들고, 깍지를 끼고, 편하게 들이켜야 하는 것이라고. 아, 박연준 시인은 그를 "시와 정통으로 눈맞은 사람"이라 말했지. 그가 들려주는 시 이야기를 들으며 입안에서 한 단어를 굴려본다. 알사탕처럼 맴돌다 이내 퍼지는 그 말. 사랑, 사랑, 사랑.

들이켜고 깍지 끼는 사랑

고명재—시인

에디터 차의진
포토그래퍼 정해인 장소 제공 마이리틀케이브

대구에서 오시느라 고생 많으셨어요. 서울이 많이 덥지요?

정말 덥네요. 땀 좀 식히고 시작해도 될까요?

그럼요. 우리가 온다고 이곳에서 무알콜 칵테일도 내어주셨어요.

아, 색이 참 예쁘네요. 맛있어 보여요. 여기 공간도 빛이 잘 들어오고 참 넉넉하네요. 여기는 뭐하는 공간인가요?

여긴 낮에는 나만의 시간을 보내고 싶은 이들을 위해 무인으로 운영되는 대여 공간인데, 오늘은 우리뿐이에요. 밤엔 리스닝바가 되어 손님들을 맞이한대요.

올 때 보니 역에서 그리 멀지 않았는데요. 공간을 대여해준다는 것이 참 아름답게 느껴져요. 낮에는 책을, 밤에는 자그마한 치즈 하나 들고 오고 싶어요.

요즘 박사 논문 준비로 바쁘다고 하셨죠?

네. 학부생 때부터 지금까지 국어국문학과에서 현대문학을 전공해 왔어요. 이번 논문에서는 2010년에 작고하신 최하림 시인님을 다뤄보려고 해요. 아름다운 시를 많이 남기셨지만, 그동안 많이 연구되지 않았던 분이라 그에 관한 논문을 써보고 싶었죠. 요즘은 너무 바빠서 정신이 없어요. 최근엔 예정돼 있던 북토크 날짜를 착각해서 학교 연구실에 있다가 왜 행사장에 안 오냐는 전화를 받았거든요. 너무 놀라서 급하게 운전해 겨우 도착했어요(웃음). 오늘은 마침 근처에서 강연이 있는 날이라 서울에 오는 김에 에디터님도 만나게 되었네요.

시간 내어주셔서 감사해요. 개인 SNS를 보니 시인님을 '교수님'이라고 부르는 분들도 있더라고요. 가르치는 일도 병행하세요?

박사 수료하고 대학 강사로 오래 일해왔어요. 문예창작과 학생들은 저를 교수님이라고 부르지만, 사실 가르친다기보단 같이 시 쓰고, 희곡 읽고, 합평도 해보고… 그런 일을 해요. 학생들이랑 좋은 책 나눠 읽는 시간이 참 행복하죠. 요즘 문학을 배울 만한 곳이 드물어서 학생들도 행복할 것 같고요. 다들 문예창작학과는 과제가 많아서 힘들다고도 하는데, 저는 그 친구들이 '돈 안 되는 삶'을 선택했고 그 삶에 매달려 있다는 자긍심을 가졌다는 걸 느껴요. 돈이라는 인생의 큰 부분을 과감하게 버릴 줄도 알고, 대신 다른 쪽에 매혹될 줄 아는 힘을 가진 사람들이죠. 멋있어요, 옆에서 보면.

시인님도 그런 삶을 걸어오셨잖아요. 시를 좋아하게 된 순간을 기억하세요?

국어국문학과 공부가 안 맞다 싶어서 군대에 일찍 다녀왔어요. 복학해서 처음 본 신임 교수님 수업을 들었는데, 칠판에 '시' 딱 한 글자를 쓰시고는 "이 수업은 한 학기 동안 시만 생각하고 시만 보고 시만 쓸 거다. 하기 싫은 사람은 나가도 좋다."고 하시는 거예요. 그러고는 허수경 시인의 〈저녁 스며드네〉를 읽어 주셨는데, 그때 무언가에 관통당하는 느낌이 들었죠. 그동안 제가 알던 시인은 윤동주, 김춘수 정도였거든요. 교과서 속 작품에서는 볼 수 없는 낯선 언어로 가득한 그 시가 엄청난 충격이었어요. 누군가를 이유 없이 좋아하게 되는 순간과 비슷했죠.

그야말로 시에 반해버린 거였네요.

존 윌리엄스의 《스토너》라는 소설 아세요? 농과대학에 입학한 주인공 '스토너'가 우연히 영문학 교양 수업을 들어요. 그 수업은 굉장히 냉소적인 교수가 지도하는데, 셰익스피어의 소네트 한 작품을 같이 읽고서 학생들에게 차례로 그 작품의 의미를 물어요. 아무도 대답을 못 하죠. 주인공에게도 차례가 왔는데 역시 대답을 못 하고 가만히 있어요. 그런데 교수가 자세히 보니 스토너의 눈앞이 뿌예져 있어요. 소네트의 의미를 다는 알 수 없어도 감동을 받아서 눈물이 차오른 거예요. 그 모습을 보고 교수는 "오늘 수업은 이상." 하고 나가버리죠. 시에 관통당한 스토너가 고개를 들고 옆을 보는데, 햇빛이 친구 얼굴의 솜털을 비추는 순간이 보이기 시작해요. 자기 손등을 보고는 심장부터 손끝까지 피가 전달된다는 사실에 감명받고, 삐걱거리는 마룻바닥 소리를 새롭게 듣죠. 그 대목을 보고 나도 그랬지, 싶었어요. 이해할 수 없는 것이 나를 관통했다는 걸 뒤늦게 감지하고, 세상을 다르게 인식하는 경험을 한 거죠.

관통당했다는 느낌… 그건 정확히 어떤 거예요?

무언가가 아주 부드럽게 나를 지나간 거예요. 그리고 나에게 남은 일은, 그 감정이 왜 들었고 이 느낌을 어떻게 해석할 수 있을까를 고민하는 것이죠. 시는 늘 그런 식으로 우리에게 다가와요. 먼저 와버리고, 남은 사람들은 그것에 대해 계속 해명해야 할 위기에 처해요.

조금 당연한 질문인데요. 여전히 시가 좋으세요?

아침에 눈뜨면, '뭐 쓰지. 이걸로 쓰면 진짜 재밌겠다.'고 생각해요. 보통 일, 업무라는 건 나에게 익숙해진 무언가를 반복하는 행위일 확률이 높죠. 그런데 시가 참 곤혹스러운 것이, 한 편 끝내면 또 새로운 프로젝트예요. 그게 저를 도무지 늙지 않게 만드는 면이 있어요. 매일 아침 '이걸 어떻게 써야 하지….'라는 고민으로 저를 끌고 가서 시가 좋아요. 시는 매번 새로 태어나는 아기들이에요. 그 모습을 보는 일은 참 행복하죠. 내가 쓰는 일도 '신상', 남이 쓰는 것도 새로운 시인이 출연하는 것도 '신상'이라, '신상'을 끝없이 소비하기 벅차서 행복해요.

2020년 조선일보 신춘문예로 등단하셨죠. 시인님에게는 등단은 어떤 의미였나요?

개인적으로 대단하게 보진 않아요. 등단 제도는 한국에만 남아 있는 관행이고, 과거엔 등단하는 작가만을 인정하는 문화가 있었어요. 그런데 사랑에 어떻게 제도가 있어요. 그럴 수는 없죠. 글을 사랑한다면 누구나 그 자체로 작가라고 믿어요. 하지만 저한텐 등단하는 과정이 중요했어요. 어릴 땐 빨리 유명한 시인이 되어서 인정받고 싶었지만, 데뷔까지 10여 년이 걸렸죠. 그렇게 매번 떨어지면서 깨달은 건, 내가 시를 사랑했다기보다 시인으로 누릴 수 있는 무언가를 선망했다는 거예요. 그러다 보니 왜 내 작품이 당선되지 못하는지 조금씩 알겠더라고요. 지금 내가 쓰는 작품을 어떻게 뚫어낼까 고민하기보단, 무언가를 성취하려는 욕망이 그득했으니까요. 문학은 투명해서 그런 동기로 쓴 작품이 좋을 수가 없어요. 그러니까 등단은, 저에게 진짜 좋은 시를 쓰려면 다른 욕망을 버리고 그저 작품을 사랑할 줄 알면 된다는 단순한 진리를 가르쳐줬어요. 딱 한 줄 알려준 거네요. 시 쓰기는 곧장 사랑하는 일이라고.

수차례 등단에 실패한다고 해도, 성공하고 싶은 욕망은 쉽게 버려지지 않잖아요.

제가 욕망을 줄이려 했다기보다는 욕망의 방향이 자연스럽게 바뀌었어요. 어떻게 하면 유명해질까 대신, 좋은 시란 무엇일까를 더 많이 생각하게 되었죠. 그러다 보니 독서량이 늘었어요. 내 안의 욕망보다, 타인의 아름다움에 빠지고 그의 슬픔을 이해하려는 시도가 중요하다는 걸 깨달은 거예요. 사랑이 나의 바깥으로 향하면 당연히 '나'는 줄어들잖아요. 누군가를 사랑하면 정작 자신은 안 중요하듯이. 다만 노력한 것이 있다면, '시를 더 좋아하려고 애쓰기'였어요.

이미 좋아하는 시를, 왜 더 좋아하려고 노력하셨어요?

우리는 좋아한다는 감정이 외부에서 주어지는 거라고 생각해요. 하지만 그렇지 않아요. 좋아하는 것도 노력이 필요해요. 저도 독서보다 누워서 넷플릭스 보는 게 더 재밌어서, 읽기를 선택하기 힘들어했거든요. 그런데 좋아한다는 마음을 스스로 계속 먹다 보니 그 마음이 더 커지더라고요. 그래서 문학도 노력하면 더 과감한 방식으로 사랑할 수 있게 된다는 걸 깨달았어요. 실제로 글 쓰는 분들이 저한테 물어요. 자기는 생각보다 문학을 좋아하지 않는 것 같다고요. 그때마다 저는 좋아하는 것도 노력해야 한다고 말해요. 그렇지 않으면 취미에 머무는 것 같아요. 그런데 저는 시인이 되고 싶었거든요. 남은 생을 통째로 읽고 쓰는 데에 사용하고 싶었어요. 어떤 사람을 사랑할 때 역시 아파도 보고, 밤도 새우고, 가슴도 쳐봐야 그 사랑이 깊어지잖아요. 문학도 그렇게 노력이 필요한 일인 것 같아요.

그렇게 탄생한 첫 시집이 《우리가 키스할 때 눈을 감는 건》이죠.

데뷔까지 오래 걸렸지만 막상 시집을 내려고 하니 발표할 만한 시가 별로 없더라고요. 그래서 처음부터 다시 시작하는 마음으로 기존 작품은 거의 다 버리고, 새로 쓴 것 위주로 시집을 엮었어요. 무슨 이야길 쓸까 고민하며 나를 돌아봤는데, 저는 천재형 시인이 아닌 둔재에 가깝더라고요. 둔재는 우직하게 사랑하는 일밖에 못 하고요. 그래서 이 시집에서는 나의 잘남보다 나를 존재케 해준, 아니면 나를 죽지 않게 해준 사람들을 담고 싶었어요. 내 주변에서 빛나고 숭고했던 이들의 잘남을요. 그들에게 받은 사랑을 글로 복원하고 기억하고 싶었어요.

"어느 여름날, 나를 키우던 아픈 사람이 앞머리를 쓸어주며 이렇게 말했다. 온 세상이 멸하고 다 무너져내려도 풀 한 포기 서 있으면

'여름이 왜 오는지' 묻거나 '겨울 잔나무가 왜
과 비슷합니다. 여기에는 답이 없고 반복만 있어요.
복은 집요해서 아름다워요. 묻고 또 묻고
고 그렇게 묻다보니 거대한 능과 총이
묻습니다. 사랑이 될까요. 시가 될까요.
왜 이리 밝은 것들이 가득한가요.
죽음을 뚫고 세계를 싸안아 가슴에 넣는 것,
용감하게 둔덕을 굴리며 살아가는 것
나를 키운 사람들이 있으니까요. 가슴에
에 눈빛에 사방에 지금 이 순간에 붙어요
한 빵 속에 당신이 있어요. 그렇게 우리는
요. 눈 감으면 언제든 안을 수 있어요. 그러니
요. 눈을 감은 채 절실하게
게 지금까지 시를 썼어요. 눈비 맞으며
가 울지 전혀 예상하지 못한 채 여기까지
니다. 단 한 번도 홀로 걷지 않았습니다.

LEON
Pack

있는 거란다. 있는 거란다. 사랑과 마음과 진리의 열차가 변치 않고 그대로 있는 거란다."

—고명재, 《우리가 키스할 때 눈을 감는 건》 '시인의 말' 중에서

그분들에게 받은 사랑을 기억하며, 사랑의 의미를 정의해 본다면요?

어릴 때 외할머니집에서 자랐어요. 여름이 되면 무거운 수박을, 그 노인이 몇 통씩이나 들고 집으로 와요. 수박 담는 그물망 아세요? 그 망을 들면 손가락이 얼마나 아파요. 그럼 제가 물어요. "왜 이걸 다 들고 와. 도대체 무슨 생각으로 이만큼 사 와, 할매." 그러면 할머니가 그러세요. "뭐 하기는, 화채 해 묵지." 당신이 수박을 좋아하셨거든요. 수박을 반으로 가른 다음 둘이서 정신없이 파내고 화채 그릇을 만들어요. 거기에 오미자를 며칠간 냉침한 빨간 물을 부어서 온갖 과일을 넣고, 아카시아 꿀도 뿌려요. 그리고 할머니가 매번 물어보셨죠. "니 화채가 왜 화채인 줄 아나? 꽃 화花를 써서 화채다."

그러고 아파트 화단에서 뜯어 온 꽃잎을 깨끗이 씻어서 마지막에 뿌려주셨어요.

아… 아름다운 이야기예요. 계속 들려주세요.

화채를 먹다 보면 얼음이 씹히고 차가운 단물이 느껴지는데, 갑자기 어금니에 벨벳 같은 것이 씹혀요. 할머니가 넣어주신 꽃잎이에요. 그 행동은 당신 삶에서 어린 아기에게 해줄 수 있는 몇 안 되는 우아함이었던 것 같아요. 인간은 별다른 이득이 없어도 사랑하는 사람, 내 존재를 위해서 삶에 소소한 행위를 첨가하죠. 그 기억을 돌아보면서 사랑은 수박에다가 꽃잎을 뿌려주는 일이라고 생각했어요. 저를 사랑해 준 이들이 어떤 사람이었냐고 묻는다면, 엄청난 일을 하진 않았으나 가장 흔하고 가장 귀한 방식으로 무언가를 사랑할 줄 아는 사람이었다고 말할 거예요.

이어 출간된 산문집 《너무 보고플 땐 눈이 온다》는 기획이 독특해요.

출판사 '난다' 김민정 대표님이 어느 날 저한테 무채색으로 글을 써보라고 하셨어요. 가장 먼저 어릴 때 스님들 등에 업혀 보았던 회색빛 승복 색이 떠올랐어요. 저는 잠시 절에서 자랐거든요. 그후로 눈에 밟히는 무채색의 모든 것이 재밌었어요. 간장, 김말이, 아스팔트, 비둘기… 이것들을 소재로 글 100편을 쓰고 보니 모두 사랑하는 사람들을 그리워하는 이야기였죠. 인쇄 전에 대표님이 대구에 사는 저를 파주까지 부러 불러서 이 책 표지를 보여주셨는데, 희끗희끗한 색감이 저를 키워주신 우리 스님 생각이 나게 하더라고요. 표지는 재생지예요. 사라진 존재라도 되살릴 수 있음을 이야기하려는 의도가 담겼다고 대표님이 알려주셨어요.

이제부터는 시를 더 알아가고 싶은 사람들을 위한 이야기를 나눠 볼게요. 흔히 시가 어렵다고 느끼는 이유는 뭘까요?

첫째는 시를 앎의 차원으로 만들려고 해서예요. 우리가 춤추는 사람을 보고 놀라는 이유가, 그의 어깨 각도를 알아서일까요? 그냥 그 모습을 사랑해서죠. 그런데 우리는 모든 것을 앎, 데이터로 환원하는 데 익숙해요. 마찬가지로 사람들은 시를 좋아하기 위해서 자꾸 데이터화하고 정복하려고 해요. 사랑은 앎이 아니라 사귐인데 말이에요. 한 사람을 사랑하려고 할 때 키, 몸무게를 알려 하기보다 손잡고 깍지 끼고 같이 맛있는 걸 먹는 것처럼 시를 사귀듯 감각하면 돼요.

또 다른 이유는요?
세상이 빨라서요. 문학이 무슨 말을 하는지 헤아려주기엔 우리 삶이 너무 바쁘죠. 우리가 평소에 자기 심장 박동 잘 못 느끼죠? 힘껏 달리거나 손바닥을 쫙 펼쳐서 가슴에 대고 집중해야만 느낄 수 있어요. 시 읽기도 똑같아요. 자신을 최대로 활용하거나 멈추는 불편함을 겪어야 접근 가능한 세계예요. 이런 시가 왜 쉽길 바라나요? 시는 어려워야 하고, 어렵기 때문에 얻는 무궁무진함이 있다고 말하고 싶어요.

그럼 시인님도 시가 어렵다고 느껴본 적이 있으세요?
그럼요. 제가 대학생일 때부터 어려운 시를 쓰는 시인들이 본격적으로 나타났어요. 처음엔 곤혹스러웠죠. 시 공부가 어렵고, 어떤 시가 매력적인지 잘 모르겠어서 힘들었던 기억이 나요. 그래서 해석은 하되 답을 찾으려고는 하진 않았어요. 사귀는 사람을 속 시원히 이해해야만 사랑할 수 있나요? 그 사람을 잘 아니까 안고 있나요? 아니잖아요. 그냥 안고 있으면 그 사람 마음을 알게 되죠. 시도 계속 옆에 끼고 있어야 해요. 그러면 문득 시가 잘 읽히는 날이 와요. 사람 사귈 때도 '나 이 사람 알 것 같다.'는 느낌을 불현듯 받을 때가 있잖아요.

시 해석에 정답은 없는 거군요.
시는 언어로 된 꿈이에요. 꿈은 정확한 의미를 찾을 수 없지만 해몽하는 재미가 있어요. 정확한 의미를 알아내려고 한다면 되려 꿈이 우릴 우습게 볼걸요. 같은 꿈을 꿔도 사람마다 길몽 또는 흉몽으로, 길몽도 흉몽도 아닌 태몽으로 다양하게 해석하듯이 자유도가 높다는 게 시 읽기의 즐거움이에요. 그래서 친구들 여럿이랑 같은 책을 정해 읽고 떠들어 보는 게 최고예요. 나는 보잘것없다고 생각한 말이라도 누군가에게는 너무나 귀한 것이라, 그 사람 해석을 듣고 다시 읽어보면 그것의 아름다움이 조금씩 읽혀요. 그런 경험은 소중해요. 나라는 영역이 넓어지는 느낌도 들고. 배운다는 게 그런 것 아니겠어요? 내가 몰랐던 걸 얻는 일.

시인의 의도와 전혀 다른 해석을 내놓아도 괜찮나요?
상관없어요. 하지만 허무맹랑해서는 안 돼요. 예를 들면 제 시집 《우리가 키스할 때 눈을 감는 건》에서 '키스'가 진보와 보수의 결합을 뜻한다고 해석하면 지나치죠(웃음). 남들에게 설득 가능한, 충분히 가닿을 수 있는 범위 내에만 있다면 해석은 어떠하든 상관없어요.

문학은 우리가 자유롭게 생각을 나누게 하는 단서가 되어주네요.
그렇죠. 문학을 통해서 함께 이야기를 나누며 무언가를 더 사랑하고, 더 슬퍼하고, 더 쓸쓸해질 줄 알게 된다면, 그리고 그 과정에서 누군가와 연결되는 느낌을 받는다면, 그것만으로도 문학은 충분히 대단한 일을 해내고 있는 거라고 생각해요. 아, 시 읽을 때요. 정말 어려운 수학 문제 풀듯이 합리적인 해석을 치열하게 고민해 봐도 좋아요. 그렇게 시를 마침내 이해하게 되었을 때 얻는 즐거움이 크거든요.

저는 시를 어렵게 느꼈던 이유가, 단어들이 본래 의미가 아닌 방식으로 쓰이는 경우가 많았기 때문이에요. 시가 가진 '일탈성'에 대해 들려주실래요?
에디터님과 제가 이렇게 이야기할 수 있는 이유는 서로가 언어를 원래 의미대로 사용할 거라는 믿음이 있어서겠죠. 그런데 시는 내가 원하는 의미대로 단어를 사용하면 어떠냐고, 그게 뭐가 잘못이냐고 물어요. 시에서 '안녕'은 어떤 의미일까요? 보통 우리가 반갑거나 누군가를 보낼 때 쓰는 '안녕'과는 다른 의미가 될 수도 있어요. '비가 온다'도 하늘에서 내리는 비를 뜻하지 않을 수 있고요. 이렇게 시는 서정적이지만 강력한 저항성을 지닌 장르예요. 록 음악처럼요. 록의 강렬한 효과음은 소리 그 자체로 사용되지 않고 흥분을 발산하는 목적으로 달리 사용돼요. 생각해 보세요. 우리가 예술이라 부르는 것들은 모두 그렇게 정해진 자리를 이탈한 소리를 만들어요. 바이올린도 자연에 이미 존재하던 음을 활과 금속을 뜨겁게 마찰시켜서 모방하는데, 우리는 그 인공적인 소리를 아름답다고 생각해요. 역시 '다른 사용'이죠. 문학에서 남성인 저는 여성도, 퀴어도, 코끼리도 될 수 있어요. 이러한 '달리 사용하기'가 시의 언어로는 가능해요. 시는 삐딱해서 얼얼하고 시원한 장르죠.

이런 시의 '쓸모'가 무엇일까요?
아까 우리가 이야기한 것처럼 시는 어려워요. 그래서 해석하려고 애쓰다 보면 어떤 일이 벌어지냐면요, 타인을 헤아려보게 돼요. 왜 이런 말투와 표정, 영혼을 가지게 되었나, 그 사람은 왜 그렇게 행동했을까를 생각해 보죠. 문학을 하다 보면 내 인생이 생각보다 중요하지 않고 대신 나와 다른 존재가 있다는 것을 끊임없이 생각하게 돼요. 타인을 이해하고 그의 슬픔을 어떻게든 해결해 주려는 마음을 가지기란 쉽지 않죠. 그런데 문학을 읽다 보면 자꾸 그렇게 하고 싶어져요. 저는 이것이 시의 쓸모라고 생각해요.

공감해요. 시는 나를 넘어서는 일이었네요.
진은영 시인의 《시시하다》라는 책에는 자크 프레베르의

시 〈밤의 파리〉가 나와요. 시에서 화자는 어둠 속에서 성냥을 켜서 애인의 얼굴을 확인해요. 두 번째 성냥으로는 눈을, 세 번째 성냥으로는 입술을요. 그리고 성냥이 다 떨어졌어요. 진은영 시인은 이제 철학자 리오타르가 말한, 성냥을 사용하는 두 가지 방법을 이야기해요. 하나는 '소비하기'인데, 찬물을 끓이거나 모닥불을 피우는 것처럼 쓸모와 목적을 위한 것이에요. 다른 하나는 '낭비하기'로, 아이가 성냥이 타오르는 모습을 보고 싶어서 아무 이유 없이 하나를 켜보는 거죠. 진은영 시인은 이제 처음에 인용했던 시의 배경을 알려줘요. 폭격이 떨어지는 1940년대 파리로, 공포에 떨던 한 사람이 잠시 성냥불을 켜서 애인을 바라본 것이었다고요. 그리고 물어요. 여기서 성냥의 사용은 소비하기인지, 낭비하기인지.

둘 중 무엇도 아니지 않을까요?
진은영 시인이 끝으로 이렇게 썼어요. 그 시에서 성냥불은 비록 물도 끓이지 못했지만, 적어도 우리의 영혼은 데울 수 있었다고요. 저는 이 이야기를 읽고 시는 소비도 낭비도 아닌 영혼에 분명히 작용하는 무언가라는 생각을 했어요. 우리는 효용가치가 있고 목적이 또렷한 방식의 소비를 칭찬하고 독려하는데, 이 관점에서 보면 세상엔 이해될 수 없는 것들이 많죠. 예를 들면 반려동물과 함께 사는 일은 엄청난 비효율일 거예요. 하지만 효용으로만 설명될 수 없는 영역이고요. 역시 시도 쓸모나 효용으로 이야기하지 않아도 충분해요.

시인님은 시가 언제 쓰고 싶어지나요?
예감하거나 미리 준비할 수 없어요. 노래 흥얼거리거나 춤추고 싶을 때처럼요. 초여름 저희 동네 장미 넝쿨에 장미가 때맞춰 일제히 피는 순간처럼, 글도 어떤 때가 되면 살아 있는 유기체처럼 쓰고 싶은 마음이 생겨나요. 그래도 굳이 쓰고 싶은 때를 이야기해 보자면 현실이 비좁게 느껴질 때요. 내 집과 방, 삶과 몸이 좁다고 느껴질 때, 하지만 내가 다른 존재가 될 수는 없을 때 이 좁음을 어떻게 넘칠 수 있을지 고민하죠. 그런 순간에 시 쓰고 싶은 욕망이 생겨요. 물론 멋지거나 아름다운 걸 봤을 때도 마찬가지예요. 우리가 귀한 장면 보면 사진 찍듯이요. 문학은 시간을 담을 수 있으니까요.

그럼 시를 읽고 싶은 순간은 언제인가요?
도피하고 싶을 때요. 내 글이 안 써져서 마냥 놀고 싶을 때 남의 책을 읽어요. 가장 죄책감이 덜한 놀이라 좋아요. 주어진 일이 많은데 시간이 빠듯할 때도 읽고 싶어지고요. 그 이야기에 힘입어 다시 일상으로 돌아올 힘이 생겨요. 사실 꼭 독서하고 싶은 순간을 떠올리지 않아도 책은 평소에 그냥 읽고 싶어요. 원래 50권씩 병렬 독서하는데, 요즘 논문 쓰느라 바빠서 병렬 중지예요. 전부 못 읽었다는 이야기와 다르지 않죠(웃음).

(웃음) **앞으로 시로 어떤 이야길 전하려 하세요?**
대단한 이야기를 할 생각은 없고 늘 하던 대로 사랑받았고, 사랑할 수 있고, 사랑했던 것들을 이야기할 거예요. 너무 어둡고 슬픈 얘기 말고, 좀더 쨍하고 밝은 이야기들로요. 소박하게, 내가 애정하는 걸 곰곰이 생각하고 써봐야지. 그게 다예요.

시인이라는 말은 시를 향한 애정을 내 몸을 다 채워도 넘칠 만큼 가진 사람들을 뜻한다는 걸 배운 몇 시간이었다. 고명재의 사랑은 나를 지키려고 마음을 아끼거나 내 뜻대로 되지 않으면 쉽게 포기하는 모양이 아니다. 수박화채에 꽃잎을 뿌리듯, 그는 가장 아름답고 귀한 언어를 채집해 시로 재편한 일상에 솔솔 수놓는다. 그렇게 탄생한 시와 우린 사귄다. 다 알려 하지 않고 마냥 끌어안으면서.

우리는 쉽게 책을 손에 쥔다. 두어 장 넘겨보며 시선으로 페이지를 뛰어다니다가 가볍게 닫아 그 자리에 다시 내려둔다. 아주 간단해 보이는 행위 너머로 시선을 보탠 이를 떠올려 본 적 있는가. 별개의 의미로 존재하던 요소들을 하나로 묶어내고, 책이 어떤 모양새로 읽는 이와 마주할지 고민하는 이들이 있다. '북 디자이너'로 불리는 이들 중에서도 오롯한 모양새로 홀로 선 인물들을 만났다. '동신사'의 김동신, '그래픽하'의 이건하, '상록'의 함지은까지, 우리 손에 쉽게 들리는 책 안팎으로 섬세한 의도가 완성한 세계가 존재한다. 세 사람과 함께 그 세계를 힘껏 열어 보인다.

매만지고 구현하는 세계로

동신사·그래픽하·상록

에디터 이명주, 차의진 포토그래퍼 박은비 자료 제공 김동신, 이건하, 함지은

Interview Collections

동신사

디자이너 김동신

Dongshinsa

그에게 책은 온 세상이 바뀌어도 여전히 변하지 않을 즐길 거리 중 하나다. 기후위기로 파국을 맞게 될 미래에도, 더 이상 전기를 지금처럼 맘껏 사용할 수 없는 상황이 오더라도 다른 건 못 해도 책은 읽을 수 있겠다며 우스갯소리를 덧붙이는 김동신 디자이너는 출판사 '안그라픽스', '나남', '돌베개'를 거쳐 2020년부터 홀로 섰다. 기본을 고민하고 지키며, 문득 떠오른 충동을 거침없이 따라가는 그의 디자인 세계를 엿본다.

김동신 디자이너의 1인 스튜디오. 그간 《시인들》(2024, 세미콜론), 《일인칭 가난》(2023, 마티), 《도서관 환상들》(2021, 만일) 등의 책을 만들었다. 그는 2018년과 2019년 동시대 그래픽 디자인을 다루는 〈Open Recent Graphic Design〉의 기획자 및 작가로, 2023년 국립현대미술관에서 열린 전시 〈젊은 모색 2023: 미술관을 위한 주석〉에서 작가로 활약했다. 《인덱스카드 인덱스》라는 프로젝트를 이끌어 왔으며, 디자인에 관한 글을 쓰고 서울시립대학교 디자인전문 대학원에서 강사로 임하고 있다.

H. Instagram.com/dongshinsa

장르와 분야를 넘나드는 디자인 속에서 '책'을 고른 이유가 궁금해요.

디자이너로서 경력을 쌓아가던 시기에 인쇄물 전반을 두루 다루는 에이전시에 입사했는데, 노동 강도가 높아 일 년 남짓 근무하고 그만두었어요. 일상에서 내 시간을 확보하고 싶은 마음이 간절했고, '출판사라면 가능하지 않을까?' 하는 막연한 기대에 구인 정보를 찾아보던 게 떠오릅니다. 그렇게 출판계에 발을 들여놓았고, 현재는 제 주요한 작업물로 책이 소개되곤 하지만 책 외에 다른 매체 작업에도 관심이 있어요.

1인 스튜디오로서의 독립은 어떻게 결정하게 되었나요?

디자인 업무 외에도 이것저것 하는 일이 많았는데 점점 회사 일과 병행하기 힘들어져 독립을 결심했습니다. 스튜디오 이름은 2015년 언리미티드 에디션에 처음 참가하기 위해 부스명을 정할 때 즉흥적으로 만들었어요. 제 이름 '동신'에다가 회사라는 단어에 쓰는 '모일 사社'를 붙인 건데, 들을 땐 뭔가 평범하고 오래된 회사 느낌인데 실은 이제 갓 생긴 1인 디자이너 부스라는 갭이 재밌었거든요. 인명스럽지 않은 이름 덕을 봤다고 생각합니다(웃음).

소속되었던 시절과 독립한 현재의 업무 방식은 어떻게 다른가요?

회사의 일원으로 있을 땐 사람들과 한 공간에서 꾸준히 대면하면서 책을 만들었다면, 독립 이후에는 의뢰부터 발행까지 한 번도 만나지 않고 서면으로만 소통하는 경우도 많아요. 아마 팬데믹 이후 더욱 강해진 경향일 듯싶은데, 요즘 사람들은 전화 같은 직접적인 소통을 어려워한다고도 하잖아요. 프리랜서 노동에서는 메일로 협업하는 게 구시대적이지 않은 합리적인 업무 방식이라는 분위기도 있지요. 저는 내향적인 편이라 이런 방식에 크게 불편함을 느낀 적이 없었는데 최근에는 전화나 대면의 중요함도 알게 됐어요. 만나서 이야기하면 훨씬 빠르고 간단하게 풀리는 것들이 있더라고요. 여전히 배울 게 많은 부분이네요.

도서 작업 중 특히 '표지'는 시각적 요소가 다양하게 쓰이기에 디자이너의 개성, 의도가 뚜렷이 보이지요. 표지 작업에서 중요하게 여기는 게 있나요?

표지 작업은 할 때마다 정말 맨땅에 헤딩하는 기분이죠(웃음). 제 마음속에 있는 기준선을 넘는 게 제일 중요해요. 그래야 의뢰인한테 발신할 수 있으니까요. 그 선이 무엇인지 말로 정확하게 설명하기는 어렵지만, 아주 사소한 부분에서라도 전에 하지 않았던 '비틂'이 있어야 재미있다고 느끼는 것 같습니다. 작업을 진행하면서 그때그때 떠오르는 충동에 의한 판단도 중요하게 생각하고요.

그렇다면 북 디자인의 여러 과정 중 가장 흥미로운 단계는 무엇인가요?

본문 포맷을 완성하고 처음으로 조판하는 작업이 즐거워요. 제가 세운 지면 위의 질서를 전체 원고를 대상으로 처음 집행하는 작업이기 때문이에요. 해보면서 잘 안 맞는 규칙은 수정하고 필요한 규칙을 덧붙이기도 하죠. 시안에서는 안 보였던 전체적인 인상이 드러나는 순간을 아름답게 느낍니다. 가끔은 본문 포맷 디자인만 의뢰받는데 그때는 조금 아쉬워요. 제일 재밌는 작업을 다른 사람에게 양보해야 하다니!

자신에게 '좋은 책'이란 어떤 의미인지 정의해 주세요.

저에게 좋다고 느껴지는 글이 담기면 좋은 책이에요. 디자인까지 탁월하다면 더 좋고요. 독자로서 책을 읽을 때는 디자인을 크게 신경쓰지 않는 것 같아요. 잘 펴지기만 하면, 글자가 너무 작지만 않으면, 안쪽 여백이 너무 좁아서 글자가 먹어 들어가지만 않으면… 대체로 잘 읽거든요. 한 권의 책이 잘 완성되려면 디자인이나 편집, 번역 등에서 최소한의 기본을 지키는 성의가 중요해요. 모두가 합의할 수 있는 '기본'을 상상하는 게 점점 어려운 세상이지만, 그렇기 때문에야말로 나는 어느 선을 기본으로 생각하는지 스스로에게 늘 묻게 됩니다.

지금까지 자신에게 큰 영향을 준 책이나 디자이너가 있나요?

《책과 세계》와 《인문 고전 강의》를 꼽고 싶습니다. 학생 시절 이 책의 저자이신 강유원 선생이 구립 도서관 등에서 진행하는 강의를 열심히 들으러 다녔어요. 지금은 부지런히 공부를 하지 않는다는 생각에 부끄럽지만, 텍스트와 책을 대하는 제 태도에는 그때 배운 것들이 바탕에 있다고 생각합니다.

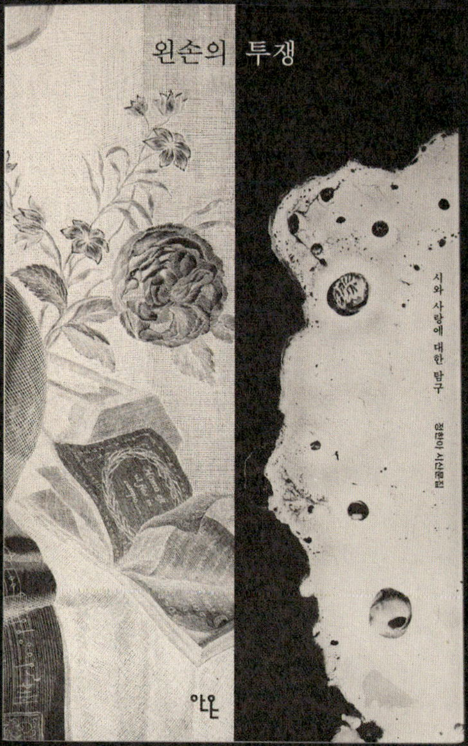
왼손의 투쟁
시와 사랑에 대한 탐구
정한아 산문집

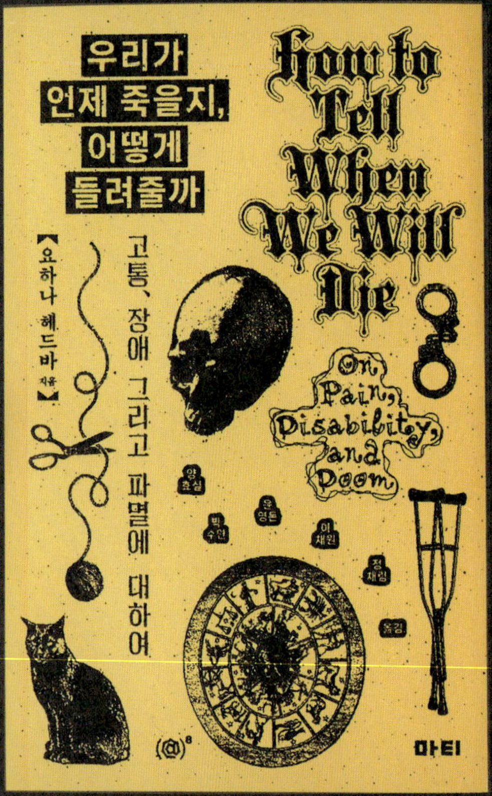
우리가 언제 죽을지, 어떻게 들려줄까
How to Tell When We Will Die
On Pain, Disability, and Doom
고통, 장애 그리고 파멸에 대하여
요하나 헤드바 지음
마티

디자이너 김동신이 매만진 책

《왼손의 투쟁》

정한아 | 안온북스 | 2022

정한아 시인의 시산문집에는 시 외에도 다양한 장르의 글이 묶여 있다. 서로 다른 성격의 글이 모인 점과 동시에 한 권으로서 뚜렷한 콘셉트를 고민하던 디자이너는 책에서 ‘왼손’과 ‘오른손’이라는 은유가 중요하게 등장하는 것을 떠올렸다. 책을 펼치면 왼쪽과 오른쪽이라는 두 지면이 존재하는데, 디자이너가 생각하기에 ‘왼손’으로 쓰인 글은 왼쪽 페이지에, ‘오른손’으로 쓰인 글은 오른쪽 페이지에 배치한 것이다. 출판과 가까운 이들은 왼쪽 페이지를 ‘좌수’, 오른쪽 페이지를 ‘우수’라고 부르기도 하는데 그 말 자체가 왼손, 오른손과 같은 소리니 더더욱 무릎을 탁 칠 수밖에 없었다고. (다만 출판 작업 과정에서 언젠가부터 불현듯 쓰였을 ‘은어’이기에 좌수와 우수의 ‘수’가 ‘손 수手’인지는 알 수 없다.) 지면 구조 전체를 적극적인 디자인의 대상으로 다룬 작업물로 꼽는다.

《우리가 언제 죽을지, 어떻게 들려줄까》

요하나 헤드바 | 마티 | 2025

한국계 미국인이자 예술가이며 음악가, 점성술사, 논바이너리, 장애인인 요하나 헤드바Johanna Hedva 작가가 언제나 무언가가 필요한 ‘몸’에 대해, 오해되기 쉬운 장애에 대해 주체적으로 말하는 책이다. 저시력자의 접근성을 높이기 위해 한국장애인개발원에서 제작한 ‘KoddiUD 온고딕’을 본문 서체로 선택했으며, 보통의 쓰임보다 크게 적용했다고. 단락은 내어쓰기로 구분하고 글줄의 마지막 부분을 어절 단위로 끊어 시인성(모양이나 색이 눈에 쉽게 띄는 성질)도 높였다. 강렬한 노란색과 아마추어 인디진, 메탈 밴드 티셔츠가 더해진 표지에는 일부러 글자를 흐릿하게 넣거나 지면 전체에 노이즈를 깔았다. 제작 당시만 해도 인쇄소에서 “기본도 모르는 디자이너 아니냐.”며 무진장 걱정했다지만, “지저분하고 복잡하고 시끄러운 디자인”을 보여주고 싶었다는 디자이너의 코멘트처럼 목소리가 필요한 이 책에 이거야말로 알맞은 옷 아니었을까.

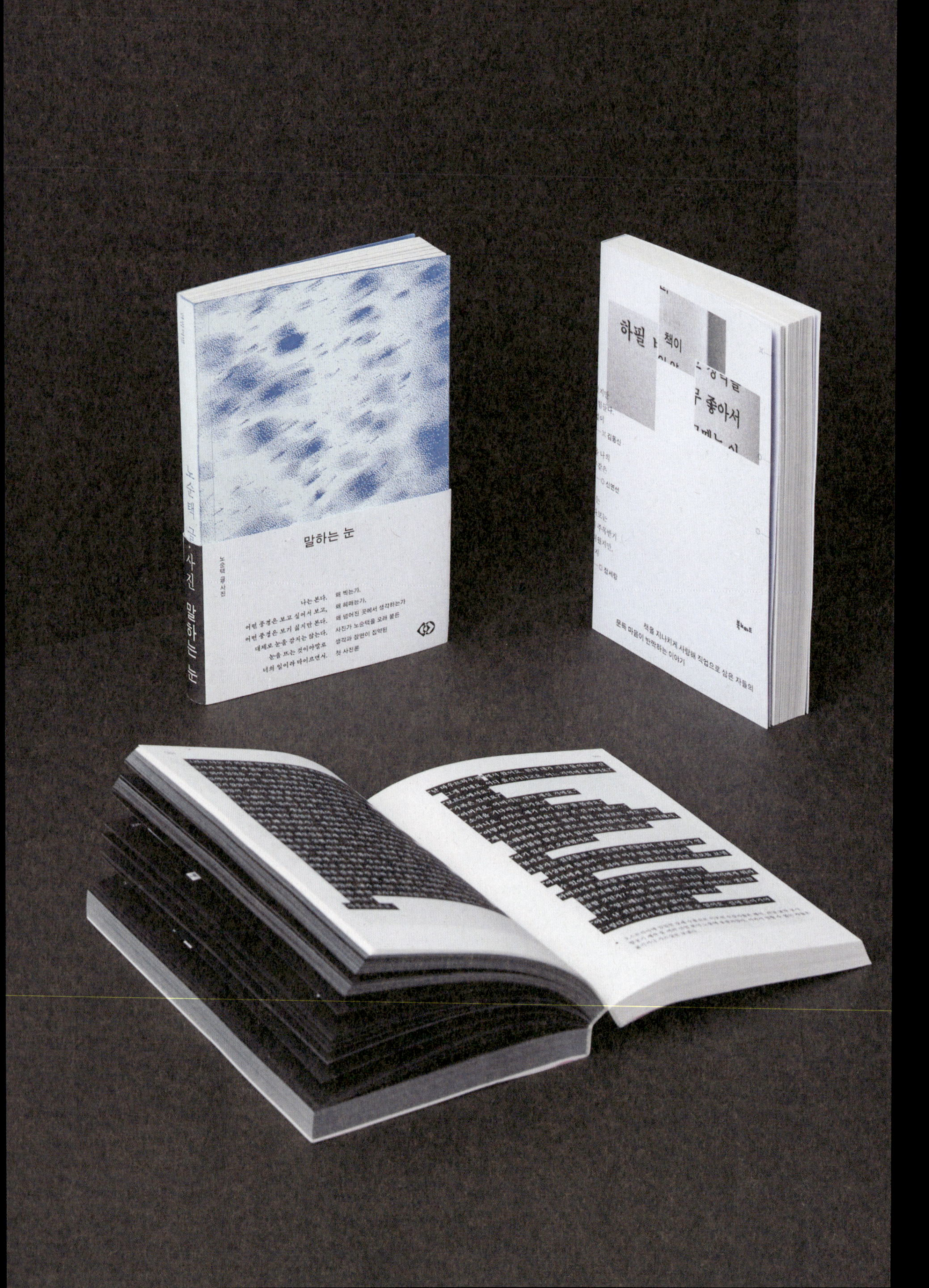
말하는 눈

《말하는 눈》

노순택 | 한밤의빛 | 2022

구름이 매달린 하늘을 달리며 바라본 듯, 휘몰아치기 시작한 눈보라를 포착한 듯, 표지가 아름다운 이 책은 노순택 사진가의 사진론을 담은 것이다. 오롯한 사진집이나 글밥이 수북한 에세이집이라 분명히 명명하지 않고 글과 사진을 유기적으로 연결하는데 집중했다고. 그만큼 사진 배치 순서와 크기 등을 편집자와 오랜 기간 고민하며 결정했다. 본문에서 인상 깊은 점은 글의 제목처럼 언제나 상단에 등장하던 요소를 지면 하단에 배치했다는 것인데, 중요한 것을 앞이나 위에 둔다는 타이포그래피의 전통적 위계를 디자이너만의 방식으로 살짝 비틀었다. 작업 전, 원고를 가장 먼저 읽어본 디자이너는 의뢰자이자 출판사 '한밤의빛'에게 독자로서 우려되는 부분을 조심스레 전했는데, 그걸 들은 노순택 작가가 짚어주어 고맙다며 흔쾌히 의견을 반영해 원고를 가다듬었다는 인상 깊은 에피소드가 담긴 책이다.

《하필 책이 좋아서》

김동신, 신연선, 정세랑 | 북노마드 | 2024

'책'을 직업으로 삼은 이들의 이야기를 작은 책으로 만들고 싶던 정세랑 작가는 좋아하는 동료 두 사람에게 손을 내밀었다. 그들은 바로 신연선 작가와 김동신 디자이너. 모두 경력 10년 차에서 20년 차를 향해 가는, 출판계의 허리쯤 자리할 세 사람은 책에 대한 여전한 애정과 머뭇거림, 생각을 한데 써 내렸다. 세 사람이 모였으니 세 개의 서체, 세 개의 기호 등 '3'을 시각적 키워드로 의식했는데 표지 글자도 얼핏 검은색처럼 보이지만 사이언, 마젠타, 옐로 세 가지 잉크를 겹쳐 인쇄한 것이다. 언젠가 미술 시간에 수채화를 그리던 경험을 떠올려보자. 팔레트에 이 물감 저 물감 섞다 보면 단순히 까맣다고 하기 어려운 요상한 짙은 색이 나오는 것처럼, 서로 다른 직군에서 지긋이 책을 만들어온 이들이 한 권에 모였다는 재미있는 은유로도 보인다. (정작 디자이너는 자신의 글이 책으로 남는다는 게 부담스러워 만드는 과정 내내 무척 힘들었다고.)

《우리 중 그 누구도 돌아오지 못할 것이다》

샤를로트 델보 | 가망서사 | 2024

프랑스에서 레지스탕스 활동을 하다 1942년부터 4년간 아우슈비츠 강제 수용소에 수감되었던 샤를로트 델보Charlotte Delbo 작가의 회고록을 의뢰받을 당시, 출판사 '가망서사' 김우진 대표는 "책이 너무 쉽게 읽히지 않았으면 좋겠다."고 요청했다. 한 사람의 생애에 깊은 존중을 표하는 비장한 그 말은 디자이너가 프리랜서가 된 이후 처음으로 들어본 주문이었다고. 어둠 속을 문장으로 한 걸음씩 뚫고 나아간다는 이미지를 상상하며 수용소 생활 시절은 검은 바탕에 흰 글줄로, 수용소에서 나온 이후에는 흰 바탕에 검은 글줄로 색상을 반전했다. 책등을 쥐고 옆면을 보면 종이가 흑에서 백으로 바뀌는 구성이 더욱 또렷이 보이는데, 첫 장에 쓰인 문장이 뒤이어 떠오른다. "역사는, 끝났다. 다른 사람처럼 행복하라."

그래픽하

디자이너 이건하

GRAPHICHA

좋은 책의 기준을 묻는 질문에 그는 '단단함'이라 답한다. 그저 두껍고 커다란 책을 말하는 게 아니라, 전반적인 만듦새와 완결성, 나아가 제작 과정, 제작자의 의도가 조화로이 맞물리는 것을 이르는 거라고. 글자와 그림, 사진과 디자인, 매무새처럼 책을 이루는 요소들이 치밀하고 섬세하게 하나를 이루었을 때 이건하 디자이너는 주저 없이 한 권을 내보인다. 책을 만드는 행위에서 비롯된 순수한 즐거움을 만끽하는 그를 넘겨본다.

H. Instagram.com/graphic.ha

2017년 시작된 출판사 겸 디자인 스튜디오. '그래픽'에 이름 중 한 글자 '하'를 붙여 스튜디오 이름으로 지었다. 이건하 디자이너는 대학원 재학 중 티칭 어시스턴스로 AABB에서 일을 배웠으며, 출판사에 재직하여 잡지를 만들었다. 대학원에 이어 '파주타이포그라피배곳PaTI'에서 진수進修 과정을 밟으며 책의 물성을 바탕으로 다양한 시도를 거듭하며 작품을 만들기도 했다. 그 경험을 바탕으로 타이포그래피가 기반인 인쇄물 작업에 주로 임한다.

책의 모양새를 만드는 이 일을 왜 시작하게 되었어요?
종이라는 물성을 실험적으로 매만지며 책을 만드는 행위가 즐거웠어요. 책이 완성되기까지 선택의 폭이 매우 넓잖아요. 페이지 수에 따라 분량과 호흡을 펼쳐 나가는 디자인도 제각기 다를 테고, 종이 종류와 두께 선정부터 제본 방식, 인쇄, 후가공 여부까지 과정마다 어떤 방향으로 가야 할지 고민해야 해요. 그 결과가 책이라는 물리적인 형태로 구현되는 게 신기하고 기뻐서, 무수한 고민을 거듭하는 것도 즐겁게 느껴져요. 책 만드는 일이 적성에 잘 맞나 봐요.

다양한 과정 중에서 유독 흥미롭게 생각하는 작업이 궁금해요.
아무래도 디자인하는 과정 아닐까요? 모니터에서 제가 기획한 지면이 어떻게 구현될지, 어떤 방식으로 제작될지 머리에 그려 나가며 작업하는 게 재미있거든요. 단순한 공정으로 제작된 책이라도 머릿속에 떠오르던 것과 직접 손에 쥐고 펼쳐보는 책은 완전히 다른 형태로 다가와요. 제 취향을 반영한 아주 사소한 요소를 넣거나, 아무도 신경 쓰지 않을 법한 디테일을 추가하기도 합니다.

디자이너를 꿈꾸던 시절부터 지금까지 기억에 남는 책이 있다면요?
한 권이 바로 떠오르는데요. 2016년 제11회 광주비엔날레 도록입니다. 메타헤이븐이 디자인했고, 대학원 지도 교수님도 디자인과 인쇄 커뮤니케이션에 참여한 것으로 알고 있습니다. 처음 그 책을 봤을 때 독특한 판형에 굉장히 놀랐습니다. 조판부터 그래픽 요소, 내지 구성, 인쇄까지 그간 생각했던 통상적인 도록 편집물과 너무 달랐거든요. 그걸 보며 '이렇게 해도 되나?' 싶은 건 그렇게 해도 된다는 걸 배웠습니다. 디자인과 구성이 일반적이지 않아도 강렬한 아름다움이 느껴지고 이를 설득할 근거와 역량이 있다면 다양한 방식으로 책을 만들 수 있다는 걸 그때 어렴풋이 느꼈어요.

1인 스튜디오 디자이너로서 나다운 작업을 하기 위해 어떤 마음가짐으로 임하나요?
대학원, 출판사, PaTI를 거쳐 오며 크고 작은 의뢰를 받았는데, 이후에도 계속 저를 찾아주셔서 1인 디자인 스튜디오를 운영하게 되었어요. 꾸준함과 묵묵히 버티는 마음으로 지금에 이르렀네요. 작업 과정이나 기획에서 최소한의 근거는 꼭 만들어두는 편입니다. '최소한'이라고 한 이유는 책을 조금 가볍게 만들고 싶어서인데요. 기획과 제작을 가볍게 여기는 게 아니라, 작업에서 촘촘하게 무장된 논리나 학술성보다는 재미와 감각에 더 치중하는 편이기 때문이에요. 모든 책을 그렇게 만들 수는 없겠지만, 가끔은 논리적인 사고보다 미감으로 해결하는 게 더욱 수월할 때가 있거든요.

그렇다면 원활한 협업과 소통을 위해서는 무엇이 필요한가요?
디자이너에겐 '제3자 끼어들지 않기'가 필요합니다(웃음). 디자인에서 문제를 해결하는 것은 비교적 쉬운 편인데, 서로 바라보는 방향이 다른 이와 함께 가야 하는 건 굉장한 피로감을 주거든요. 결과물도 아쉬운 편이고요. 실제로 이런 상황에 대비하려고 때에 따라 클라이언트에게 미리 당부하기도 합니다. 사공이 많다고 느낄 땐 의뢰 과정에서 정중하게 거절하기도 해요.

《아트나우》, 《월간한옥》, 《pot》 외에도 직접 발행하는 《Q.t》까지 매거진을 다양하게 작업하셨지요. 이유가 있나요?
매거진은 읽는 이와 호흡을 함께하는 데 최적화된 매체라고 생각해요. 특정한 주제 아래 출판사와 제작자의 시선이 독자에게 닿는다는 점에서 큰 매력을 느낍니다. 하나의 주제를 한 이야기로만 끝내지 않고 여러 면을 관찰하거나, 저마다 다른 꼭지 구성을 통해 전달하잖아요. 여러 지면을 한 권의 매거진으로 엮을 때 느슨하다가도 속도감이 느껴지고, 화려하거나 복잡한 구성 외에 여백을 한껏 살려 정적인 지면도 있겠죠. 이러한 구성의 흐름을 지배하고 통제하거나 조절하는 일련의 과정이 작업자에겐 아주 재미있어요.

책이라는 물성이 가진 의미가 무엇이라 생각하세요?
소유에서 소장으로 이어진다는 게 특별한 점이죠. 단순히 정보가 저장되어 있고 언제든 열람할 수 있는 장치적인 기능만 하는 매체가 아닙니다. 여러 사람의 고민과 해석, 의도를 거쳐 만들어진 지면을 직접 손으로 넘겨보며 접할 수 있는 행위를 제공해요. 그리고 이 행위를 완료했을 때 물리적으로나 정서적, 감각적으로도 비로소 내 것이 되는 경험을 하게 되고요. 구조상 필연적으로 겪어야 하는 이 모든 경험이 책이 지닌 물성을 바탕으로 비롯된다고 생각합니다. 저는 디자인뿐만 아니라 섬세하고 치밀한 물리적 구성이 분명한 책이라면 내지를 열어보지 않고 구매하기도 해요. 사실 그렇게 구매한 책이 너무 많아서 읽는 건 엄청나게 밀려 있지만요(웃음).

디자이너 이건하가 매만진 책

《Q.t》

그래픽하 | 2021–2025

'Question to'의 줄임말인 《Q.t》는 스튜디오 그래픽하에서 비정기적으로 발행하는 디자인 매거진이다. 그 시작을 더듬어 올라가 보면 PaTI가 보이는데, 날개(안상수 디자이너)와 스승들의 도움을 받아 재미있는 일을 벌이고 싶던 친구들과 1호에 이어 2호까지 제작했다. 디자이너가 제작을 전담하기 시작한 3호부터는 매 호 한 가지 주제를 정해 PaTI의 여러 창작자나 업계 실무자, 학생들을 모아 그곳에서 이루어지는 다양한 활동과 실험적인 시도를 기록해 나간다.
지금까지 출간된 모든 호를 모아놓고 보면 《Q.t》의 특별함이 한눈에 들어온다. 바로 판형과 제본 방식, 물리적 구조까지 달라 똑같은 책이 단 하나도 없다는 것. 참여자의 이름을 아주 작게 새겨넣은 노출 제본 책등(3호), 스프링 제본에 싸개를 씌운 긴 표지(4호), 일반적인 책보다 훨씬 큰 판형(5호) 외에도 신간인 7호에서는 표지 안쪽에 내지를 접착해 열어보는 구조와 렌티큘러(보는 각도에 따라 도안이 변화하는 인쇄물) 활용으로 소장하고 싶은 한 권을 완성했다. 디자인 면에서는 그때그때 떠오르는 아이디어나 손이 가는 대로 시도하는 게 중요하다고. 큰 틀은 짜여 있지만 세밀한 조판이나 페이지 구성은 감각에 따라 움직이고, 이후 조금씩 다듬어 나가며 완성한다.
《Q.t》를 살펴봤다면, 만드는 이의 알맹이도 들여다볼 차례. 디자이너가 매거진을 본격적으로 제작하고 유통하게 된 이유는 '내 것'을 갖기 위함이었다. 의뢰받은 책으로만 나라는 사람을 표현하는 게 아쉬웠기에, '이런 걸 해보고 싶다.'는 작은 욕망이 끊임없이 샘솟았다고. 스튜디오와 출간을 동시에 이끌어 가야 하니 밤낮, 새벽 구분 없이 작업에 매달릴 때도 있지만 디자이너는 잡지나 출판 분야에서 어떤 사명감과 신념을 가지고 작업을 하진 않는다고 짚는다. 특별한 이유를 붙이기보다 그저 이 일이 흥미롭고 즐겁기 때문에, 단순히 자신이 좋아하기 때문에 마음이 이끄는 쪽으로 걸음을 내딛는다.

이건희컬렉션 한국 근현대미술 특별전 〈사계〉 도록

경기도미술관 | 2023

김환기, 나혜석, 이중섭, 박수근… 한국 근현대 미술을 사로잡은 이들의 그림을 한데 모아 열린 해당 전시에서, 디자이너는 도록 외에도 아이덴티티부터 영상, 홍보물 등 전시와 관련된 모든 그래픽을 총괄했다. 때로는 작업실 책상에서 모니터를, 때로는 현장에서 공간을 아울러 보던 그는 도록 작업 시 전시 콘셉트 '사계'의 구성을 충실히 따랐다. 작가와 작품이 많이 알려졌다고 해서 이미지를 크게 싣거나 강조하는 것을 피하고 작가의 개성, 화풍, 실제 작품의 크기와 형태, 배치를 세심하게 고민하며 지면에 옮긴 것이다. 국립현대미술관에 기증된 이건희컬렉션 46점과 경기도미술관 및 공사립 미술 기관 열한 곳의 소장품을 모은 큰 규모의 전시였기에, 과하거나 또는 부족하지 않게 디자인의 뉘앙스를 잘 조율해 냈다.

《겨울에게》

로만 페르미코프 | 스튜디오에세이 | 2019

로만 페르미코프 사진가의 고향을 담은 의뢰받을 당시, 디자이너는 몇 가지 요청을 받았다. 중철 제본된 책이지만 책등이 존재해야 했고, 글이 들어가는 페이지는 영화 내레이션처럼 독백으로 보이길 바란다는 것. 러시아에 가본 적도, 사진가와 같은 풍경을 바라본 적도 없었기에 디자이너는 그곳을 배회하며 둘러본다면 어떤 겨울 풍경을 마주할지 상상의 나래를 펼쳤다. 디자이너의 관점을 활용하여 요청에 답하기로 한 그는 중철 책자를 덮는 싸개를 제작해 책등을 만들었고, 싸개 안에는 사진을 전면에 배치해 열자마자 겨울 풍경이 펼쳐지도록 했다. 사진의 흐름을 잠시 멈춘 자리에는 글이 놓였는데 검정 배경에 흰 글자를 넣어 어두운 공간 속 짧은 문장만이 흐르는 느낌이다.

《pot》

춘천문화재단 | 2020-2024

보통 기관에서 발행하는 매거진은 기존에 고수한 양식을 크게 벗어나지 않는 보수적인 형태를 띠지만, 이 작업은 달랐다. 클라이언트인 기관 담당자들이 '잡지'라는 물성과 구성에 대한 이해도가 높았기 때문에 제작에 방해되는 불필요한 요소에 시간을 낭비하지 않았다. 타 기관이나 인쇄소에서 "기관 잡지 이렇게 만들어도 되나요?"라는 질문을 종종 받기도 했다는데, 제작자와 디자이너 간의 탁월한 호흡으로 약 5년간 꾸준히 협업했고, 매번 즐겁게 임하며 친구처럼 가까운 사이가 되었다고. 긴 시간 동안 의견과 방식을 완전히 믿고 따라주는 이들과 함께했기에, 디자이너는 좋은 클라이언트를 언급할 때 항상 이 잡지에 대해 말한다. 공정에서는 기계가 꽤 많은 부분을 차지할지 몰라도, 책은 결국 사람이 만드는 것임을 다시 한번 깨닫게 된 작업이라고.

《월간한옥》

에이피씨웍스 | 2017-2018

한국 전통문화 예술과 한옥을 콘텐츠로 다루는 매거진으로 디자이너가 애정하는 첫 잡지 작업물이다. 한옥과 더불어 전통 도구와 기술, 장인에 대한 이해가 필요했던 작업이라 여러 장인의 작업실을 직접 취재하거나 제재소에 방문해 건축에 사용되는 나무를 살펴보기도 했다. 내지에서는 건축물의 이미지 배치와 흐름을 매끄럽게 연결하기 위해 노력했는데, 낯선 용어들 때문에 목수 출신인 국장님과 컴퓨터 앞에 함께 앉아 작업할 때도 있었다고. 또한 디자이너는 작은 역할이지만 건축에 참여하기도 했다는데, 한국 전통 온돌 기술자 과정을 취득 후 베를린 대학의 정자 설립에 참여하는 등 현장에서 전통 건축에 대한 이해를 넓혀가며 작업했다. 건축과 디자인, 꽤 달라 보여도 안팎으로 만듦새를 가다듬는 분야라는 공통점 아래 길을 내기 위해 힘쓴 부분이 엿보인다.

상록

디자이너 함지은

상常綠록

종이책은 사라지지 않을 것이라고 굳게 믿는 사람. 함지은 디자이너에게 책은 나는 언제나 이곳에 있겠노라 고요히 속삭이는 존재다. 홍익대학교에서 회화와 시각디자인을 전공하고, 출판사 '열린책들'에서 디자인 팀장을 거친 그는 2025년 초 북 디자인 스튜디오 '상록'의 문을 열었다. 스튜디오 이름처럼 변함없이 푸른 마음으로 책을 매만지는 그에게 귀 기울여본다.

"언제나 푸른, 오래 곁에 두고 보아도 늘 아름다운 책"을 만드는 1인 북 디자인 스튜디오. 시집 《진심의 바깥》(2025, 에피케)을 시작으로 첫걸음을 내딛었으며, 2025년 7월 28일 '월간 《디자인》이 주목하는 디자이너 15팀'에 선정되었다. 함지은 디자이너는 출판사 재직 중 제작한 《열린책들 세계문학 모노 에디션》(2024, 열린책들), 《개와 고양이 의학 사전》(2024, 사람의집)으로 '한국에서 가장 아름다운 책'을 수상했다. 사진, 그래픽, 드로잉 등 다양한 이미지적 요소를 표지에 활용하는 데 능하다.

H. Instagram.com/sangnok.kr

책을 만드는 세계로 어떻게 발을 들이게 되었나요?

뻔한 대답이겠지만, 늘 책을 좋아했기 때문이에요. 대학에서 회화를 전공했고 그림 그리기가 즐거웠음에도 나의 이야기를 그림으로 꺼내 놓는 일에는 큰 흥미를 느끼지 못했어요. 하지만 학교 도서관에서 아름다운 장정의 책을 만날 때마다 가슴이 뛰었습니다. 그때부터 '나도 책을 만들어보고 싶다.'고 생각한 것 같아요.

1인 디자인 스튜디오로 새롭게 출발한 이유가 궁금해요.

만으로 십 년 동안 에이전시와 인하우스 디자이너로 일했는데, 그 시간 동안은 '우선 열심히 해보자.'는 마음으로 지내왔어요. 작년 말쯤 지나온 시간을 돌아보며 자연스럽게 다음 스텝을 고민했고, 새로운 환경에서 스스로 나의 방향을 결정해 나가고 싶다는 생각이 들어 독립을 결심했습니다. 전반적인 작업 프로세스는 이전과 크게 다르지 않지만, 혼자 일하다 보니 작업 속도나 리듬을 조율하는 감각이 더욱 중요해졌다고 느낍니다.

책을 디자인할 때 작품성과 상품성의 균형을 어떻게 조절하고 있나요?

전에 소속되었던 열린책들은 늘 디자이너에게 과감한 시도를 독려하는 분위기였어요. 이것저것 많이 따지고 신중하게 작업에 접근하는 제게, 다양한 실험을 해볼 수 있는 환경은 큰 행운이었습니다. 또 하나 배운 것은 책을 하나의 '작품'으로 대해야 한다는 태도였어요. 표지 디자인에 작품으로서 접근할 때 오히려 제품으로도 잘 작동한다는 경험을 여러 번 하면서, 균형 감각을 조금씩 익혔어요.

작년과 올해 연이어 서울국제도서전이 수여하는 '한국에서 가장 아름다운 책' 상을 받으셨어요. '아름다운 책'의 디자인은 어떠해야 할까요?

수상은 정말 큰 영광이었어요. 책마다 정말 정성스러운 심사평을 적어주셔서, 당시 책을 함께 만든 동료들과 몇 번이고 곱씹으며 읽어보기도 했죠. 심사위원분들이 아름다운 책을 만들기 위해 애쓴 부분을 섬세히 알아봐 주셨다는 기쁨이 앞으로 디자인을 계속해 나갈 수 있는 커다란 원동력이 되었어요. '아름다운 책'의 디자인을 정의하기엔 아직 부족함이 많은데요. 앞선 질문처럼 작품성과 상품성의 균형이 절묘한 것, 책이 가진 내용을 잘 담으면서도 시각적으로 완성된 것이 아닐까 합니다. 한 권 한 권을 그렇게 만들기 위해 노력하고 있어요.

나다운 작업을 하기 위해 꼭 지키는 원칙이 있나요?

그동안 디자인에 제가 드러나지 않도록 노력해왔어요. 제 손이 닿은 모든 책이 가능하면 다른 사람이 만든 것처럼 보였으면 좋다는 마음으로 작업하고 있습니다. 언제나 지키는 원칙은 '원고를 꼼꼼히 읽고 거기서부터 시각적인 요소들 얻기'예요. 책의 본질은 언제나 '내용'에 있다고 믿기 때문이죠. 독립한 후에는 이메일이나 전화 너머에 있는 사람들과 일하게 된 상황이 조금 어색하기도 했는데요. 가능하다면 작업 시작 전 대면 미팅으로 책에 관해 이런저런 이야기를 나누는 시간을 꼭 가지려고 해요. 그 시간을 통해 책이 지향하는 큰 그림과 흐름을 자연스럽게 읽을 수 있거든요.

디자이너님에게 '좋은 책'이란 무엇인가요?

나쁜 책은 없다고 생각해요. 저는 책을 만드는 사람이지만 열심히 사고 읽는 독자이기도 해요. 그런 저만 해도 예뻐서 산 책, 내용이 재밌어서 산 책, 정보를 얻으려 산 책 등 구매 목록이 다양하답니다. 작업자로서는, 시각적으로 아름다운 책이라는 조건은 꼭 충족할 수 있도록 노력하고 있습니다.

책의 종말이 예상된 건 오래지만, 여전히 책을 애정 어린 시선으로 매만지는 이유가 있다면요?

콘텐츠들이 점점 더 자극적이고 짧아질수록, 책은 고요하고 따뜻하게 늘 그곳에 존재한다는 사실에 위안을 받는 것 같아요. 종이책은 사라지지 않을 것이라고 믿습니다.

지금의 내가 되기까지 큰 영향을 준 디자이너도 있을 것 같아요.

영향을 받은 책과 디자인, 작업물이 너무 많아 쉽게 하나를 꼽기 어렵네요(웃음). 최근에는 미국의 그래픽 디자이너 폴 랜드Paul Rand의 작업을 다시 보며 감탄했어요. 오랜 시간이 지나도 낡지 않는 시각 언어를 만들어낸 그의 작업을 보면서, 그 이면에는 디자이너의 어떤 시선과 태도가 존재했을지 상상해 보게 되었어요. 저 역시 그런 작업을 이어가고 싶습니다.

디자이너 함지은이 매만진 책

열린책들 창립 35주년 기념
세계문학 중단편 세트

프란츠 카프카, 알베르 까뮈, 다자이 오사무 외 | 열린책들 | 2021

창립 35주년을 기념해, 열린책들에서 출간해 온 세계문학 명작 중 부담 없이 읽을 수 있는 중·단편 스무 권을 엄선한 세트다. 디자인 목표는 이미 많은 사랑을 받은 고전들을 독자들이 소장하고 싶도록 다시 매만지는 것. 이를 위해 앞표지에서 제목을 없애거나, 뒤표지에 문장만 남기는 등 과감하고 간결한 디자인을 시도했다. 각 책에 어울리는 밝고 선명한 색상을 표현하기 위해 많은 계산과 실험도 필요했다. 먼저, 책 내용에서 색을 도출했다면 다음엔 색을 실제 인쇄로 어떻게 표현할 것인지가 관건이었다고. 보통 인쇄는 'CMYK'라는 네 가지 색을 섞어 수많은 색을 만드는데, 이 방식으로는 표현이 어려운 색은 '별색' 잉크를 사용한다. 이 프로젝트는 스무 권이 한 세트로 구성되었기에 책마다 CMYK와 별색을 어떻게 조합할지, 몇 번 나눠 찍어야 할지 등 인쇄 방식에 따라 수많은 경우의 수를 계산해야 했다.

클라리시 리스펙토르 시리즈

클라리시 리스펙토르 | 을유문화사 | 2025

클라리시 리스펙토르 시리즈의 2025년판 리커버 에디션. '2025 서울국제도서전'에서 선보이기 위해 을유문화사와 협업하여 제작했다. 디자이너는 작가의 강렬한 작품 세계가 돋보이며, 그녀를 사랑하는 팬들에게 소장가치 있는 책을 만들기 위해 노력했다고. 세 권을 함께 두었을 때의 밸런스도 중요했단다. 작가의 매력적인 사진 수십 장을 들여다보고, 신나게 만든 시안 여러 개가 모두 마음에 들었던 일을 비롯해 작업하는 모든 과정이 즐거웠다는 후문까지. 출판사에서 최종 선택되지 않은 시안을 양장 노트로 만들어 보자고 제안해, 테두리에 은장을 더한 노트 3종이 추가로 제작되었다. 노트를 펼치면 책 속 구절이 수록되어 있으며, 이후 자유롭게 쓸 수 있는 빈 페이지가 이어진다. 역시 도서전에서 을유문화사의 굿즈로 소개되었다.

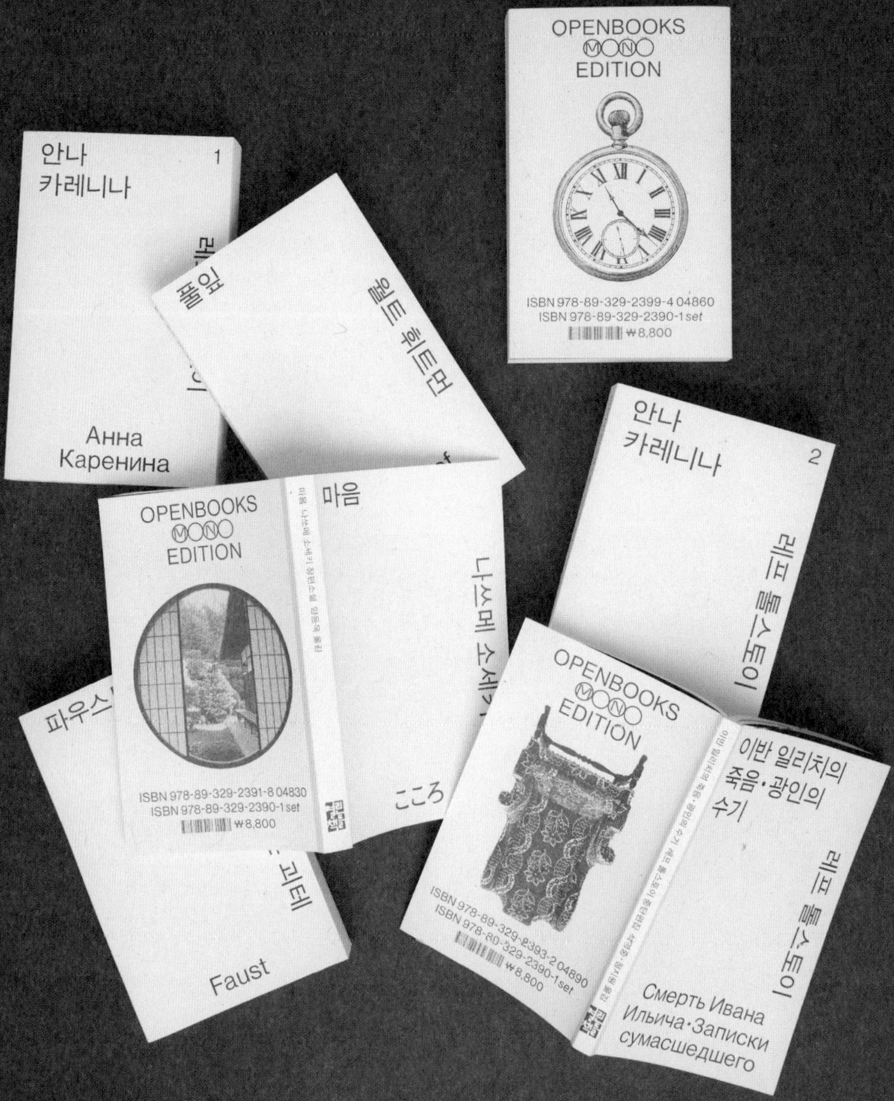

열린책들 세계문학 모노 에디션

레프 톨스토이, 헤르만 헤세, 표도르 도스토예프스키 외 | 열린책들 | 2024

《안나 카레니나》, 《데미안》, 《카라마조프 씨네 형제들》 등 꾸준한 사랑을 받은 세계문학 고전을 엮은 세트. '모노 에디션'이라는 이름에 걸맞게 '모두 덜어낸다'는 콘셉트로 제작되었다. 일반적으로 앞표지는 사진과 그래픽 등 이미지 요소가 들어간다. 하지만 이 세트는 색이나 후가공 같은 어떤 요소도 사용하지 않고 제목과 저자 이름, 원제를 담은 글자로만 디자인했다. 뒤표지에는 각 작품을 상징하는 이미지가 자리한다. 모두 질감이 제각기였던 자유 이용 저작물인데 동일한 결로 보이도록 여러 번 가공했다. 디자이너는 이 작업으로 "단순함이 깊이를 잃지 않으려면, 오히려 디테일이 더 중요하다는 걸" 배울 수 있었다고. 무심한 듯 날카로운 디자인 뒤에는 "집요하게 획을 다듬고 조정하고 파고들어 만든" 노력이 숨어 있었다.

《2666》

로베르트 볼라뇨 | 열린책들 | 2023

작가 20주기를 맞아 다섯 권으로 구성되었던 소설 시리즈가 한 권으로 묶였다. 열린책들에서 제작했던 작품으로 편집자, 마케터와 '문학 분야에서는 볼 수 없는 크고 압도되는 장정을 만들자.'는 목표를 공유하고 작업을 시작했다. 그 결과 가로 20, 세로 28센티미터의 거대한 판형의 도서가 양장 제본으로 완성되었다. 디자이너가 컴퓨터 툴을 활용하는 대신 수작업으로 그린 드로잉을 가죽 질감이 느껴지는 표지 위에 인쇄했으며, 테두리는 후가공으로 은색을 입혀 빛나게 만들었다. 서울국제도서전이 수여하는 '2024 한국에서 가장 아름다운 책'으로 선정되는 영예까지 얻은 작품. 출간 이후 과감하고 충격적인 디자인이라는 반응을 얻었지만, 정작 디자이너는 "소설이 주는 압도감을 디자인에 다 담지 못했다고 평할 정도로 이 책은 멋진 이야기로 가득 차 있다"고 전했다.

소설가 로알드 달Roald Dahl. 그가 들려주는 이야기는 모두 기묘하고 이상하다.
난 그가 초대하는 세계로 언제나 기꺼이 걸어 들어간다.

유쾌한 일탈을 원한다면

에디터 차의진

내가 사랑한 이야기꾼

어린 시절 얌전하고 소심했으며 어른들에게 순종적이었다. 나는 숙제를 늘 성실히 해 와서 친구들에게 내 것을 빌려주던 아이. 처음으로 준비물을 학교에 가져오지 않은 날, 공중전화로 엄마에게 전화를 걸어 엉엉 울었으며 중국집에 전화로 배달 주문을 할 땐 대본을 적곤 했다. 그런 나의 취미는 꽤나 거칠었다. 남자아이들과 뒤섞여 매일 축구를 하거나, 영어 학원 위층 가정집 초인종을 몰래 누르고 뒤도 돌아보지 않고 달리곤 했다. 모범생이라는 갑갑한 틀에서 벗어나고 싶었던 걸까? 불쑥불쑥 튀어나오는 자유분방한 성향이 혼란스러웠을지도.

그런 나는 삐딱하게 세계를 응시하는, 재치 있는 이야기를 좋아했다. 자주 귀 기울이곤 했던 사람은 '이야기꾼'이라 불리는 영국의 한 아저씨. 아저씨가 들려주는 괴상한 소설에 나는 자꾸 빠져들었다. 처음 만난 책은 이상한 모자를 쓰고 이상한 말투로 말하는 거대한 초콜릿 공장의 주인이, 공장으로 초대하는 황금 티켓을 초콜릿 포장지에 숨긴다는 이야기. 아저씨의 발칙함과 블랙 유머, 상상력이 자꾸 마음을 시원하게 만들었다. 흔히 어린이를 위한 이야기는 아름다운 성을 배경으로 순하고 고운 공주가 등장하는데, 그의 이야기는 달랐다. 뚱뚱한 아이가 식탐을 부리다 거대한 파이프로 빨려 들어가거나, 비상한 머리를 가진 초능력 소녀가 부모와 선생님을 골탕 먹인다. 책장을 펼치면 나는 거인과 소인, 거대한 복숭아, 수십 마리의 거북이, 마법이 가득한 세계로 종종 옮겨지곤 했다.

일러스트 속 인물은 로알드 달이 아닌 그의 책 《아북거, 아북거》의 등장인물임을 밝힌다.

상상하고 비틀고

그의 이름은 로알드 달. 20세기를 살아간 영국의 작가다. 소설 《찰리와 초콜릿 공장》, 《마틸다》, 《제임스와 슈퍼 복숭아》, 《내 친구 꼬마 거인》 등이 모두 그의 손에서 탄생했다. '가장 대담하고, 신나고, 뻔뻔스럽고, 재미있는 어린이 책'을 썼다고 평가받는 작가. 그는 전형성을 조금씩 비트는 일에 재주가 있었다. 로알드 달이 들려주는 이야기에서는 어린이도 어른도 일반적인 모습으로 그려지지 않는다. 어떤 아이는 어른보다 의젓하고 지혜로우며, 어떤 아이는 마냥 순진하기보다 욕심이 가득하며 악하다. 또 어떤 어른들은 아이 같은 순수한 눈빛을 띠거나, 성숙함은 어디서도 찾아볼 수 없이 탐욕에 사로잡혀 있다. 사람이든 동물이든 누구나 뻔한 모습으로 그려지지 않는 이 세계에서, 나는 마음껏 일탈하고 마음껏 상상할 수 있었다. 그가 우스꽝스럽고 엽기적인 이야기만 늘어놓는 괴짜라고만 생각한다면 아쉽다. 로알드 달의 작품을 읽다 보면 우리 사회가 어떤 모습이며, 어린이가 크는 세상은 어때야 할지 헤아려보게 되니까.

로알드 달이 무대 위에서 유머와 상상, 독창성을 저글링할 때, 함께 손뼉 치며 지켜보는 객석에는 영화계 거장들도 있다. 그의 소설을 재료 삼아 자신의 개성을 더해 영상으로 구현한 감독들이다. 로알드 달의 소설과 짝이 되는 영화 세 편을 이어 꺼내둔다.

Book

《찰리와 초콜릿 공장》

"얼마나 아름다운지 보십시오! 누가 뭐래도 우리 공장의 방들은 아름다워야 한다, 저는 이 점을 누누이 강조하지요. 추한 꼴은 제가 견딜 수 없으니까요!"

가난한 가정에서 태어나 가족들과 함께 좁은 집에서 살아가는 가난한 소년 '찰리'. 어느 날 찰리의 마음을 설레게 하는 소식이 들려온다. 기발한 초콜릿을 만드는 '윌리 웡카' 씨가 자신의 공장으로 어린이 다섯 명을 초대한다는 것. 그는 황금빛 초대장을 윌리 웡카 제품 안에 숨겨 두었다고 발표한다. 가족의 끼니가 먼저기에 쉽게 돈을 쓸 수 없던 찰리지만, 우연한 기회로 마지막 티켓을 발견하는 행운을 얻는다. 견학 날이 되어 공장 앞으로 모인 당첨자들은 찰리를 제외하고 어딘가 삐뚤어진 아이들이다. 식탐이 과한 아이부터 게임 중독자, 갖고 싶은 모든 걸 손에 넣으며 살아온 아이까지. 윌리 웡카 씨의 안내로 공장을 등장인물들. 예상치 못한 모험과 위험에 빠지며 공장주의 비밀스러운 계획으로 걸어 들어간다.

《찰리와 초콜릿 공장》은 로알드 달의 기막힌 상상력이 단연 돋보이는 작품이다. 10초마다 색이 바뀌는 캐러멜, 깃털 모양 사탕, 모니터로 손을 넣을 수 있는 텔레비전, 호두 까는 다람쥐를 지켜보다 보면 그의 머릿속에서는 매일 대체 무슨 일이 벌어졌던 건지 궁금해진다. 이 기상천외한 세계를 영화로 구현하는 일이 가능할까 싶지만, 팀 버튼Tim Burton이라면 말이 달라진다. 영화 〈가위손〉(1990), 〈크리스마스 악몽〉(1993), 〈빅 피쉬〉(2003), 〈유령신부〉(2005) 등을 보여줬던 그는 실사와 애니메이션을 막론하고 어두운 유쾌함, 환상적인 상상을 영화로 펼쳐내는 재주꾼. 팀 버튼이 재해석한 윌리 웡카의 초콜릿 공장은 기묘하고 아름답다. 원작 소설과 달리 윌리 웡카에 새롭게 부여된 설정, 약간 다른 모습의 결말을 찾아본다면 더욱 흥미로울 것이다.

Movie

〈찰리와 초콜릿 공장〉

#01

조지 돈은 세상에 흔해. 매일 찍어낸다구.
돈처럼 흔한 것 땜에 이 귀한 걸 포기해?

가난한 살림에 보탬이 될 거라며 간신히 얻은 티켓을 다른 사람에게 팔겠다는 찰리. 그런 소년에게 함께 사는 조지 할아버지가 단호하게 일러준 말이다. 세상에는 돈보다 소중한 가치가 있음을 알려주는 장면. 소설에는 없고 영화에서만 등장하는 대사다.

#02

윌리 웡카 풀밭 멋지지? 괜찮아, 먹어봐. 보기만큼 맛도 좋아.

윌리 웡카의 공장에는 거대한 초콜릿 강이 자리한 방이 있는데, 실제 자연처럼 나무와 꽃, 풀이 가득하다. 이것들은 먹을 수 있는 초콜릿이나 사탕이라는 점에서 특별하다. 팀 버튼은 촬영 세트장 또한 식용 가능한 소품들로 제작했다. 강물 역시 실제 초콜릿으로 만들려 했으나 제작비 문제로 비슷한 점도와 색깔을 내는 용액을 제조했다는 후문. 완벽한 연출을 위한 제작진의 노력이 숨겨진 장면이다.

Movie—팀 버튼 〈찰리와 초콜릿 공장〉(2005)

Book

《헨리 슈거》

"선생님들 마음대로 제 눈을 가리세요. 제 머리에 붕대 오십 개를 감으셔도 전 선생님들께 책을 읽어드릴 수 있답니다."

살면서 단 하루도 일한 적이 없는 부자 백작, '헨리 슈거'. 그는 여느 때처럼 도박을 하다, 우연히 그곳에서 책 한 권을 발견한다. 책 내용은 이러하다. 외과 의사 '존 F. 카트라이트'가 투시력을 가진 신비로운 인도인 '임흐라트 칸'을 만나, 수행을 거쳐 자신도 투시력을 얻었다는 것. 같은 능력을 원하던 헨리 슈거는 그날부터 훈련을 시작하고, 마침내 얻은 힘으로 도박에서 큰돈을 번다. 그러다 어느 날 몸에 이상을 느껴 자신의 몸을 투시해, 심장에 문제가 있음을 알아낸다. 생이 덧없다 느낀 헨리 슈거는 그 후 전 세계에 초호화 고아원을 짓기 시작한다.

팀 버튼처럼 블랙 코미디와 상상력을 작품 세계에 풀어놓는 감독은 바로 웨스 앤더슨Wes Anderson. 영화 〈로얄 테넌바움〉(2001), 〈다즐링 주식회사〉(2007), 〈그랜드 부다페스트 호텔〉(2014) 등을 만든 그는 개성 넘치는 미학의 소유자다. 완벽하게 조율된 색감과 좌우 대칭은 그의 지문과도 같은 연출법. 2023년, 웨스 앤더슨은 로알드 달의 소설 〈헨리 슈거〉, 〈독〉, 〈백조〉, 〈쥐잡이 사내〉를 각색해 작품당 15분 남짓의 단편 영화 네 편으로 선보였다. 긴 대사와 수시로 바뀌는 세트장은 연극을 보는 듯한 기분을 자아낸다. 한 인물이 여러 배역을 연기하는 것도 큰 재미다. 로알드 달과 웨스 앤더슨의 만남이라니, 난 여전히 이 둘의 이름이 나란히 적힌 것만 봐도 설렌다.

Book—《헨리 슈거》 로알드 달 지음, 허진 옮김 | 교유서가

Movie

〈기상천외한 헨리 슈거 이야기〉

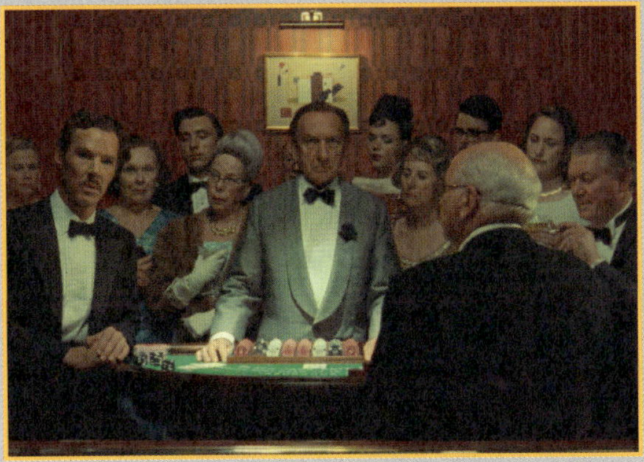

#01

<u>헨리 슈거</u>　　딜러의 눈빛을 본 헨리는 실수했음을 직감했다. 관심을 끌어버린 것이다.
‘실례합니다.’

투시력을 얻은 헨리 슈거가 카지노에서 엄청난 실력으로 활약하자, 딜러가 의심의 눈초리를 보내는 장면. 소설 속 문장을 그대로 말하는 듯, 헨리 슈거는 영화 내내 전지적 작가 시점으로 쓰인 대사를 발화한다. 헨리가 일인칭 시점으로 말하는 대사는 작은따옴표 안에 적힌다.

#02

<u>의사</u>　　어떤 훈련이죠?
<u>임흐라트 칸</u>　　죄송합니다만 그건 공개할 수 없습니다.

임흐라트 칸이 외과 의사 존 F. 카트라이트에게 자신의 투시력을 설명하고, 함께 듣던 의사가 어떤 훈련을 통해 그 능력을 얻게 되었냐고 묻는다. 임흐라트 칸이 대답하지 않자, 의사들은 기묘하다는 표정으로 카메라를 응시한다. 영화에서는 이처럼 제4의 벽을 허무는 연출이 반복된다.

Book

《멋진 여우씨》

"그 사람들이 그렇게 끔찍하게 굴겠다면 그러라고 해.
여기 땅속에 사는 우리는 점잖고 평화를 사랑하니까."

주인공 '여우 씨'는 아내와 새끼 여우 네 마리와 함께 살아간다. 인근에는 못되기로 소문난 농장주 세 사람이 있었으니 이름은 보기스, 번스, 빈. 가족을 먹여 살리려던 여우 씨는 이들의 농장에서 몰래 가축들을 훔치곤 했다. 범인을 알게 된 농장주들이 가만있을 리 없다. 보기스, 번스, 빈은 총을 들고 여우 씨를 쫓지만 실패한다. 결국 이들이 도둑을 잡기 위해 택한 방법은 굴착기로 여우들이 사는 산을 파헤치는 것. 생태계는 파괴되고 산은 쑥대밭이 된다. 하지만 여우 씨는 굴하지 않는다. 굴을 파고 또 파서 농장까지 닿는 길을 만들고, 다양한 동물이 어울려 살아가는 땅속 마을을 만든다. 농장주들의 횡포 속에서 이들은 결국 살아남을 수 있을까?
인간의 탐욕이 산이며 바다를 모두 헤집어 놓는 시대. 악독하게 그려지는 보기스, 번스, 빈을 지켜보면 그들은 나와 전혀 상관없는 소설 속 인물일 뿐이라고 말할 수는 없을 테다. 우리 삶에서 고통받는 '여우 씨'는 누구이며, 나는 내 것을 주변인과 나누며 살아가고 있는지 돌아볼 수 있는 교훈적인 소설.
이 작품 역시 웨스 앤더슨 감독의 손에서 영화 〈판타스틱 Mr. 폭스〉(2009)로 재탄생했다. 영화는 '미스터 폭스'라는 이름으로 다시 불리는 여우 씨에게 사실 도둑질 전과가 있었고, 이제는 지역 신문 칼럼니스트로 살아간다는 설정을 새롭게 부여했다. 스톱 모션으로 제작되어 모든 동물이 복슬복슬한 인형으로 등장한다. 러닝타임 내내 눈이 즐겁고 웨스 앤디슨의 천재성을 느낄 수 있다.

Book—《멋진 여우 씨》 로알드 달 글, 퀜틴 블레이크 그림, 햇살과나무꾼 역 | 논장

Movie

〈판타스틱 Mr. 폭스〉

#01

미스터 폭스　　그 충고 무시하겠네.

땅굴에서 평범하게 살아가는 미스터 폭스는 일상이 무료하기만 하다. 새로운 자극이 필요했던지 언덕 위 나무집을 사겠다 결심한 그는 변호사 오소리 '배드거'를 찾아간다. 그 집은 농장과 가까우니 절대 살아서는 안 된다며 말리는 배드거. 미스터 폭스는 충고를 무시하며 위험천만한 일상으로 걸어 들어간다.

#02

배드거　　너 때문에 다 죽게 생겼어!

미스터 폭스　　잠깐만. 방법이 생각났어. 아주 특별한 방향으로 땅을 파는 거야.

미스터 폭스에게 피해를 입어 화가 난 농장주들이 동물들의 터전을 파괴한 뒤 굴 출입구를 감시한다. 꼼짝없이 굴속에 갇힌 동물들 앞에 놓인 위험은 탈수와 허기. 오소리 배드거가 분노를 표출하자 미스터 폭스는 꾀를 낸다. 그가 말한 특별한 방향은 바로 악당들의 농장. 땅굴의 끝에서 그들은 식량을 발견한다.

Movie—웨스 앤더슨 〈판타스틱 Mr. 폭스〉(2009)

서울국제도서전
Seoul International
Book Fair

매년 여름, 책을 사랑하는 이들은 코엑스로 향한다. 한국에서 가장 규모 있는 책 축제, '서울국제도서전'이 열리기 때문. 2025년에도 'AROUND'라는 이름으로 이곳에 참여한 우리는, 책을 사랑하는 수많은 인파에 또다시 압도되었다. '믿을 구석'이라는 주제 아래 성황리에 끝난 도서전. 올해의 축제를 회고해 본다.

다녀왔습니다, 도서전

에디터 **차의진**
자료 제공 **서울국제도서전**

고대하던 축제의 시작

새해를 맞아 올해가 어떻게 흘러갈지 톺아보던 나는, 2025년의 허리춤에서 잠시 멈췄다. 한 해의 중간인 6월은 어라운드가 기다리는 축제가 있는 달이었지. 아직은 겨울의 한중간이던 그때, 나는 다가올 여름을 설렘 반 부담 반으로 그려봤다. 그 축제의 이름은 바로 서울국제도서전. 독자들을 마주하며 우리를 직접 소개하기 위해 2024년에 처음으로 참여해 봤는데, 이럴 수가. 우리는 젊은 세대를 주축으로 한 독서 광풍에 실려온 엄청난 인파를 맞이했다. 작년 방문객은 무려 15만 명. "이건 책이에요, 잡지예요?", "주제는 매번 달라지는 건가요?" 호기심 어린 질문으로 우리를 알아가려는 분들부터, 《AROUND》는 내가 오래전부터 사랑해 왔다며 폴짝폴짝 뛰는 독자분들도 만났다. 사람들이 책장을 넘기는 모습을 두 눈으로 확인하며, 우리는 정말 누군가에게 가닿는 책을 만들고 있었다는 걸 감각한 시간. 올해는 어떤 독자를 만나게 될까, 작년과 달리 어떻게 우릴 소개할까 떠올리며 한 해를 시작했다.
이 행사가 무어냐 하면, 매년 코엑스에서 열리는 국내 최대의 책 축제다. 대한출판문화협회와 서울국제도서전이 주최, 출판사·잡지사·제지사 등을 비롯한 다양한 브랜드가 '책'을 주제로 모여 부스를 꾸리고, 자신들을 소개할 도서와 상품으로 그 안을 채운다. 작가 사인회, 이벤트 등도 마련해 고유한 브랜드 경험을 더 많은 사람에게 선사하는 것이 목표. 유구한 출판 역사와 나란히 걸어온 '민음사', '창비', '을유문화사' 등은 물론이고 독립 출판사까지 모여든다. 2025 서울국제도서전은 17개국, 535개 참가사가 모였다.
전시장의 문이 열리면, 사람들은 각 부스에 마련된 볼거리를 즐긴다. 독서를 사랑하는 이들에게는 책을 만드는 이들과 직접 교류하고, 다양한 참가사를 만나며 독서 취향을 확장할 수 있는 가슴 뛰는 자리다. 도서전만을 위해 준비된 한정 굿즈나 신간 및 할인 도서도 만날 수 있기에 백팩과 운동화는 이곳의 필수품. 여행용 캐리어를 끌고 다니는 사람도 종종 마주칠 수 있다.
참가사에게도 도서전은 역시 귀한 기회다. 독자들과 눈을 맞추고, 우리는 이런 책을 만든다 이야기할 수 있는 장. 더 많은 사람에게 읽힐 좋은 책을 만들기로 다짐하는 공간이니까.
전시장을 빼곡히 채운 사람들을 마주하면 누구든 같은 질문을 얻을 것이다. '독서율은 나날이 떨어진다는데 책 좋아하는 사람이 이렇게나 많았던가.' 작년에 이어 올해도 비슷한 수의 방문객이 이곳을 찾았다. 나는 이 아이러니한 북적거림 속에서 낙천주의자 혹은 반항아가 된다. '거봐, 종이책은 사라지지 않을 거라고 했지. 영원히 사랑받을 거라고!' 같은 것을 열렬히 좋아하는 사람이 이 세계 어딘가에 있다는 확신. 나는 이 확신 속에서 앞으로도 책을 만들 것 같다.

그 언덕을 넘어서

해마다 도서전 주제는 달라지는데, 올해 주제는 믿을 구석(The Last Resort)이었다. 단단하고 든든해 보이는 이 네 글자는 어떤 의미일까. 주제 소개 일부를 이곳에 옮겨 본다.

“살다 보면 고난과 위기를 피할 수는 없습니다. 우리는 감정적 흔들림, 경제적 어려움, 정치적 혼돈, 인공적인 재앙과 자연적인 재난까지 쉴 새 없이 닥치는 사건의 흐름 속에 놓여 있습니다. 어려움을 넘어가고 성장하는 과정에 한 사람의, 혹은 한 사회의 성취와 기쁨이 있겠죠. 그 과정에서 분투하는 한 사람의, 혹은 전 인류의 개별적인, 혹은 집단적인 노력들은 모두 귀하다고 믿습니다.”

사적인 어려움도 쉬이 감당해 내기 어려운 존재가 인간인데, 2025년은 우리를 도무지 가만두질 않는다. 이 세계의 끝이 가까이 왔다는 걸 확신할 증거가 매일 발밑에, 코앞에 쌓인다. 이 혼돈 속에서 서울국제도서전은 “여러분이 의지해서 어려움을 함께 넘는 믿을 구석”은 무엇이냐 묻는다. ‘믿을 구석’이란 표현을 사용했지만, 그 뒷면에는 책이란 존재가 있음을 암시한다. 책은 고민의 해답을 찾고 위로와 배움을 얻으며 삶의 지혜를 발견하기 위해 인간이 오랫동안 기대왔던 물건. 이를 옆구리에 끼고 저마다의 언덕을 열심히 넘어보려는 독서인들을 떠올려 본다. 서울국제도서전은 언덕을 넘으려는 모든 시도와 분투를 치하하며, 각자의 믿을 구석을 공유하는 자리를 만들었다.

디자인 스튜디오이자 출판사 ‘워크룸프레스’에서 제작한 올해의 포스터에는 다음과 같은 일러스트가 담겼다. 나란히 앉아 서로의 어깨와 허리를 팔로 두른 두 친구, 사다리를 오르는 인물 그리고 안전한 울타리를 치듯 바닥에 원을 그리는 사람. 짐작건대 이건 분명 독서인의 모습이다. 책을 친구, 사다리, 든든한 경계 삼고 이를 의지하는 독서인 말이다.

내년엔 어떤 주제로 방문객을 맞이할까? 어떤 부스가 새롭게 마련될까? 다음 여름이 돌아올 때까지 서로의 존재를 믿을 구석 삼아, 더 읽고 감탄하고 따라 쓰자. 내년에도 같은 마음으로 우린 한자리에 모일 테니까.

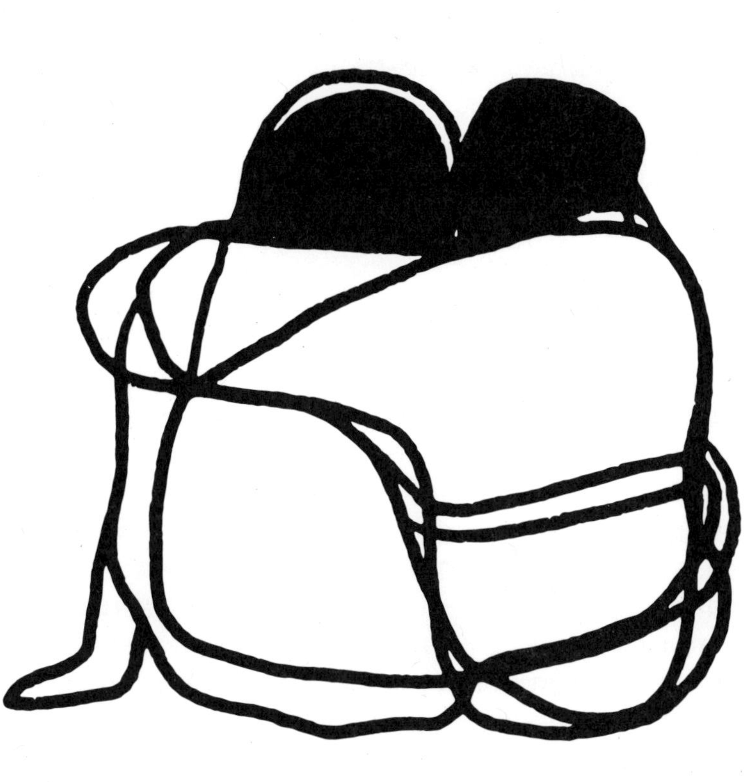

도서전, 다시 짚어보기

©서울국제도서전

올해 주최 측에서 마련한 전시 및 프로그램은 믿을 구석이란 주제 아래 유기적인 흐름으로 탄탄하게 기획되었다. 참가사들도 작년보다 더 많고 다양해진 브랜드 콘텐츠를 들고 방문객을 맞이했다. 2025 서울국제도서전, 주목할 만했던 네 가지 관람 포인트를 돌아보자.

1. 주제전시 〈믿을 구석 – The Last Resort〉

매년 도서전에서는 그해 주제어와 연관된 전시를 선보인다. 이번 해는 작가와 독자가 꼽은 '각자가 생각하는 믿을 구석을 담아낸 책' 400권을 선보였다. 전시 공간은 인류에 닥친 재앙을 대비해 식량의 기본 재료인 유전자원을 안전하게 보존하는 '씨앗 저장고'가 모티브. 한 권의 책은 씨앗이자 새로운 가능성으로 비유되었고, 관람자는 칸이 빼곡한 수납함을 열어 안에 담긴 책을 꺼내 읽을 수 있었다.

2. 토크 프로그램

작가의 생각을 직접 듣거나 연사에게 배움을 얻는 자리도 도서전에서 빠질 수 없다. 이번 축제에서는 강연 및 세미나, 북토크, 작가와의 만남 등의 프로그램 370여 개가 준비되었다. 대표적으로 한국과 중국 여성 SF 작가 6인을 비롯해, 출판사 '무제' 대표이자 배우 박정민과 소설가 김금희의 북토크가 열렸다. 스페인의 사진작가 요시고는 시인이자 사진가인 이훤과 마지막까지 간직하고 싶은 장면을 이야기했으며, 그 밖의 다양한 토크 행사가 도서전 내내 이어졌다.

3. 한국에서 가장 좋은 책

서울국제도서전이 독창성, 심미성, 차별성을 고려해 가치 있는 한국 책에 수여하는 상. 올해는 '한국에서 가장 아름다운 책 / 즐거운 책 / 재미있는 책 / 지혜로운 책' 총 네 분야에 걸쳐 공모를 진행, 수상작을 선정했단다. 도서전 현장에 마련된 특별 전시에서는 수상작을 직접 넘겨보며, 각각의 작품이 좋은 책으로 꼽힌 이유를 음미해볼 수 있었다. 역대 선정작은 서울국제도서전 공식 홈페이지에서 살펴볼 수 있다.

4. 다양해진 콘텐츠와 참가사

지난해는 대체로 참가한 출판사가 단순히 책을 소개하는 경향이 짙었지만, 올해는 볼거리가 다채로워졌다. 작년 엄청난 인파로 도서전의 가능성을 확인한 출판사들이, 방문객에게 브랜드를 효과적으로 각인시키고 젊은 세대의 독서 문화에 발맞추기 위해 콘텐츠를 다양화한 것. 2025년에는 책갈피, 엽서 등 구매를 유도하기 위한 무료 증정품이나 키링, 에코백, 배지까지 물성을 지닌 상품이 확실히 늘었다는 평가를 받았다.

H. Sibf.or.kr

©문주원

B1홀 T14 AROUND

이번 도서전에서 어라운드 부스 방문했던 사람? 작년에 이어 매거진팀 구성원들이 기획부터 설치, 운영까지 담당했다. 하얀색 기본 벽을 검은 현수막으로 덮어, 여러 브랜드 사이에서 눈에 띄고자 했다. 2025년은 어라운드의 단행본이 연달아 세 권 출간된 해. 그중 최신작인 김건태 작가의 《괜찮은 척하면 진짜 괜찮아져》는 텀블벅 펀딩 이후 도서전에서 최초 공개되었다. 매거진 《AROUND》 신간 호와 더불어 과월호까지 자유롭게 열람하는 자리도 있었지. 풍성한 이벤트 역시 어라운드 부스의 재미! 매거진 및 온라인 구독 시 포스터, 에코백, 과월호 등 알찬 증정품을 안아갈 수 있도록 했다. 분주한 와중에 우리가 살뜰히 살피지 못한 분들도 있었을 텐데, 부스를 찾아 다정한 관심 보내주신 모든 분께 다시 한번 감사를 전한다!

에디터 의진이 고른 것

“어라운드를 알리러 도서전에 참여했다지만, 다른 출판사 부스 구경도 놓칠 수는 없죠. 에디터들은 행사장을 구경하며 소장하고 싶은 책을 골라 왔어요. 제 눈길을 끈 건 전형적인 책의 꼴로 차분한 모습을 갖춘 도서들 사이에서, ‘괴짜’ 같은 면모를 보여주는 작품이었습니다. 재밌는 편집 방식과 그림을 함께 구경해 볼까요?”

©차의진

01 《프레시 커트》 마카리우스 엥, 정재이 옮김 | 소장각

그래픽 디자이너 노성일의 1인 출판사 겸 디자인 스튜디오 ‘소장각’의 신간입니다. 종이를 신선하고 깔끔하게 자르는 법을 일러스트와 함께 소개해요. 겉싸개에는 칼집이 두 줄 나 있는데, 이는 ‘프레시 커트’ 정신을 담아 소장각과 동료 디자이너들이 직접 잘랐다고 해요.

02 롱블랙 노트

콘텐츠 플랫폼 ‘롱블랙’이 서울국제도서전에서 처음 선보인 노트로, 디자인 스튜디오 ‘모스그래픽’과 함께 제작했다죠. 이건 평범한 노트와는 달라요. 웹에서 감상할 수 있는 롱블랙의 오리지널 콘텐츠가 노트 절반에 담겼거든요. 저는 카피라이터 오하림의 인터뷰가 실린 노트를 골랐답니다.

03 《뉴욕 스리프터》 딕 캐럴, 유현선 옮김 | 워크룸프레스

평소 좋아하는 출판사 부스에 이르니, 알록달록한 일러스트가 벽면을 꽉 채우고 있었어요. 신간에 실린 일러스트라기에 얼른 책을 펼쳤습니다. 자신을 ‘옷 벌레’라고 칭하는 작가가 2017년부터 연재한 패션 만화를 엮은 단행본입니다.

에디터 명주가 고른 것

"서울국제도서전이 열리는 코엑스로 향하는 길, 어느 날은 비가 쏟아지고 어느 날은 볕이 뜨거웠어요. 곧 다가올 완전한 여름을 실감하며 몇 권의 책을 골라보기로 마음먹었습니다. 여름을 담은 또는 그 시기를 연상시키는 책들을 품에 안고, 다가오는 휴가에 작열하는 계절 속으로 빠져들래요."

©이명주

01《버릴 수 없는 티셔츠》쓰즈키 교이치 엮음, 이홍희 옮김 | 안그라픽스

여름에 자주 손이 가는 것, 아무리 둘러봐도 없는 사람 찾기 힘든 것. 바로 '티셔츠'지요. "남자를 소년으로, 여자를 소녀로 만들어주는 존재"로 티셔츠를 꼽은 엮은이가 불특정 다수에게서 받은 70장의 옷과 그 옷에 스민 시절을 모았어요.

02《식물스케일》박세미 | 시간의흐름

좁은 골목을 쏘다니듯 분주히 둘러보다 박세미 작가의 산문집을 발견했습니다. 건축전문지 기자와 시인을 넘나드는 그는 식물을 척도로 자신의 삶과 공간, 관계를 톺아봤대요. 어느 여름날 풍경 같은 표지를 넘기면 삶의 기록이 수수한 모양새로 이어져요.

03《아무튼, 여름》김신회 | 제철소

부스 한 면, 눈물이 맺힌 소녀 그림을 보자마자 출판사 제철소임을 알아차렸지요. 제가 이 무더운 계절을 사랑하도록 만든 김신회 작가의《아무튼, 여름》이 김참새 화가의 신작으로 새 얼굴을 가졌거든요. 같은 책을 또 사냐고요? 얼굴이 다르면 완전히 다른 책인걸요!

04《믿을 구석》김멜라, 김복희 외 12인 | 서울국제도서전

"당신의 믿을 구석은 무엇인가요?" 한 가지 질문 아래, 작가들이 저마다의 방식으로 답을 전한 이 책은 올해 도서전 주제를 담은 기획 도서입니다. 지탱할 것 없이 힘겨운 여름도 서로의 믿을 구석들을 나누다 보면 조금 가뿐히 보낼 수 있지 않을까요?

독서는 책과 나, 둘만이 호젓하게 마주하는 순간만을 이야기하지 않는다고 믿는다. 바깥에서 읽을 책을 가방에 넣거나 좋아하는 문장에 밑줄을 긋고, 필사하는 모든 순간까지 독서라고 말하고 싶다. 이러한 책 읽기 생활을 우직하게 응원할 작은 도구들을 소개한다. 책과 나 사이 이들이 놓일 때, 독서는 더욱 편리하고 풍요로워질 테니까.

책과 나 사이

에디터 차의진
자료 제공 미온전, 오니프, 컴포지션스튜디오

©오니프

책을 곁에 두는 가방

미온전

읽기를 사랑하는 이들은 집 밖을 나설 때 꼭 책 한 권을 챙긴다. 일과 중 펼쳐 볼 때가 분명 올거야, 라는 믿음으로. 그렇게 한 권 들고 나섰지만 전혀 읽지 못했다 하더라도, 다음 날 가방 속엔 다시 또 책이 담긴다. 막상 바깥에서 책장을 넘기는 건 쉽지 않을 때도 많다. 비좁은 대중교통 안에서 가방을 열고 닫아야 하며, 밑줄을 긋기 위한 연필도 간신히 꺼내야 하니까. 책갈피가 없다면 책 귀퉁이는 선명하게 접혀 자국이 남는다.

2016년 시작된 브랜드 미온전은 이렇게 작지만 중요한 순간을 위해 산'책'가방을 만들었다. 이는 책을 단단하게 끼울 수 있는 북커버 형태의 가방. 두꺼운 소설책부터 얇은 시집까지 다양한 판형의 책이 담긴다.

미온전이 일상 속 세심한 필요를 알아채는 도구를 전할 수 있는 이유는, 브랜드를 이끄는 전영은 대표가 자신이 가지고 싶지만 세상에 존재하지 않는 물건을 제작하는 덕분. 오랜 팬들의 응원에 힘입어 10년간 차근히 걸어온 미온전은, 곁에 두고 오래 쓸 수 있는 제품으로 자연스럽게 신뢰를 쌓아가길 꿈꾼다.

"일상에서 많은 순간을 책과 함께하지만, 어렵고 불편할 때가 의외로 많았습니다. 그래서 산'책'가방을 만들었어요."

1.

H. Instagram.com/mionjeon

1. 산'책'가방

손잡이가 달린 가방을 펼치면 책을 끼울 수 있다. 앞뒤로 수납공간이 마련되어 연필, 인덱스 스티커뿐만 아니라 휴대폰까지 보관하기 편리하다. 2019년 처음 예약 판매를 시작한 후 독서인들 사이에서 하나쯤 소장하고 싶으나 쉬이 구할 수 없는 도구로 자리 잡았다. '민음사', '교보문고' 등과 손잡고 브랜드의 정체성을 녹인 한정판 제품을 종종 선보이기도 한다.

행복의 단서

onif.
since 2019

세상을 꽉 채운 다양한 제품들 중에서도, 나의 취향을 고스란히 담긴 물건을 기어코 선택하고야 마는 이유를 떠올려 본다. 소유로 자신을 표현하려는 까닭도 있지만, 나를 닮은 무언가가 일상 가까이 존재한다는 감각을 얻고 싶어서가 아닐까. 나와 비슷한 결을 갖춘 물성은 내가 무엇을 좋아하며, 어떤 사람인지를 알려주기도 한다. 2019년부터 일상 공간을 밝히는 오브제를 선보여온 '오니프'는 도구의 이러한 힘을 굳게 믿어왔다. 그들이 선보이는 건 독서 용품, 펜홀더, 화병 등 매일 손에 직접 닿고 생활을 함께하는 도구. 오니프는 자신들이 제작한 물건으로 사용자들이 스스로를 더 알아가며, 각자의 위로와 행복은 어디서부터 출발하는지 깨닫길 응원한다.

브랜드 시그니처가 된 북홀더링을 비롯해 나무가 주요 소재인 제품을 중심으로, 이제는 '샘터', '밀리의서재' 등 출판 관련 브랜드와 협업도 활발하다. 만듦새가 좋은 따듯한 결의 독서 용품과 데스크테리어 오브제를 찾는 이들에게 오니프는 친근한 친구가 되어줄 것이다.

"오니프는 일상을 다정하게 지켜줄 물건들을 만듭니다. 우리가 만드는 물건들, 혹은 우리가 하는 이야기들이 누군가의 단순하고도 즉각적인 위로와 행복의 재료가 되길 바랍니다."

1.

2.

1. 조개 북 홀더링

한 손으로도 책을 편히 읽게 도와주는 물건으로, 구멍에 엄지손가락을 끼워 사용한다. 책갈피 사이에 놓여 책장이 넘어가지 않도록 지지해 주는 덕분에 대중교통을 타거나 누워 있을 때도 편안하게 독서를 즐길 수 있다. 목재 기반의 친환경 신소재 'CXP'와 원목, 두 가지 중 마음에 드는 쪽으로 선택하자.

2. 모험가의 툴박스

오지를 탐험하는 모험가의 손에는 각종 장비가 들린다. 일상을 모험처럼 살아내는 우리에게도 각자의 도구가 필요하긴 마찬가지. 오니프는 나만의 일상을 살아내는 모험가들이 자유롭게 작업하길 바라며, 다양한 물건을 보관할 수 있는 수납함을 선보인다. 책을 사랑한다면 이를 옆으로 세워 작은 책꽂이로 활용할 수 있고, 밑줄 긋기용 펜과 인덱스 스티커를 보관하기도 좋다.

H. Onif.kr

따라 새기는 기쁨

COMPOSITION STUDIO

좋아하는 문장을 종이에 직접 옮겨 적기는 독서인들이 무척 사랑하는 일. 손으로 문장을 쓰는 동작으로 오래 기억하고 싶은 말을 머리와 마음에 새겨보는 것이다. 이때 어떤 노트든 사용해도 좋지만, 필사만을 위해 탄생한 도구가 있다면 독서인의 취미는 더욱 즐거워질 터. 2020년 문을 연 컴포지션스튜디오는 필사를 도울 제품을 만날 수 있는 브랜드다. 우리에겐 검정 얼룩 패턴의 노트를 선보이는 곳으로도 익숙하다. 이들은 기록과 수집, 개인적인 경험을 소중히 여기며 익숙한 대상에 새로운 시선을 더해 숨겨진 아름다움과 영감을 전한다. 노트, 아이패드 케이스 등 다채로운 문구류와 디지털 제품까지 제작하며, 브랜드 매장 '푼크툼punctum'에서 대부분의 물건을 직접 살펴볼 수 있다고. 컴포지션스튜디오를 가까이 둘 때 일상 속 기록과 표현의 즐거움은 더해질 것이다.

"작고 소중한 일상의 순간을 의미 있게 남길 수 있도록 기록의 가치를 전하고, 자신만의 이야기를 써 내려가는 모든 이와 함께할 거예요."

1.

2.

1. 새김 필사 만년필 노트

필사는 복잡한 생각을 옅게 만드는 집중의 시간을 선사한다. 새김 필사 만년필 노트는 이 경험을 많은 이들과 나누기 위해 제작되었다. 자신의 필사 스타일에 따라 유연하게 사용할 수 있다는 것이 장점. 긴 문장을 옮겨놓을 '줄 페이지'와 더불어 짧은 시나 구절을 적기 좋은 '원고지 페이지'가 담겼다. 만년필 사용자를 위해 잉크 테스트를 할 수 있는 '프리 페이지'까지 끼워둔 세심함이 돋보인다.

2. 따옴표 문장 수집 노트

사용하는 이에게 말과 글에 대한 애정이 싹트길 바라며 탄생한 도구. 이름 그대로 노트에는 문장 부호 따옴표가 새겨져 있다. 왼쪽 페이지는 인용문을 쓰는 큰따옴표가, 오른쪽은 이에 관한 나만의 감상과 생각을 남기는 작은따옴표가 놓였다. 평소 긴 분량의 필사가 부담스러운 이들에게 이 물건은 나만의 문장을 가볍게 쌓아가기 좋은 노트가 될 것이다.

H. Compositionstudio.kr

어떤 책이든, 어떤 구절이든 좋습니다. 책장을 넘기다 마음 곁에 앉은 그 부분을 종이 위에 단정히 써 내려가세요. 가만히 누워있던 문장은 당신의 글씨가 되어, 우연히 만난 이들의 마음도 총총 누비고 다닐 테니까요.

당신의 글씨로 읽는 문장

에디터 **이명주**

P. 403

삶도 그런 것이다. 어이없고 하찮은 우연이
삶을 이끌어간다. 그러니 뜻을 캐내려고
애쓰지 마라.
삶은 농담인 것이다.

사람들이 착각하는 게 있다.
유년이 시절이라는 것.
유년은 '시절(時節)'이 아니다.
어느 곳에서 멈추거나 끝나지 않는다. 돌아온다.
지나갔다고 생각하는 순간, 다 컸다고 착각하는
틈을 비집고 돌아와 현재를 헤집어 놓는다.

사랑에, 이별에, 지속되는 모든 생활에,
지리멸렬과 환멸로 치환하는 그 모든 숨에
유년이 박혀 있다. 붉음과 빛남을 흉내낸
인조보석처럼. 박혀있다.
어른의 행동? 그건 유년의 그림자,
유년의 오장육부에 지나지 않는다.

〈여름과 루비 中에서〉

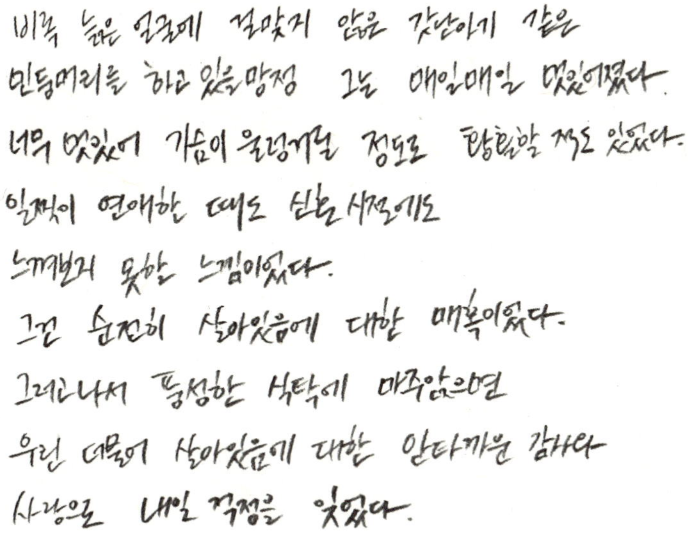

비록 늙은 얼굴에 걸맞지 않은 갓난아기 같은
민둥머리를 하고 있을망정 그는 매일매일 멋있어졌다.
너무 멋있어 가슴이 울렁거릴 정도로 황홀할 적도 있었다.
일찍이 연애할 때도 신혼 시절에도
느껴보지 못한 느낌이었다.
그건 순전히 살아있음에 대한 매혹이었다.
그러고 나서 풍성한 식탁에 마주앉으면
우린 더불어 살아있음에 대한 안타까운 감사와
사랑으로 내일 걱정을 잊었다.

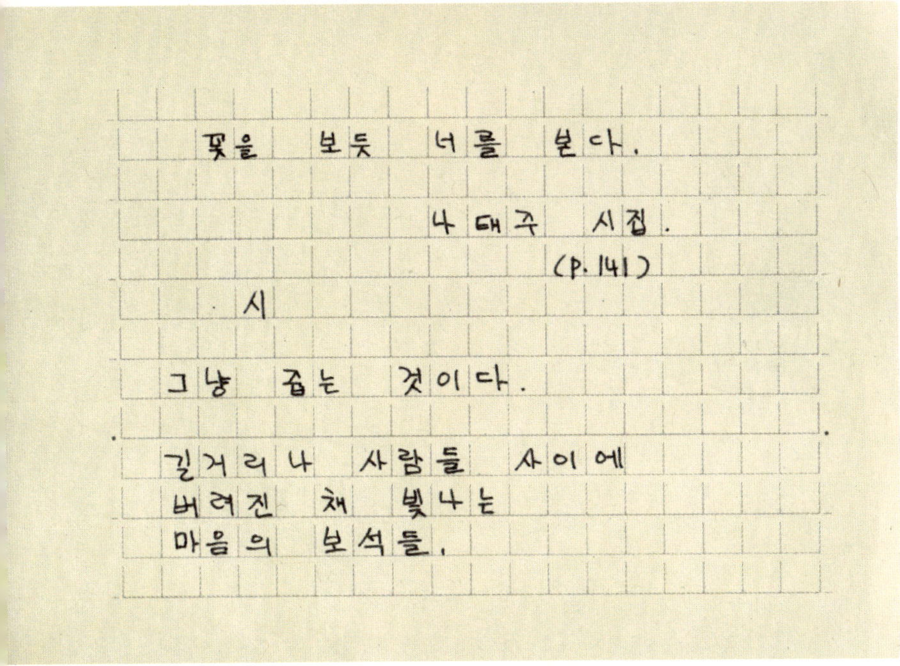

꽃을 보듯 너를 본다.
나태주 시집.
(P. 141)
시
그냥 줍는 것이다.
길거리나 사람들 사이에
버려진 채 빛나는
마음의 보석들.

왼쪽 상단 | 은희경 《새의 선물》, 서울에서 김리예 **왼쪽 하단** | 박연준 《여름과 루비》, 용인에서 우은희
오른쪽 상단 | 박완서 《나의 가장 나종 지니인 것》, 청주에서 김다운 **오른쪽 하단** | 나태주 《꽃을 보듯 너를 본다》, 홍성에서 박수아

오늘부터 터미널에서 새로 근무하게 된 고양이가
있을거예요. 오후라는 이름의 검은 고양인데, 그 애한테
한마디만 전해주실수 있나 해서요. 내가 말했다.
무슨 말을 전해드릴까요? 다음에 또 만나자고 전해주세요.
그러자 회색 턱시도 고양이는 고개를 끄덕였다. 꼭 전해
드릴게요. 이곳에 있는 고양이라면 누구든지 듣고 싶어하는
말이니까요. 터미널에서 일하는 고양이들은 전부 누군가를
기다리고 있나요? 혹시나 해서 물어본 것이었는데, 그렇다는
대답이 돌아왔다. 그럼요. 우리는 다시 만나야 하는 존재가
있어서 이곳에 남기로 한거예요. 지난주에는 동료가 11년의
기다림 끝에 첫사랑과 재회하는 것을 보았다고 고양이는 말했다.
그래서 오후가 일자리를 얻을 수 있었던 것이구나.
이건 저도 들은 얘기인데요, 하고 회색 턱시도 고양이는 나에게
속삭이듯 말해주었다. 기다리던 존재가 나타나는 순간에는
이 터미널이 색깔들로 채워진대요. 한번도 본적없던 화려한
색들로. 나는 고양이의 말을 듣고 주위를 둘러보았다.
온갖 색으로 화려해진 터미널을 상상해보자 마음이 일렁거렸다.
저는 사랑보다 그리움을 먼저 배운것 같아요. 잠시 뒤에
내가 말했다. 둘은 같은 말이나 다름없어요. 고양이가 대답했다.

비둘기도 못 쫓는 사람이 무슨 밀수를 한다고 그래요.
나는 잠깐 입을 다물었다가 다시 말했다. 그럼 이제 언니 못 봐요?
편의점에 놀러갈게. 영하 언니가 말했다.
나는 그 말에 대답하지 않았다. 그런 말은 아스팔트 위로
떨어지는 눈송이 같다. 금방 사라질 걸 알면서도 눈을 뗄수 없다.
129p

추신: 최근에 새로 방문한 카페에서 티커피라는 음료를 처음
마셔보았다. 차도 좋아하고 커피도 좋아하지만 둘을 합친 음료는 처음이었다.
그렇게 해서 마셔본 음료는! 눈이 번쩍 뜨일 만큼 맛있었다. 커피와
차의 장점만 골라낸 듯한 티커피의 향은 화려하면서도 산뜻했다.
마침 원액을 인터넷으로 주문할 수가 있어서 당장 구매하려다가 가까스로
참아냈다. 티커피를 일상이 아닌 특별함으로 남겨두고 싶었기 때문이다.
커피, 걷기, 물가가 일상과 글쓰기를 지탱하는 힘이 되어주고 있지만,
그 이상의 특별함이 필요한 날도 있는 거니까. 티커피는 그날을 위해
아껴두기로 했다.

사랑이 설명할 수 있는 거라면
시시한 것이기 때문이다.
알맹이는 늘 설명할 수 없는데 있다.

P.179. 영원하지 못한 찰나의 꿈과도 같은 여름 햇살은
왜 이다지도 뻔뻔스러울 정도로 순진무구한가.
여름이 올 때마다, 그 밝은 햇살 아래서 갈 곳을 몰라,
어두운 그늘을 가려 걸어가는 나였다.
그것이 나의 인생이었다.

생의 찬미란 보고 맡고,
느끼며 만지는 것.
그래서 몸 전체로 살고
마음 전체로 증언하는 것.
삶이란 대지와 바다,
태양의 진실
그리고 나의 죽음의 진실을
성찰하는 것.
그리고 사랑을 하는 것...

왼쪽 | 임선우 《0000》, 《초록은 어디에나》, 서울에서 안대근
오른쪽 상단 | 박완서 《어느 시시한 사내 이야기》, 서울에서 이명주 **오른쪽 중간** | 츠지 히토나리 《냉정과 열정 사이》, 통영에서 조유진
오른쪽 하단 | 알베르 카뮈 《결혼·여름》, 서울에서 이승연

그러므로 나는 노력하기로 했지.
이 삶에 감사하기로.
타인에게 더 다정하기로,
어둠과 빛이 있다면 빛을 선택하기로.

고집은 사유한 자들의 특권이라 여긴다.
'나'라는 존재를 두고 그 주변을 둘러싼 무수한 혼란과
유혹을 골똘히 고민해본 사람만이 내것과 내것이 아닌 것을
구분할 수 있다.

아침에 창을 열면 언제나 같은 자리에 앉아
차를 마시는 이가 보인다. 달관한 사람의 표정으로
그는 묵묵히 앉아 있다. 개가 다가와 옆에 드러누워도
본체만체. 고양이가 다가와 매만져도 모른 척한다.
호들갑스럽게 반기지도 않고 싸늘하게 거부하지도 않는다.
그냥 그렇게 공서하는 것이다.

상단 | 김연수 《이토록 평범한 미래》, 서울에서 이민희 **중간** | 박선아 《우아한 언어》, 대구에서 전문희
하단 | 김기석 《흔들리며 걷는 길》, 세종에서 박혜란

"아무것도 몰랐던 거, 미안해." 나는 천천히 말했다.
공원에 부는 바람이 내 말을 쓸어가 버리기라도 할 것처럼
조심스럽게. 그 말이 아무것도 되돌릴 수 없다는 것을
알면서도. 그렇게 말하고 싶었다.

어느나라에서는남의말을시라고한다누가혼잣말로
추워.라고말해도온갖비평가들이담요를들고곁으로다
가와모닥불을피우고귀를기울여준다고그런나라에서는
오렌지가잘익을것이다해질녘은이민자들로넘쳐날테고
온갖종류의빵냄새와인사말이섞이는그런아름답고시끌
벅적한강변을생각해

우리가 무엇을 갖고 있지 않은지가 중요한 것이
사랑의 세계다.
나의 '없음'과 너의 '없음'이 서로를 알아볼 때,
우리 사이에는 격렬하지 않지만
무언가 고요하고 단순한 일이 일어난다.
함께 있을 때만 견뎌지는 결여가 있는데,
없음은 더 이상 없어질 수 없으므로,
나는 너를 떠날 필요가 없을 것이다.

〈정확한 사랑의 실험〉 신형철

상단 | 최은영 《쇼코의 미소》, 평택에서 이지은 **중간** | 고명재 《우리가 키스할 때 눈을 감는 건》, 제주에서 우지하
하단 | 신형철 《정확한 사랑의 실험》, 서울에서 최승이

Essay

섬이라 쓰고 서점이라 읽는다

오세요. 제주도. 거대한 서점이 되어버린 섬으로.

글·사진 정다운

시집

처음 제주로 이사를 오자 친구들이 집에 자주 놀러 왔다. 다정한 그들은 올 때마다 "뭐 사다 줄 거 없어?"라고 묻곤 했다. 그때마다 나는 섬에도 웬만한 건 다 있다고 답했다. 그래도 사람들은 무언가 사 들고 왔다. 섬에도 다 있다. 섬에 없는 건 대부분 없어도 괜찮은 것들. 그러다 어느 날 한 친구가 뭐 필요한 거 없냐고 또 묻길래, 불쑥 시집을 한 권 사 오라고 말했다. 그다음부터 한동안 친구들 질문에 늘 "시집"이라고 답하곤 했다.
어떤 이는 지나가는 말이라 여기고 흘려들었지만, 어떤 친구들은 시집을 골라 손에 들고 섬에 왔다. 시집은 작고 가벼운 데다가 가격도 적당해서 주는 사람도 받는 사람도 부담이 없다. 시에 관해선 나만의 취향이라고 할 것도 딱히 없어서, 어떤 시집을 받더라도 반갑고 좋았다.
그 친구들 중엔 난생처음 시집을 골라본 사람도 있었겠지. 꽤 어려운 숙제를 준 건지도 모르겠단 생각이 이제 와서 든다. 아무튼 사람이 한 명 올 때마다 우리 집 책장에 시집이 한 권씩 늘었다. 비록 한 권의 시집에서 읽은 건 기껏 시 한두 편 정도였지만, 실은 그것조차 다 이해하지는 못했지만, 사람이 올 때마다 시가 오는 게 좋았다.
이제 제주에 산 지 오래되었고, 집에 찾아오는 손님의 수가 눈에 띄게 줄었다. 그때 친구들 중에 연락이 잘 안되는 이도 있다. 하지만 함께 온 시집은 여전히 책장에 꽂혀 있다. '시집'이라는 단어를 손끝으로 굴리다가 구체적인 의미가 궁금해졌다. 당연한 단어를 새삼스럽게 궁금해하는 건 내 오랜 버릇이다. '시가 사는 집'이라는 뜻일까? 사전을 연다. "시집詩集: 여러 편의 시를 모아서 엮은 책"이란다. '모을 집'을 쓰는구나. 아무래도 그렇겠네. 에이, 낭만 없다. 아무튼 제주 섬에 있는 우리 집엔 시가 산다. 이건 좀 낭만적인 것 같기도 하다.

바다 말고

그때 제주에는 서점이 많지 않았다. 특히 시집을 살 수 있는 서점은 드물었고, 택배비에 도선료가 추가돼서 선뜻 온라인 서점에서 책을 주문하는 것도 어려웠다.
아, 이렇게 자연과 가까워지는 대신 문화생활과는 멀어지게 되는 건가 싶었다. 보고 싶은 영화를 볼 수 있는 극장도 드물었으니까. 그때 사람들이 제주살이의 단점을 물으면 나는 "대형 서점과 극장 없음"이라고 답하곤 했다. 제주에 살기 전에는 서울 근교 경기도에 살았다. 혼자 광역 버스를 타고 서울 사대문 안에 있는 극장에 가서 무슨 내용인지 도통 잘 모르겠는 영화를 보는 걸 좋아했다. 영화를 보고 나와 자연스럽게 근처 대형 서점에 들러 모르는 사람들 틈에서 슬렁슬렁 책을 구경하고, 그러다 마음에 드는 책을 우연히 만나고, 서점 구석 아무 데나 앉아서 좀 쉬다가 필기도구를 하나 사서 집에 돌아오는 시간이 나에겐 가장 큰 여가였고 작은 허영이기도 했다. 그런데, 제주에 왔더니 그럴 수 있는 극장도 대형 서점도 없다. 만날 사람도 갈 곳도 없는 날, 나는 어디로 가지? 바다에 가면 되지 않느냐고 말할 수도 있겠지만, 바다와 서점은 줄 수 있는 게 확연히 다르다. 물론 그때도 작은 서점이 몇 군데 있긴 했지만 거리가 멀어 한번 가려면 큰맘을 먹어야 했다. 큰 결심 없이 들를 수 있는 서점이 있으면 좋겠다고 생각했다. 기왕이면 큰 서점으로. 지금 제주도엔 서점이 무척 많다. 정말 많다. 독립 영화를 볼 수 있는 극장도 하나 생겼다. 내가 보고 싶은 영화는 거의 상영하지 않지만, 내가 읽고 싶은 책은 제주를 한 바퀴 돌면 대체로 구할 수 있다. 작은 서점이 빼곡하게 모여, 제주도는 그 자체로 큰 서점이 되었다. 이제 제주에 대형 서점은 필요 없을 것 같다.

서점원

제주에 서점이 지금처럼 많아지기 전 일 년 남짓 서점에서 직원으로 일한 적이 있다. 그때를 떠올리면 언제나 허리를 쭉 펴고 똑바로 고쳐 앉게 된다. 아침에 일어나 책이 가득한 곳으로 출근하는 일은 정말이지 단 하루도 지겹지 않았다. 서점은 집에서 7-8분 정도 걸으면 닿는 곳에 있었고, 출근하는 발걸음이 매일 가벼웠다. 출근하면 우선 입구에 있는 매트를 팡팡 털고 빗자루로 바닥 청소를 한다. 해수욕장 근처 서점이라 사람들은 걸음마다 모래를 데려왔고, 그래서 자주 바닥을 쓸어야 했다. 밤사이 도착한 택배 박스를 뜯고 책을 서가에 꽂고 나면 손님들이 하나둘 오기 시작한다. 손님들이 서가를 둘러보는 동안 나는 카운터에 똑바로 앉아서 책을 읽었다. 닥치는 대로 책을 읽어대던 여고 시절 이후 가장 다독한 시기다. 하루에 한두 권씩 완독했다. 내 인생의 작은 전성기였던 것 같기도 하다. 그때처럼 끝도 없이 신간을 읽는 시절은 다시 없겠지.
손님의 절반 이상은 여행객이었고 대부분 여행 중 가볍게 읽기 좋은 얇은 에세이나 소설을 구매했다. 종종 나에게 책을 추천해 달라는 질문을 하기도 했다. 그럴 때면 “최근에 어떤 책 재미있게 읽으셨어요?”라고 우선 손님의 취향을 묻고, 최선을 다해 책을 골라 건넸다. 손님이 내가 추천한 책을 사 들고 다시 나머지 여행을 하기 위해 떠날 때면 기분이 좋아졌다. 그런 일 년이 있었다. 계속 이렇게만 살 수 있다면 더 바랄 게 없다고 생각했다. 하지만 평생 최저 시급을 받으며 살 수는 없는 노릇이다. 일 년이 최선이다. 언젠가 서점을 직접 운영해 보고 싶다는 꿈을 꾸기도 하지만, 내가 서점 직원이던 시절보다 수입이 적은 서점 주인들의 이야기를 들으면 그만 숙연해지곤 한다.

서점

그래서, 지금 제주에 서점은 몇 개일까? 작년 하반기 기준으로 제주에는 서점이 무려 107곳이 있다. 올해 새롭게 오픈 소식이 들린 서점이 몇 군데 더 있으니까 지금은 아마 더 늘어났을 거다. 서점 숫자를 구체적으로 헤아리게 된 건 작년에 나온 내 책 덕분이다. 작년 여름이 끝날 무렵 제주 마을에 대한 책을 한 권 출간했다. 그리고 출판사에서는 제주에 있는 서점에서 그 책을 구매할 경우, 제주 책방 지도가 그려진 손수건을 선물로 증정하는 이벤트를 진행했다. 출간과 관련된 유일한 마케팅이었다. 굿즈를 좋아하지 않는 편이지만 손수건이라면 언제나 오케이다. 더군다나 마을 이야기를 하는 책과 무척 잘 어울리는 마케팅이라 마음에 쏙 들었다. 에필로그에 이런 글을 쓰기도 했다.

“마을을 걷다 책방을 만나면, 꼭 들어간다. 그러면 책방의 서가엔 높은 확률로 제주와 관련된 책이 있다. 종종 그렇게 만난 책의 손을 잡고 마을을 걸을 때도 있다. 그럴 때면 마을 책방이 꼭 마을의 삼춘 같다.”

책방 72곳이 담긴 제주 지도 손수건을 제작해 배포하자, 여기저기서 “우리 서점 빠졌다.”, “내가 좋아하는 책방이 없다.”는 제보가 쏟아졌다. 출판사에서는 곧바로 두 번째 버전 손수건을 제작하기로 했고, 공식적으로 제보를 받았다. 제보를 모두 취합했더니 글쎄 107곳이나 되는 거다! 107곳의 책방이 표시된 제주 지도를 보고 있자니 별이 가득한 밤하늘을 보는 것 같다. 제주 중산간 밤하늘의 별처럼 점점이 자신의 자리에서 빛나는 책방과 책방 사이를 선으로 이으면 제주 섬 모양의 별자리가 된다. 제주도에 이렇게 서점이 많은 줄 나도 미처 몰랐다. 그동안 책방 편식을 해왔구나. 그때부터 제주의 서점을 찾아다니기 시작했다.

원하는 경우 어디든 달려가 한 권이라도 사인을 해드리겠다고 했더니 몇몇 서점에서 연락이 오기도 했다. 낯을 가리는 편이라 언제나 서점 입구에서 쭈뼛쭈뼛 “저 정다운….” 하며 인사를 해야 했지만, 주인들은 늘 환대해 주었다. 작은 환대에 마음이 확 열려버렸고 그때마다 서점과 새롭게 사랑에 빠졌다. 107곳을 전부 가보진 못했지만, 수십 개의 서점을 방문하며 알게 된 것은 서점마다 하나하나 색깔이 다르다는 점이다. 서점은 결국 시중에 있는 책을 파는 곳이니까 다 비슷비슷할 거라는 나의 편견이 깨졌다. 자세히 들여다보면 모두 다른 우리 사람들처럼 서점도 그랬다. 그래서 그때부터 서점에 가는 일은 나에게 작은 여행이 되었다. 광역 버스를 타고 대형 서점으로 가 모르는 사람들 틈에서 책을 고르는 일도 좋았지만, 작은 마을 안에 고즈넉하게 자리한 서점을 찾아가 주인과 인사를 하고 그가 골라둔 책 중 하나를 사서 나오는 일도 좋았다.

별

이 글을 쓰는 동안 무의식적으로 책방과 서점이란 단어를 섞어 사용했다. 실은 그런 줄도 몰랐다가 다시 읽으며 발견했다. 아무래도 통일하는 게 좋지 않을까 싶어, 문장을 거슬러 올라가며 책방을 모두 서점으로 고쳤다. 하지만 몇 군데는 그냥 두기로 한다. 사전에서 책방과 서점을 찾아보니 한자만 다르고 의미는 똑같다. 책방은 책 책冊, 방 방房 자를 쓴다. 서점은 글 서書에 가게 점店 자를 쓴다. 책이 있는 방. 글이 있는 가게. 시가 사는 집. 큰 서점이 된 섬. 오세요 제주. 100개가 넘는 서점이 별처럼 흩어져 있는 책의 섬으로.

NATIONAL GEOGRAPHIC
문명과
의 비밀

책 도둑은 도둑이 아니다

1,000권의 책 중 100권만 남기고 버렸다. 그중 1권을 도둑맞아 99권이 됐다.
하지만 절망도 잠시, 그날의 혼잣말이 씨앗이 되어 1권의 책이 채워졌다.
괜찮은 척했더니 진짜 괜찮아진 어느 책 수집가의 구구절절한 호소문.

글·사진 **김건태**

좋아하는 책이 무엇이냐고 묻는다면 나는 당장에 100권도 넘는 책을 읊을 수 있다. 작품 추천을 좋아하는 독자들을 위해 목록을 말해보자면 다음과 같다. 먼저 일상의 소소한 사건에서 감동을 찾는 윤성희 소설가의 《감기》, 편혜영 소설가의 서스펜스가 빛나는 《사육장 쪽으로》, 단호하고 묵직한 서술어가 치명적인 김훈 소설가의 《현의 노래》를 좋아한다. 시를 한 번도 읽어보지 않은 친구에게 선물하는 진은영 시인의 《일곱 개의 단어로 된 사전》, 탁월하고 적확한 단어 사용이 감탄스러운 신형철 평론가의 《느낌의 공동체》도 최애 중 하나다. 허세 없는 중년의 유머가 돋보이는 이지원 교수의 《명치나 맞지 않으면 다행이지》, '추석이란 무엇인가?' 신드롬을 일으켰던 김영민 교수의 《아침에는 죽음을 생각하는 것이 좋다》, 좋은 문장을 쓰기 위한 필독서, 김정선 작가의 《내 문장이 그렇게 이상한가요?》도 빼놓을 수 없다. 사노 요코 할머니의 염세적이지만 귀여운 관찰력이 사랑스러운 《사는 게 뭐라고》, 세상에서 가장 재미있는 여행 작가 빌 브라이슨의 《나를 부르는 숲》, 고양이 죽이는 블랙 코미디 《네코토피아》와 죽은 고양이가 나오는 동화 《춤추는 고양이 차짱》, 뭐 기타 등등. 그렇게 야금야금 모은 책이 1,000권을 넘겼다. 구독 경제 시대에도 나는 기어코 종이책을 구입해 읽는 편이다. 누군가 나의 집을 방문했을 때 지성인처럼 보이고 싶기 때문이다. 12칸짜리 대형 책장 두 개는 이미 터져버린 지 오래고, 미처 담지 못한 책을 책장 바깥에 쌓아놓다 보니, 정리도 안 하고 사는 아저씨가 된 것 같아 마음이 불편해졌다.

그러던 어느 날, 법정 스님의 《무소유》라는 책을 읽고 난 후 책을 정리하기로 마음먹었다. 일주일 동안 고르고 골라 1,000권의 책 중 100권만 남기고 모두 버렸다. 그 와중에도 《무소유》만 소유하는 게 너무 아이러니한 거 같아 그 책도 함께 버렸다. 이런 걸 자업자득이라 하던가?

여하튼 텅 빈 책장을 보며 마음이 허전해졌다가도, 한편으론 밀린 숙제를 마친 것 같아 뿌듯해졌다. 토너먼트에서 살아남은 책을 다시 꽂아 넣으며 정말로 애정하는 작품만 따로 떼어 한 칸에 모아두었다. 그중에는 유디트 헤르만 작가의 책이 두 권이나 들어 있다. 원래는 세 권이었는데, 한 권은 전목수(AROUND 에디터 출신의 목수)가 가져갔다.

자취방에 친구들을 모아 잔치를 벌이던 시절의 일이었다. 잔잔한 조명을 틀어놓고 치즈와 과일, 아몬드 같은 걸 씹으며 술을 마셨다. 어느 정도 분위기가 무르익었을 때쯤, 감성이 폭발해 허수경 시인의 《혼자 가는 먼 집》을 꺼내어 낭독했다. 갑자기 왜 폼을 잡느냐는 친구들도 "그러나… 킥킥 당신."이라는 마지막 구절을 읽을 땐 울음을 터뜨렸다. 물론 나도 같이 울었다. 눈물을 닦고 코를 세게 푼 다음 우리는 다시 술을 마셨고, 내친김에 친구들에게 가장 좋아하는 소설을 소개했다. 유디트 헤르만의 《알리스》였다. 주인공 알리스가 인생에서 소중했던 사람들의 죽음을 겪으며, 그 상실의 아픔을 치유해 가는 심리적 여정을 그려내는 작품이었다. 특히 일상에서 감지하는 서늘한 순간, 즉 '유령의 시간'을 섬세하게 포착해, 글을 쓰는 데 많은 영감을 줬다. 소개를 듣던 전목수가 말했다. "형, 이거 나 줘." 순간 그의 안광이 기이하게 빛났고, 나는 잔뜩 경계하며 책을 빼앗았다.

자정이 넘은 시간, 술에 잔뜩 취한 친구들이 하나둘 옷을 챙겨 입었다. 친구들을 배웅하는데 유독 전목수의 배가 각진 형태로 튀어나와 있었다. 아몬드를 먹었다고 저렇게 될 일인가 싶어 주먹으로 명치를 쳤다. "Book!" 하고 둔탁한 소리가 나며, 전목수 배에서 《알리스》가 튀어나왔다. 사태를 파악할 새도 없이 그는 "빌려 갈게!" 소리치며 대문을 박차고 나갔다. 결론적으로 그 일이 있은 지 6년이 지났지만 책은 돌아오지 않았고, 《알리스》는 절판됐다. 정작 내가 아까운 건 책에 그은 밑줄이었다. 나는 빛나는 문장을 발견하면 연두색 밑줄을 긋고, 메모하고, 글쓰기가 막힐 때마다 밑줄 그은 문장을 읽으며 돌파구를 찾곤 했다. 내게 《알리스》가 없다는 말은 곧 유디트 헤르만의 문장을 잃었다는 의미였다.

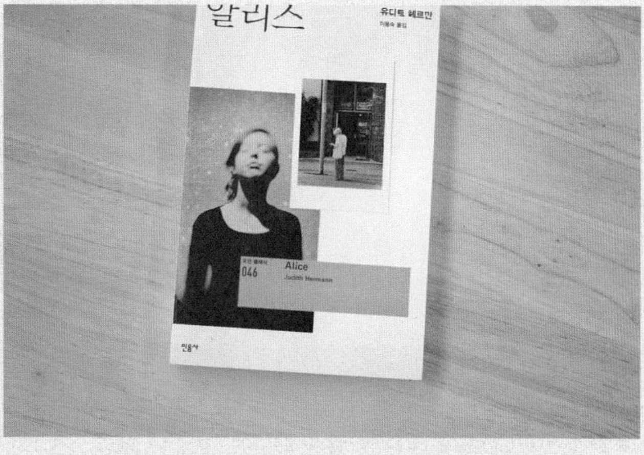

생각해 보면 책을 도둑맞은 건 이번이 처음은 아니었다. 친구들을 초대할 때마다 이가 빠진 듯 책장이 비어 있곤 했는데, 그럴 때마다 '우리나라 사람들이 책을 이렇게 좋아했단 말이야?' 하는 생각과 '완전 절도의 왕국이네, 다들 콩밥 좀 먹어야 정신 차리지.'라는 생각을 동시에 했다. 언젠가 우리나라 성인의 연간 평균 독서량이 3.9권이라는 통계를 본 적이 있다. 한 달에 책 한 권도 읽지 않는 사람들이 훔치긴 왜 이리 많이 훔칠까? 참 이상한 일이었다. 내친김에 찾아보니 2024년에 출간된 신간 도서가 6만 4,306종이란다. 하루 평균 176권의 신간이 나온 셈이었다. 그런데 책이 이렇게 많이 나오는 게 과연 좋은 일일까? 책을 1,000권(1쇄) 인쇄한다고 했을 때 애지중지 키운 나무 15그루가 잘려나가고, 62.5톤의 물이 사용되며, 중형 세단이 3,000킬로미터를 주행할 때와 같은 이산화탄소를 배출한다고 한다. 어디 그것뿐인가? 한 권의 책을 만들기 위해 편집자는 스트레스를 받아 탈모가 오고, 야근을 할 때마다 엽떡을 먹어 위장 장애가 온다. 엽떡 배달에 늦지 않기 위해 속도를 올리는 배달원은 자기도 모르는 사이에 탄화수소와 일산화탄소를 배출하며 지구의 평균 온도를 야금야금 올리는 중이다. 그렇게 북극의 얼음이 녹고, 북극곰은 살 터전을 찾아 점점 남하하게 되며, 마을을 습격한 북극곰은 사람을 찢을 것이다. 책 한 권이 이토록 위험하다. 그럼에도 불구하고 나는 얼마 전, 지구에 아주 몹쓸 짓을 하고 말았다.

책을 출간했다. 《괜찮은 척하면 진짜 괜찮아져》라는 에세이다. 평균 이하의 청춘이 일상의 무수한 실패 앞에서 괜찮은 척 활로를 개척하는 위로형 블랙 코미디 장르. 지금 이 책은 출간된 후 온·오프라인에서 절찬리에 판매되며 월간 베스트셀러…에 올랐으면 좋겠지만 실상은 하루에 쏟아지는 176권의 책 중 하나에 불과하다. 책을 내고 가장 많이 받은 질문은 이거다. "괜찮은 척하면 진짜 괜찮아져?" 그럼 나는 확신에 차서 대답한다. "무조건 괜찮아져." 전목수가 《알리스》를 훔쳐 간 그날 밤, 나는 그에게 화를 내는 대신 혼잣말로 계속 말했다. "그래, 책 도둑은 도둑이 아니라잖아. 괜찮아, 다 괜찮아." 누추한 자취방에 누워 조금 울기는 했지만 그래도 조금 괜찮아진 기분이었다. 책을 훔쳐 가는 사람은 그 책이 정말 필요한 사람이고, 책을 잃은 사람은 그 빈자리에 새로운 이야기를 채울 수 있기 때문이다.

그때의 마음이 씨앗이 되어 책이 된 지금, 나는 조금 더 깊게 '말의 힘'을 실감한다. 지구에 나쁜 일을 했지만, 기왕에 더 욕심을 내어 이런 상상을 해본다. 술에 취한 누군가가 나의 책을 읽어주는 상상, 내 책을 옷 속에 숨겨 가다 걸려서 명치를 맞는 상상, 영영 돌려주고 싶지 않은 책의 저자가 되는 상상. 그러나 현실은 냉정하고, 나의 책은 훗날 창고를 비우기 위해 전량 소각될 운명일지 모른다. 소각하는 데 발생하는 유해한 연기 때문에 당신은 암이나 탈모에 걸릴 수도 있을 것이다. 그러므로 당신의 머리숱이 걱정된다면 부디 한 권만 사줬으면 좋겠다. 다시 한번 강조하자면 정말 재미있는 그 책의 제목은 《괜찮은 척하면 진짜 괜찮아져》이다.

가볍거나 무겁거나

글 배순탁—음악평론가·〈배철수의 음악캠프〉 작가

01.

《파도여 들어다오》
— 사무라 히로아키

02.

《블루 자이언트》
— 이시즈카 신이치

근 몇 달간 책을 하나둘 중고 서점에 팔고 있다.

10권에서 많으면 15권 정도 들고 가면 1만 원, 운 좋으면 2~3만 원이 내 손에 쥐어진다. 이 돈으로 좋은 안주 주문해서 주말에 기쁜 마음으로 술 한잔한다. 요즘 가장 큰 보람 중에 하나다. 버리는 게 아니다. 책은 더 좋은 주인을 향해 나아갈 것이다.

책을 좋아하는 편이다. 나에게는 반드시 지키는 습관이 몇 있다. 그중 하나가 독서 시간 준수다. 날마다 최소 1시간 정도는 반드시 책을 읽는다. 나는 친구가 많지 않다. 약속이 거의 없기 때문에 한 달로 치면 30시간 정도를 독서로 채운다. 장르 무관이다. 예를 들어 내가 가장 많이 되풀이해 읽은 책은 리처드 도킨스의 《만들어진 신》이다. 대학원 공부를 위해 소설과 희곡도 읽어야 한다. 비평 서적과 에세이 등도 틈틈이 읽는다. 내 생각에 대한민국에서 한글로 글 제일 잘 쓰는 사람은 문학평론가 신형철과 소설가 김훈이다. 두 작가의 책은 하나도 빠짐없이 마르고 닳도록 읽었다.

중고 서점에 책을 파는 주제에 혓바닥이 길다고 생각할 수 있을 터다. 그래서 '좋아한다'라고 적지 않고 '좋아하는 편'이라고 썼다. 이를테면 이런 것이다. 나는 책을 좋아하는 만큼 게임을 애정한다. 게임을 애정하는 만큼 축구 보는 걸 선호한다. 축구 보는 걸 즐기는 만큼 NBA 시청도 잊지 않는다. 우리 집엔 만화책이 많다. 5,000권은 넘는다. 만화책은 단 한 권도 팔지 않았다. 가끔 지인에게 만화책을 빌려줄 때면 이 말을 잊지 않고 덧붙인다. "책은 반납 안 해도 되지만 만화책은 반납 안 하면 사형."

요컨대 나는 책이 다른 매체에 비해 우월하다는 믿음을 예전에 버렸다. 한때는 나도 독서야말로 지성인이 되기 위한 첫걸음이라고 생각했다. 그러나 이른바 다독가 중 인간적으로 도저히 용납할 수 없는 경우를 여럿 봤다. 반면 책이라고는 거의 안 읽은 누군가의 행동으로부터 철학자의 아우라를 발견했다.
심지어 책에도 등급이 나뉜다. 사람들은 웹 소설 기반의 드라마에 열광하면서도 웹 소설을 속된 말로 출판 소설만큼 쳐주지 않는다. 뭔가 정통이 아닌 이단을 보듯 대한다. 그렇지 않나. 인생 (웹 소설 기반) 드라마는 있을지언정 '인생 웹 소설'이라고 밝히는 사람은 희한하게 많지 않다. 어쨌든 핵심은 이렇다. 그것이 출판 소설이든 웹 소설이든 SF 소설이든 판타지든 장르나 분야에 본질이 있는 게 아니라는 것이다.
공자님 말씀 전한다. "책을 읽기 전의 나와 책을 읽은 후의 내가 같다면 책을 읽을 필요가 없다." 감히 반론하자면 반만 맞았다고 생각한다. 우선 대전제에는 동의한다. 그러니까, 문제는 '나'라는 것이다. AI와 똑같다. AI는 죄가 없다. 그것이 백마법이 될지, 흑마법이 될지는 어디까지나 인간에게 달린 문제다. 다만, 공자님은 다음 같은 진실을 간과하셨다. 책이 반드시 나라는 사람을 바꿔야 할 필요는 없다는 점이다.
물론 내 인생을 뿌리부터 송두리째 흔드는 독서는 필요하다. 그러나 그런 독서만 하다 보면 숨이 막힌다. 좀 갑갑해진다. 따라서 가벼운 독서를 가끔씩 섞어줘야 한다. 비유하자면 잔재미 같은 독서. 이런 독서가 숨통이 되어줄 것이다. 나중 각 잡고 독서할 때를 위한 준비운동이 되어줄 것이다.
때로는 가볍고, 날렵하게. 때로는 무겁고, 진중하게. 이것이 바로 책을 대하는 나의 자세다. 여기, 언뜻 가볍게 보이지만 내용이 가볍지만은 않은, 음악 관련 만화책 두 편 소개한다.

《파도여 들어다오》

음악 만화는 아니다. 라디오에 대한 만화다. 라디오 작가를 한 지 어느덧 20년이 다 되어간다. 나에겐 필수템인 셈이다. 여러분도 알다시피 음악과 라디오는 불가분의 관계다. 따라서 만화를 보면 음악이 흘러나오는 것으로 묘사되어 있다. 리즈 페어Liz Phair의 'White Chocolate Space Egg'가 대표적이다.

이야기는 좀 어처구니없고, 황당무계하다. 일본 삿포로의 수프카레집 직원이자 화끈한 성격을 지닌 '코다 미나레'가 술집에서 만난 낯선 남자와 술에 취해 얘기를 하게 됐는데 알고 보니 이 괴짜 같은 남자가 라디오 PD였다는 게 주된 스토리다. '완전히 새로운 DJ를 발굴하고 싶다'는 욕망 하에 그는 코다 미나레를 DJ로 전격 데뷔시킨다. 아니나 다를까. 코다 미나레는 기존 DJ와는 완전히 다른 매력으로 청취자를 사로잡기 시작한다. 그 와중에 엉성한 사이비 종교 집단과 얽히기도 하는 등 가볍게 읽을 만한 책이라고 보면 된다. 작가는 사무라 히로아키다. 전설적인 만화 《무한의 주인》으로 특히 유명하다.

《블루 자이언트》

단언할 수 있다. 여러분도 책에서 소개하는 재즈 명곡 하나쯤은 곧장 찾아 듣고 싶어질 것이다. 나도 읽으면서 마일스 데이비스Miles Davis의 [Kind of Blue](1959)와 존 콜트레인John Coltrane의 [Giant Steps](1960)를 오랜만에 꺼내서 감상했다. 작품 제목은 이 둘을 합친 것이다. 그러면서 머릿속으로 그려보는 거다. 비록 소리는 들리지 않지만 이 주인공이 재즈를 어떻게 연주하고 있는지 말이다.

하나 더 있다. 책을 보면서 몇 번이나 눈물 지었는지 모른다. 이렇게 설명하고 싶다. 분야에 상관없이 자신의 일에 최선을 다하는 사람의 현재를 마주할 때마다 울컥하는 횟수가 과거에 비해 현저히 늘었다. 나이 먹었다는 증거다.

음악까지 듣고 싶다면 작년 꽤 화제를 모았던 애니메이션을 보면 된다. 애니메이션 음악은 그래미 수상 경력의 재즈 뮤지션 히로미Hiromi가 맡았다.

우연과 요청

나는 어떤 기준으로 책을 고를까?

글·사진 전진우

바깥에서

영화평론가 이동진이 한때 진행했던 팟캐스트 '빨간책방'에서는 소설에 관한 깊이 있는 내용을 말하기에 앞서 책의 표지나 번역 상태, 제목 같은 걸 평가하는 코너가 있었다. 늘 김중혁 소설가와 함께했는데 코너명이 따로 있었는지는 잘 기억나지 않는다. 거기에는 가볍게 웃으며 넘길 만한 얘기들과 함께 소설의 중심과 이어지는 책 외부의 이야기도 있었다. 흘려들어도 무방하고 또 손을 집어넣으면 뭔가가 잡혀서 나오기도 하는 그런 재미있는 시간이었다. 책 바깥의 정보는 정말이지 그런 게 아닐까. 무시해도 좋고 의식해도 좋은 것.
보통은 표지를 무시하는 내게 표지로 기억되는 책이 한 권 있다. 표지만 기억나는 건 아니지만 책을 다 읽었더니 자연스럽게 그 내용이 표지와 꼭 붙어서 절대 떼어놓을 수 없는 형태로 기억의 책장에 꽂히게 된 것이다. 한강 작가의 수필집《사랑과, 사랑을 둘러싼 것들》이 바로 그 책이다. 지금은 하드 커버의 개정판이 나왔지만 내가 그 책을 처음 읽었던 20여 년 전에는 가로 14센티미터, 세로 19센티미터 정도의 작고 얇은 책이었다. 책 내용은 작가가 미국 아이오와 레지던스 프로그램에 참여했을 때 만난 사람들에 관한 것이었는데, 한 사람, 한 사람의 이야기를 담담히 들려주는 것만으로도 의미 있는 책이 만들어졌다.
나는 이후에도 늘 기억하며, 언젠가 고요하고 담담한 사람을 구경하고 싶을 때 그 책을 찾아 읽었다. 몇 권은 선물하기도 했는데 선물할 때의 마음도 비슷했다. 그 책에 등장할 것 같은 사람들이 내 곁에 종종 있었던 것이다. 어렴풋한 기억이지만 나는 그 책처럼 살고 싶다는 생각을 했던 것 같다. 그 책에 등장하는 인물처럼 그리고 그들을 지켜보는 작가처럼, 또 그 책 자체를 닮고도 싶었다. 책을 닮고 싶다는 말은 다소 틀린 문장처럼 읽힐 수도 있지만, 말 그대로 나는 책 내용과 더불어 그 책이 가진 외형까지도 닮고 싶었다. 보통의 붉은색이 아닌 무척 채도가 높았던 붉은색 표지와 유럽 레스토랑의 메뉴판처럼 세로 길이가 약간 긴 형태의 책. 내지는 거친 질감의 재생지고 그 위에는 글자와 함께 흑백 사진이 인쇄되어 있었다. 빨간책방에 소개됐다면 이런저런 할 얘기가 많았을 것이다. "이걸 들고 있는 사람을 멀리서 보면 튤립 꽃다발을 든 것처럼 보이겠는데요." 어쨌거나 나는 생각난 김에 오늘도 예전처럼 한번 바란다. 고요한 사람과 마음껏 부딪히는 붉은색. 그런 류의 생기를 주세요.

안으로

문득 이 계절이 몇 번 남았는지 세어보는 것처럼 내가 앞으로 읽게 될 책이 사실 그리 많지 않을 거라는 생각을 하곤 한다. 사는 날을 함부로 가늠해 볼 마음 없는데 왜 그런 생각이 들었을까? 이처럼 우연히 삶을 내려다볼 때가 있다. 여태 완독한 책들은 친한 친구들처럼 참 많은 상황에서 영향을 주던데, 몇 권 못 읽을 거라고 생각하면 잘 고르고 싶다는 유치한 마음도 생긴다.
요즘엔 그렇다. 책을 펼치면 우선 서문과 함께 앞부분 10-20페이지 정도를 꼼꼼하게 읽어본다. 거기에서 연결 고리를 찾으면 마저 읽고 아니면 그저 덮는다. 좋은 책을 판별해 낼 수는 없더라도 성글게나마 체를 거치는 작업이랄까. 그래서 그 과정 속에서는 주제라든지 의미라든지 그런 알맹이를 발견하겠다는 욕심은 없다. 오히려 한 문장이 어떻게 시작해서 끝이 나는지, 혹은 작가가 어떤 단어들을 고르는지, 비유의 대상이 무엇인지 등등을 살펴볼 뿐이다. DNA 구조처럼 작은 것에도 전체의 지도가 담겨 있다는 생각으로 정중하게 읽어 나간다. 10분이나 20분만 읽어보자는 마음은 또 얼마나 가벼운지. 에너지는 늘 충분하다.

문학을 좋아하던 한 친구에게 언젠가 내가 물었다. 요즘 무슨 책 읽어? 그 친구는 기다렸다는 듯이 웃으며 이렇게 대답했다. “자기계발서를 읽고 다시 태어나는 게 나의 요즘 취미야.” 그 장난스러움에 엉켜서 함께 전달되었던 무언가를 나는 아직도 기억하고 있다. 얼마 지나지 않아 대형 서점을 서성이던 나는 처음으로 자기계발서 코너 앞에 멈춰 섰다. 아무 책이나 열어서 늘 하던 대로 서문을 읽기 시작했다. 내 안의 많은 편견들은 몇 페이지가 넘어가기 전에 유쾌하게 부서졌다. 그때 느꼈던 확장의 기분은 참 귀한 것이었다. 내가 집어 든 책의 제목은 맥스웰 몰츠의《성공의 법칙》이었다. ‘자기계발서 영역의 바이블’이라는 띠지를 두른 책. 성형외과 의사였던 저자는 성형외과 의사라면 자질과 상관없이 모두가 심리학자라는 말을 통해 사람의 외면과 내면을 연결 지으며 책을 시작했다.
“환자의 외모를 바꾸는 시술은 그 사람의 미래까지 바꿔 놓는 경우가 대부분이기 때문이다. 육체적인 이미지가 바뀌면 성격과 행동, 때로는 재능과 능력에 이르기까지 그 사람의 존재 전체에 변화가 생긴다.”
예상하지 못했던 출발점과 이어지는 경험 가득한 전개, 그걸 사람들에게 알려주고 싶다는 의지까지, 내가 생각하는 좋은 책의 조건이 잘 갖춰져 있었다. ‘서문만이라도 꼼꼼히 읽어보기’ 습관은 자기계발서 읽기를 통해 더욱더 중요해졌다. 물론 나를 다른 세계로 밀어주던 친구의 유머도 잊을 수 없고 말이다.

읽은 책들

오늘도 여전히 이리저리 책을 살펴본다. 열어보고 읽어보며 남은 인생을 함께할 친구를 부른다. 미래의 나는 어떤 책을 읽고 난 인간일까. 우연히 읽은 책들과 읽을 수밖에 없었던 책들이 차례로 떠오른다. 그런데 문득 이런 생각이 들었다. 그렇다면 읽지 않은 책들의 의미는 뭘까. 왜 내가 읽지 못했을까. 이런저런 이유를 대볼 수도 있지만 조금 깊게 생각해 보면 대답은 이렇게 나온다. “잘 모르겠는데.” 그저 돌아보니 “그랬었군.” 하는 식이다. 내가 읽은 책들을 모아두고 하루 종일 생각하더라도 하나의 이유, 하나의 기준을 찾을 수는 없을 것이다. 앞서 말한 표지 이야기나 서문을 읽어보는 습관이나 모두 여러 방식 중 하나일 뿐이다. 책이 다가오기도 했고, 내가 다가가기도 했다. 지금도 다가오고 있는 책이 있을 것이고, 내가 어딘가로 다가가는 여정에도 끝이 없겠지. 하지만 방향을 알더라도 가능성일 뿐 정말 읽게 되는 책에 관해서는 예측할 수 없다.
빗속을 걷는 사람을 떠올린다. 어떤 빗방울이 그의 우산 위로 떨어질까. 어떤 빗방울이 신발과 머리카락을 적실까. 또 어떤 빗방울이 그와 상관없이 저 멀리에서 떨어지고 있을까. 무심하게 내려오고 있을 수많은 빗방울을 떠올리면 묘한 편안함이 생긴다. 그러니까 우연과 요청이라는 단어가 어쩌면 모든 물방울에 동시에 담겨 있다고 생각해 보면 말이다.

Alphonse
Delacroix
JEAN RAY
Harry Dickson
Georges Darien

글 이주연(산책방) 일러스트 휘리

모든 첫 문장에게

세상에 없는 마을

첫 문장, 1992년

“옛날에 일곱 마리 아기 염소가 엄마와 함께 살았습니다.”

몇 해 전, 어딘·이슬아 작가를 인터뷰할 때 첫 문장에 관해 이야기한 적이 있다. 슬아 작가는 “첫 문장만 봐도 얼마나 고수인지 바로 티가 나죠.” 하고 말했고, 어딘 작가는 “잘 쓴 첫 문장엔 확실한 끌림이 있어요.” 하고 말했다. 그 뒤로 나는 책을 읽을 때 첫 문장을 여러 번 곱씹는 사람이 되었다. 돌아보면 첫 문장은 의식할 때나 그렇지 않을 때나 마음에 남아 있는 것이었다. 그렇다는 것을 두 작가와 대화하면서 알게 되었다.

어릴 적 우리 집에는, 그 시절 아이 있는 집이 대개 그렇듯 그림책 전집이 여럿 있었다. 높다란 책장 위 아직은 읽을 수 없는 어른 책들을 궁금해하며 손 닿는 곳에 있는 내 책들을 아낌없이 꺼내 읽던 기억이 난다. 상상인지 실제인지는 잘 모르겠지만 단단한 표지가 손에 닿던 감촉도 생생하다. 어린아이 책이다 보니 모서리에 다치지 않게, 조금은 둥글게 마감된 그 물성도 제법 선명하게 기억나는 걸 보면 거짓 기억은 아닌 듯하다. 나는 책이란 형태가 지닌 네모난 형태를 좋아했고, 책 속에 등장하는 동물들을 좋아했고, 부모님이 목소리를 바꿔가며 이야기를 읽어주는 시간을 좋아했다. 스스로 소리 내서 책을 읽을 수 있을 만큼 자란 후에는 ‘파란나라’라는 노래 또한 좋아하게 되었는데, 노랫말을 너끈히 외워 품고 다닐 수 있던 건 그림책을 좋아한 덕이 컸을 테다. “난 찌르찌르의 파랑새를 알아요 난 안델센도 알고요.” 하고 흥얼대고 있으면 친구들이 하나둘 몰려들어 ‘노랫말이 그게 맞느냐’고 물어왔다. ‘찌르찌르’가 뭐냐고, ‘안델센’은 또 뭐냐면서.

언젠가 일본 여행 중에 서점에 들렀는데 어린 시절 내가 읽던 그림책과 똑같이 생긴 전집을 발견했다. 판형, 디자인, 색깔까지 모든 게 꼭 같은 그것을 보아하니 일본 출판사 전집을 그대로 가지고 와 번역만 해서 낸 모양이었다. 엄마는 언어만 다를 뿐 우리 집에 있던 전집 세트와 꼭 같은 그림책들을 보며 “주연이는 염소랑

늑대 나오는 책을 가장 좋아했지." 했는데, 어린 시절을 선명하게 기억하는 게 자랑이던 내겐 다소 생소한 이야기였다. 제일 좋아한 그림책이 《빨간 망토》가 아니라고? 엄마 말에 따르면, 그 책을 하도 좋아한 나머지 단단하게 사철 제본된 양장본 그림책이 다 너덜너덜해져 표지와 내지가 떨어져 버릴 정도였단다. 그 말을 듣고 보니 확실히 실밥이 튀어나온 책을 들고 다닌 기억이 난다. 그것이 《늑대와 일곱 마리 아기 염소》였는지는 확실하지 않지만, 라이너스의 담요처럼 내게도 꼭 끌어안고 다니던 애착 물건이 있었구나 생각하면, 그걸 기억해 주는 사람이 있다는 걸 생각하면 어쩐지 행복해지는 것이었다.

이 책의 첫 문장은 이렇다. "옛날에 일곱 마리 아기 염소가 엄마와 함께 살았습니다." 문장을 읽는 것만으로도 마음이 푸근해진다. 첫 문장이 마중물이 된 것처럼 금세 몇몇 장면이 떠오른다. 엄마인 척하기 위해 분필로 화장하는 늑대, 문틈으로 보이는 새카만 발로 엄마가 아님을 알아채는 아기 염소들, 밀가루로 손발을 하얗게 칠하고 다시 방문하는 늑대, 깜빡 속아 잡아먹혀 버리는 염소들…. 시계 속에 숨어 살아남은 막내 염소가 정각에 문을 열고 나가는 뻐꾸기에 올라타 늑대 머리를 콱 찧어버리는 그림까지도 분명히 떠오르는 것이 못내 재미있다. 기억은 선명한 반면 결말이 생각나지 않아 힌트를 얻고자 예의 그림책을 넘기는데, 엄마 염소가 배불러 자고 있는 늑대의 배를 가위로 잘라 아기 염소들을 구출하는 그림이 실려 있다. 그다음은 넘기지 않고도 알 수 있었다. 분명히 늑대 배에 단단하고 무거운 돌을 가득 넣고 실과 바늘로 꿰매고, 그다음 장에선 목이 말라 물을 마시려던 늑대가 무거운 배 때문에 우물에 빠져 죽게 되었지? 기억은 적확했다. 늑대 배를 꿰매는 엄마 염소 얼굴이 기이할 정도로 평화롭고 행복해 보인다. 책의 첫 문장처럼.

“손에서 손으로 열리는 것을 봅니다.”

종종 “시는 어떻게 읽어야 하는지 모르겠어.” 하는 이야기를 들을 때가 있다. 시집을 좋아하지만 그런 이야기에는 마땅한 대꾸를 찾기 힘들다. 시뿐이랴, 소설도, 산문도, 심지어는 SNS에 적힌 누군가의 하루도 어떻게 읽어야 하는지에 관해서는 쉬이 설명할 수 없는데. 나는 그저 눈에 보이는 글자를 읽고, 단어를 줍고, 문장을 몇 번쯤 다시 읽어보면서 어딘가에 기록을 한다. 성급하게 요약하거나 음절 몇 개를 건너뛰어 다시 돌아봐야 할 때도 있다. 그러다 생각나는 사람이나 장면이 생기면 책 바깥에서 오래 머물기도 한다. 그게 나의 읽는 방식의 전부다.

안미옥 시인의 《저는 많이 보고 있어요》를 읽으면서 어떤 마음에 관해 많이 생각했다. 나를 향해 쓰는 마음과 누군가를 향해 쓰는 마음. 거짓되지 않은 마음, 꾸밈없는 마음에 관해. 아주 약하고 순한 마음을 생각했다. 그러나 절대로 부러지지 않고, 누구든 쉽게 꺾을 수 없는 마음에 관해. 대체로 선을 향해 있지만 너무 착하지만도 않은, 그래서 부담스럽지 않고 일순 안심하게 되는 어떤 마음에 관해. 책장을 덮고 마음들이 흩어질 때 얼굴이 하나 떠올랐다. 읽는 내내 나를 관통하던 H의 얼굴이. H는 과연 ‘그런’ 사람이었다. 이 시집을 읽으며 내내 생각한 ‘그런 마음’을 지닌 사람. 무턱대고 선과 행복만을 부르는 마음이 아니어서 오히려 진짜 선하고 바른 것처럼 느껴지는 마음을 지닌 사람. H는 그 마음을 절대로 부러뜨리지 않고, 누구든 쉽게 꺾을 수 없도록 단단한 울타리를 채울 줄 아는 사람이었다.

H와는 매일 한 공간에서 얼굴을 맞대고 지내던 사우였다. 함께 일하지 않아도 하루에 서너 번씩 말을 섞고 눈을 맞췄다. 함께 일할 때면 하루에 열댓 번씩 말을 섞고 눈을 맞췄다. 가끔 장난을 치고, 실없는 이야기를 하며 나의 한 시절을 같이

수놓곤 했다. H가 일터를 떠나던 날, 크게 고민하지 않고 이 시집을 선물하겠노라 마음먹었다. 누군가에게 책을 선물하는 건 옷을 선물하는 것과도 비슷한 일이다. 읽히지 않을 수 있다는 의미다. 취향에 맞지 않는 옷을 선물 받았을 때 난감해지는 것처럼, 책 또한 취향의 영역이기에 그렇다. 어쩐지, 시집이란 더욱 그렇게 느껴진다. 그런데도 건네고 싶었다. 내가 이 시집을 읽으며 너를 떠올렸다고, H에게 말한다면 조금은 이해해 줄 거라는 믿음도 있었다.

책을 선물하고 얼마나 지났을까, H가 일터를 떠나고 나서 만나게 된 어느 여름날이었다. H는 내 몫의 선물이라며 곱게 포장한 참외 한 알과 노오란 편지봉투를 들고 나타났다. 제철의 기운을 한껏 안은 참외에선 다디단 냄새가 풍겼다. 그걸 안고 회사로 돌아갔고, 그걸 안고 또 다른 모임에 갔으며, 그걸 안고 집으로 왔다. 그날은 내내 나에게서 다디단 여름의 냄새가 함께였다. 그날, 내게 여름을 한껏 안겨준 H가 이런 이야기를 건넸다. "근데요, 선물해 주신 시집 있잖아요. 저 퇴사 선물로 O에게 그거랑 똑같은 시집을 받았어요. 그 친구도 읽으면서 제가 생각났대요."

시의 첫 문장은 반드시 시인의 말일 테다. 《저는 많이 보고 있어요》의 시인의 말은 다음과 같다. "손에서 손으로 열리는 것을 봅니다." H에게 O 이야기를 들었을 때, 나는 손에서 손으로 열리는 것을 보았다고 생각했다. 그 경험은 이루 말할 데 없이 특별했다. 처음으로 알맞은 책을 선물했다는 기분. 나는 여전히 시 읽는 방법에 관해 알지 못한다. 어떤 시집에서, 어떤 시편에서 간간이 떠오르는 얼굴들을 머릿속에서 그려보고 만져보는 식으로 읽을 뿐이다. 그런 방식으로 시 읽는 법을 터득해 나가는 것이 좋다. 읽히지 않을 각오를 하고서라도 선물하고 싶어지는 마음이, 간간이 찾아오길 바라면서 시집을 펼친다.

중학생 때는 추리소설을 좋아했다. 어릴 때, 맥락 없이 귀신이 출몰하던 공포 소설 읽던 세포가 남아 있는 채로 자란 영향일 테다. 터무니없이 귀신이 나타나는 소설에 혀를 찰 줄 알게 되었을 무렵, 논리와 근거가 있는 추리소설이란 장르를 알게 되었다. 빠져드는 건 삽시간이었다. 아서 코난 도일과 애거사 크리스티를 찾아 읽으며 클라이맥스에서 심장이 뛰는 걸 느끼는 게 좋았다. 범인을 추리해 보거나 그 방법을 상상하며 뇌세포가 팽글팽글 돌아가는 기분을 느끼는 건 짜릿한 일이었다. 뭔가를 성취해 내기 전의, '될 것 같다'는 고양감과 비슷한 감각. 딱 하나 장애물이 있다면 줄거리를 속도감 있게 따라가다가 외국인 이름이 등장하면 제동이 걸린다는 거였다. 셜록 홈즈나 왓슨 같은 이름마저도 '존 H. 왓슨'이라고 적혀 있거나 'Watson' 등으로 표기되어 있으면 어쩐지 거리감이 생기면서 몰입이 한순간 깨져 버렸다. 그나마 중학생 때는 책 귀퉁이에 메모해 가며 읽을 여유가 있었지만, 고등학생이 되고 나니 필기할 거리가 그것 말고도 산더미였고, 공부의 틈바구니에서 정신을 차려보니 나는 자연스럽게 추리소설과 멀어져 있었다.

추리소설과 다시 만난 건 대학교 도서관에서였다. 동기와 친목을 쌓는 대신 거대한 도서관에 틀어박히는 쪽을 택한 나는 그 안에서 거의 처음 일본 추리소설과 조우하게 되었고, 메모하지 않고도 속도감 있게 따라갈 수 있는 기이함과 스릴에 금세 폭 빠져들게 되었다. 추리소설이란 무릇 스토리에 흠뻑 빠져 잽싸게 완독하는 재미지,라며 하루에 한 권씩, 두 권씩 추리소설을 해치우던 시절이다. 반전에 반전을 거듭하는 작가와 환상적인 분위기를 자주 연출하는 작가, 사회 풍자를 반드시 곁들이는 작가 등 여러 스타일을 살피면서 내가 좋아하는 이야기들 사이를 마음껏 부유하던 시절. 중학생 때와 다른 점이 있다면 일본 추리소설은 유럽 것에 비해 조금 더 빠르게 읽혔다는 것이고 그 덕에 빠른 속도감에 가속을 붙여 정신없이 내달릴 수 있었다는 점이다. 중학생 때는 빠르게 나아가고 싶어도 발맞추기가 어려워 멀어지게 됐다면, 이번엔 너무 빠르게 달려 나가는 통에, 삽시간에 지나치게 많은 추리물을 접해 버리는 까닭에 추리소설에서 다시 한발 멀어지게 되었다. 내게로 와 진득한 감정을 남기고 홀연히 떠나버리는, 추리소설은 내게 바람 같은 첫사랑이었다.

오랜만에 추리소설과 다시 만난 건 불과 얼마 전 일이다. 쉼을 갈구하던 때 불현듯 추리소설 생각이 났다. 아름다운 문장, 새로운 단어, 편집 방향성, 책의 만듦새 등을 생각하지 않은 채 그저 줄거리에 빠져들고 싶던 날이었다. 아직 읽지 않은 추리소설을 책장에서 검지만을 이용해 살포시 빼내었고, 그것은 나를 오랜만에 오싹한 공포로 인도했다. 정통 추리소설보다는 미스터리에 가깝다고 해야 할까. '이 호러가 대단하다!' 1위에 선정된 《긴키 지방의 어느 장소에 대하여》는 이런 문장으로 시작한다. "도쿄에 거주하는 24세 회사원 A씨는 대학 졸업 후 한 시스템 회사에 엔지니어로 입사했다." 등장인물 정보를 얼마간 얻은 채 읽어 내려가기 시작한 이 책은 오랜만에 '다음'이 궁금해서 책 읽을 시간이 기다려지는 조바심을 선물한 책이었다. 그림 요소와 분위기, 내용을 설명하며 제안했던 이전과 달리 첫 문장만을 건네며 삽화를 부탁하면서 나는 휘리의 손길로 다시 탄생할 첫 문장들이 몹시 궁금했다. 앞서 말한 인터뷰에서 슬아 작가는 이런 이야기를 했다. "어디에선가 이런 글을 읽은 적이 있어요. '작가란 첫 문장과 마지막 문장을 준비하는 사람'이라고요." 이번 글의 마지막 문장은 휘리의 그림으로 완결될 테다. 첫 문장을 접하곤 회사원 A씨 성별을 고민 중이라던 그의 말에 '아!' 하고 허벅지를 살짝 꼬집던 순간, 나는 그가 이 글을 멋지게 맺어줄 것임을 확신할 수 있었다.

"도쿄에 거주하는 24세 회사원 A씨는 대학 졸업 후
한 시스템 회사에 엔지니어로 입사했다."

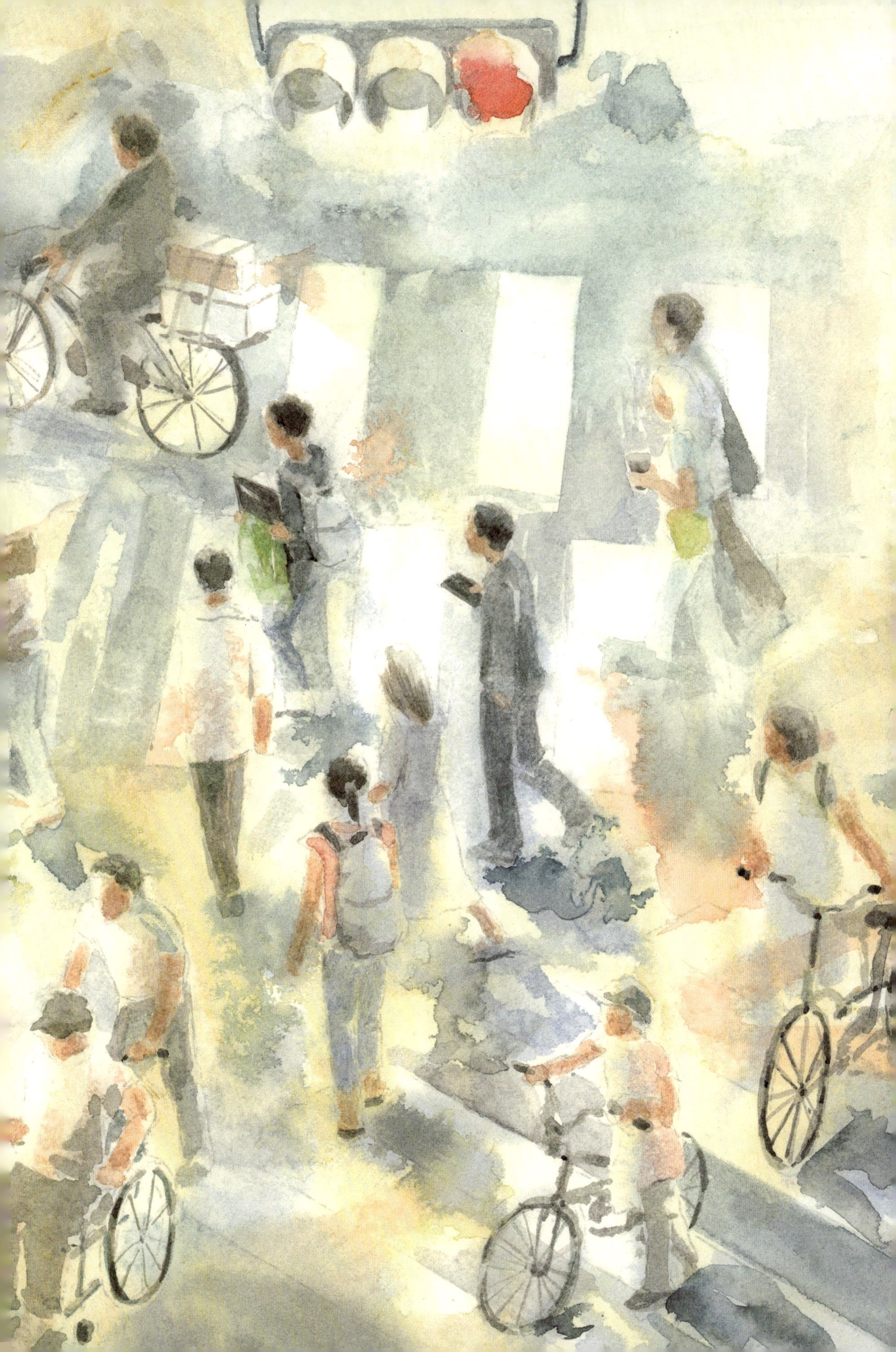

항해하지 못하는 배들

글·그림 한승재—푸하하하프렌즈

"승재 씨 지금 책 많이 읽어둬요."

"왜요?"

"나이 들면 글씨가 안 보여요."

"허걱!"

한때는 젊은 건축가였고 지금도 여전히 젊은 건축가 축에 속하는 건축가 이진오 씨는 나에게 섬뜩한 조언을 남겼다. 아니 조언이 맞나? 예언이었나? 예언치고는 이뤄질 확률이 너무나 높다. 나중에는 책을 읽기 힘들어질 거라는 예언은. 그래서 어쩐지 놀리는 것 같은 기분이 들었던 것이다. 마치 "너는 이제 큰일 났다네~."라고 놀리는 듯한 군대 선임의 표정이 그에게서 보였다. 분명히 그랬다.

언제가 될지 모르나 앞으로 글씨가 보이지 않아 책을 읽지 못할 거라는 이야기는 사실은 좀 경각심이 들었다. 나 비록 머리에 든 건 별로 없어도 세상엔 책이란 것이 있기에 내 머리 밖에 있는 지식들을 아예 남의 것처럼 여기지는 않았다. 아무튼 모든 지식은 인류의 것이고 나도 그 중 한 사람 아닌가. 그래서 이 모든 글을 언제라도 꺼내 쓸 수 있는 것, 어쩌면 내 것이 될 수도 있는 것들이라고 생각했다. 그런데 글씨가 보이지 않는다는 건 이 머릿속에 든 얼마 안 되는 재료로만 평생을 먹고 살아야 한다는 것, 더 이상 내가 아는 것 밖으로 나갈 수 없다는 것을 뜻한다. 단순히 앞을 보지 못하는 것보다 더 안타까운 이야기였다. 머지않아 바다를 잃게 될 국가, 더 이상 항해하지 못하는 배가 되는 것이었다. 시각이라는 감각이 시각 이상의 세계를 짊어지고 있구나 생각하였고, 나는 앞으로 눈을 소중히 다뤄야겠다고 생각하며 '루테인지아잔틴(눈 건강에 좋다는 영양제)'을 아침마다 먹기 시작했다. 아니, 그 전에 앞으로 글씨를 읽을 수 있는 것도 10년밖에 안 남았다는 생각을 상기하며 닥치는 대로 책을 읽어보려고도 했다. 그런데 나는 왜 이렇게 가리는 게 많아진 건지. 어떤 책은 제목만 봐도 다 알 것 같았고(물론 착각이다), 어떤 소설은 재밌어 보였지만 시간을 낭비하는 것만 같았다. 그 시간에 좀더 도움이 되는 글을 읽으면 어디서 아는 체라도 할 수 있을 것 같았다. 어떤 책은 슬픔의 구덩이에 들어가기 전까지 펼쳐서는 안 될 것 같았고, 어떤 책은 완전 망한 다음에 읽으면 위로가 될 것 같았다. '책도 약처럼 처방을 받아야 하는 거 아니야?' 생각이 들었고 하얀 가운을 입은 누군가가 책을 처방해 주는 장면을 상상하기에 이르렀다. 우웩.

어쩌면 난 이미 눈이 멀어버려 책을 읽을 수 없는 게 아닐까? 이 책 저 책 고르지 못해 끝내 눈이 멀어버렸다고 생각해 버렸다. 아니면 눈이 아닌 다른 것이 멀어버렸는지도 모르고. 책을 읽지 않는 핑계라고 볼 수도 있지만 또 그렇게 태평하게 생각할 일만은 아니다. 책을 읽지 않는 이유를 단순히 시간 부족, 나태함, 스마트폰 중독 등의 이유로 몰아가는 건 너무나 가혹하며 재미없다. 세상 모든 갈등의 이유를 인간의 이기심 따위에서 찾는 것만큼 재미없다. 재밌는 것은 새로운 이유를 찾아보는 것이다. 어쩌면 책을 읽는 것이 가능하도록 하는 다른 감각, 예를 들면 시각 같은 중요한 감각이 결여되어 있어서는 아닐까?

책을 읽는 데는 송충이의 털만큼이나 많은 감각이 필요하다고, 그리고 시각은 그중 하나일 뿐이라고 생각해 보자. 나는 예전엔 그 외에 여러 가지 감각을 풍성하게 가지고 있었다고 믿는다. 허영심, 과잉된 자의식, 충분한 시간, 풍성한 미래… 뭐가 되었든 나는 다양한 이유로 책을 읽었고 글을 써 내려갔다. 그러나 요즘은 수많은 감각 중에 무언가가 결여된 것임에 틀림없다.

어느 날 뜬금없이 시인(이었던) 친구에게 전화를 해 요즘 어떤 책을 읽느냐고 물어보았다. 시인(이었던) 친구는 자기는 더 이상 시를 쓰지 않는다며 이젠 시인이 아니라고 거듭 말했다. “승재 씨 저는 이제 책 안 읽어요. 책을 읽으면….” 그리고 뭐라고 했던가. 정확한 말을 옮겨야 할 것 같은데 내가 그에게 이유를 들었을 때만큼 멋지게 이야기를 옮길 자신이 없다.

책을 읽어야 하는 이유만큼이나 책을 읽지 말아야 하는 이유도 많다. 세상에 어떤 일도 대충 해서는 안 되지만 세상 모든 일을 제대로 해서도 안 된다. 오우 쉣! 어쩌다 내가 이따위 쉰내 나는 소리를 하게 되었는지 모르겠지만, 그래서 아무튼 부끄럽지만 그건 사실이다. 모든 일을 제대로 해서는 안 된다. 세상은 옳고 그름의 문제로 돌아가는 것이 아니고 효율과 안전의 문제로 돌아가기 때문에 그런 것이다. 책을 읽고 또 읽고 생각을 갈고 또 갈아 날카로운 생각을 갖게 되면 그건 세상을 살아가는 데 오히려 방해가 될지도 모른다. 날카로운 생각을 갖게 되는 건 자신이 서 있는 자리를 점점 날카롭게 갈아가고 있는 것과 같은 일이 될지도 모른다.

내 시인(이었던) 친구는 자신이 서 있는 자리가 너무 뾰족해서 더 이상은 서 있을 곳이 없다며, 그래서 책을 그만 읽고 글을 그만 써야겠다는 생각을 했다고 내가 이해한 바를 전하자면 그렇게 이야기할 수 있겠다. 책을 읽도록 하는 감각 중에 몽상의 감각이 무뎌져 그는 책을 읽을 수 없게 되어버린 것이다.

나는 태어날 때부터 지독한 몽상가였고, 아마 지금도 잠꼬대 꽤나 하는 몽상가일 것이다. 나에겐 여전히 몽상의 기운이 충분한데 나는 왜 책을 읽지 않는 걸까? 어쩌면 사람들 눈치를 보느라 그러는 건지도 모른다. 난 생각보다 부끄럼이 많으니까. 한 명 한 명 사라져가는 몽상가들 사이에서 혼자 멀거니 서 있는 것이 부끄러워 그런 것이 아니었을까? 한 명 한 명 자리를 뜨는데 혼자 서 있는 것도 참 부끄러운 일이다.

철학자 슬라보예 지젝Slavoj Žižek은 68혁명이 지난 직후 축제에 취한 이들에게, 젊음에 취한 이들에게, 그 뜨거움에 취했던 이들에게 축제가 끝난 이후에 대한 당부를 남겼다. 부디 나이가 들어 소파에 앉아 편하게 맥주나 마시며 “우리는 젊었고, 그 시절은 아름다웠지.”라는 식으로 이 날들을 기억하지 말아 달라고. 오우, 그러나 모르는 소리…. 사람들 모두 떠나가고 텅 빈 광장에 서 있는 사람은 얼마나 외로운데, 누군가는 한때의 시절이라고 부르는 그 시절에 영원히 남아 있는 게 얼마나 외로운 일인데.

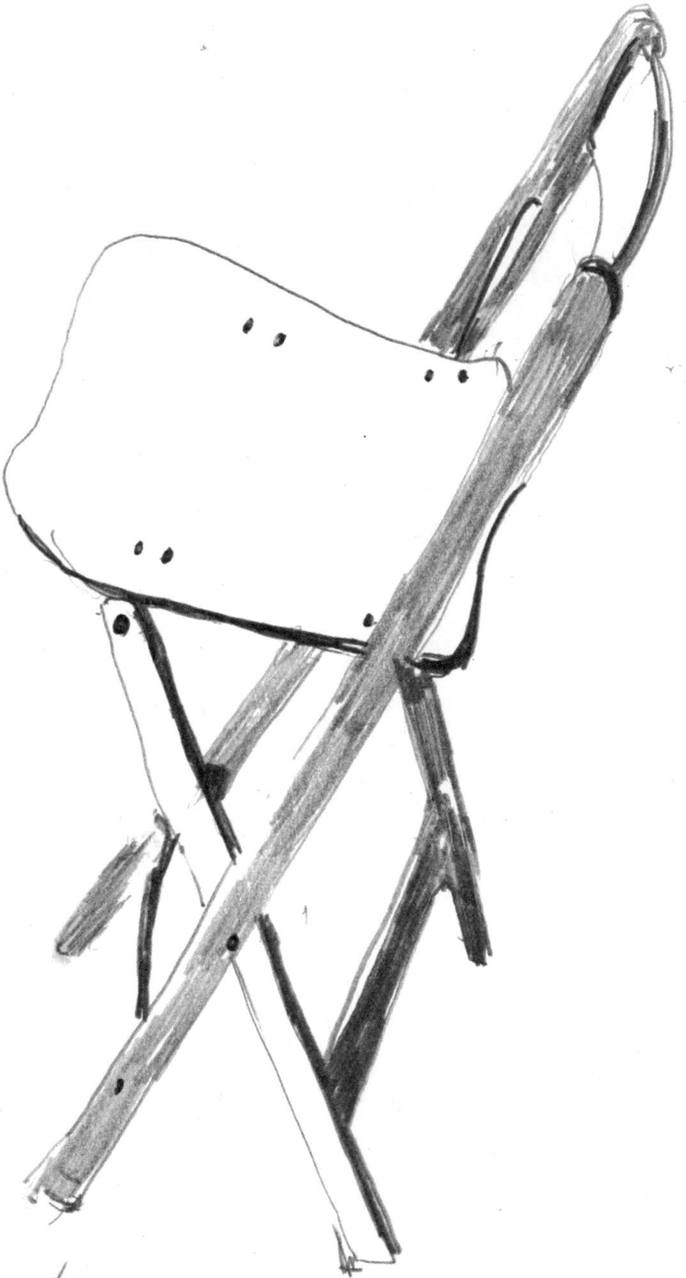

용감한 여자들의 서점

두 여자가 한적한 골목에 서점을 차린다. 시대도 나라도 다르지만 그들이 마음속 깊이 품고 있는 것은 같다. 책에 대한 사랑, 그리고 용기.

글 한수희 일러스트 점선면

지은이: 나

책 한 권 펴낼 수 있다면, 어떤 이야기를 쓸까요?

일곱 살 딸과 떠나는 자동차 여행기 | 발행인 송원준

차에서 자고 밥도 먹고 샤워까지 하는 집시 여행기다. 대자연과 오지도 가고, 전국 놀이동산 투어도 하고, 발길 닿는 대로 떠나는 모험 가득한 이야기가 될 것이다.

나의 이야기 | 편집장 김이경

원하는 책을 이미 많이 내서인지 내 책을 만들고 싶은 생각이 당장 들진 않지만, 나중에 시간이 많이 지나서 어라운드를 만들며 두 아이를 키우며 살았던 이야기를 엮어 보고 싶다. 내가 보고 듣고 느낀 것들로.

사람과 책으로 가득하던 나날 | 에디터 이명주

'내 책'을 쓰고 싶지 않냐는 질문을 간혹 받는데 그럴 때마다 아니라며 두 손을 휘저었다. '내 이야기가 뭐 그리 특별하다고.' 하지만 어라운드에서의 나날을 떠올리니 마음이 조금 꿈틀거린다. 언젠가는 쓰고 싶다. 조용한 골목 속, 세모난 건물을 오가던 계절에 대해. 사람과 책, 그 사이를 애정으로 폭 감싸안던 시간에 대해.

옆집 사는 막내 | 에디터 차의진

부부 넷, 싱글 하나, 아이 아홉. 열여덟이 한집에 사는 공동육아 공동체. 그 옆집엔 내가 산다. 내 집은 낮엔 아이들 유치원이 되고, 난 한 달에 두 번 10인분을 요리한다. 어디에도 없을 이 재미난 삶을 써야지.

긴 몸과 짧은 다리 | 마케터 문주원

소시지를 닮은 강아지, 닥스훈트의 매력에 푹 빠질 수 있는 사진집을 만들고 싶다. 핫도그 옷을 입은 닥스훈트, 스케이트보드를 타는 닥스훈트, 다리가 짧아 슬픈 닥스훈트…. 왜 닥스훈트냐고? 귀여우니까!

사랑을 담아, | 브랜드 프로젝트 디렉터 하나

소중한 사람들과 지난날의 나에게 적은 편지들을 엮고 싶다. 굳이 펜을 들고 꾹꾹 눌러 담은 진심을 모아놓으면 삶을 응원하는 한 권이 될 것 같아서.

말과 글로 사람을 살리는 일 | 브랜드 프로젝트 매니저 전지영

책이 주는 순기능은 나와 나를 둘러싼 세계에 대한 깊이 있는 통찰이다. 중요한 사건들을 겪고 짧고 긴 시간들을 통과해오며 느꼈던 작고 큰 지혜를 담아 누군가에게 더 나은 삶을 살아갈 용기를 주고 싶다.

먹고, 마시고, 사랑하라! | 브랜드 프로젝트 매니저 정현지

스무 살 이후 술을 빼놓고 이야기할 수 없는 내 삶. 추천에도 페어링에도 일가견은 없지만, 이야기는 가득하다. 계란말이에 대한 간단한 소회, 3차엔 감자튀김 등, 알코올 향 가득한 에세이를 (사실은) 전부터 품어왔더랬지.

언젠가는 간판 도감을 | 브랜드 프로젝트 매니저 오은정

직접 찍은 재밌는 간판 사진을 모아 만들고 싶다. '21세기붕어빵'을 발견한 게 시작이었다. 가게명이 상상할 여지를 주는지, 타이포 배치가 독특한지, 충분히 키치한지 등 종합적으로 판단하며 사진을 찍는다.

사람 사는 이야기 | 브랜드 프로젝트 매니저 최하은

사람 냄새가 나는 이야기들이 좋다. 어떻게 삶을 꾸려가고 있는지, 어떤 생각을 하고 있는지 묻고 싶고 듣고 싶다. 주어진 생을 가치 있게 살아가는 이들의 인터뷰나 대화를 담아 한 권의 책으로 엮어야지!

브라보 유어 라이프 | 브랜드 프로젝트 매니저 정희석

아버지의 등을 훔쳐보았다. 나의 세상이 넓어진 만큼 당신의 세상이 좁아진 건 아닌지 묻고 싶었다. 나의 육아 일기를 손수 적었다는 당신. 이젠 그런 당신의 이야기를 적고 싶다. 내 첫 이야기에는 언제나 당신이 있다.

세 자매 연대기 | 브랜드 프로젝트 매니저 한지원

예부터 세 자매라면 놀라고, 그중 둘째라 하면 한 번 더 놀라는 삶을 살았다. 내 코에 있는 점, 인생 처음이자 마지막이 된 수학여행. 눈물 없이 듣지 못할 이 소중한(?) 이야기들을 담고 싶다.

섬마을에 전쟁 미망인인 플로렌스가 도착한다. 플로렌스는 버려진 채 다 허물어져 가는 낡고 오래된 집을 사서 서점을 차린다. 서점 이름은 '올드 하우스 북샵'. 서점 주인이 되는 것은 그의 오랜 꿈이었다. 그래서 건물 밖에 크게 간판을 달고 주문한 새 책들을 책장에 하나씩 꽂아 넣을 때, 플로렌스는 행복했다. 그러나 그게 서점을 연 이후 가장 행복한 순간이었다는 내레이션이 그가 앞으로 겪을 난관들을 짐작케 한다.

스마트폰과 유튜브가 없던 시대에도 사람들은 먹고살기 바빠 죽겠는데 누가 책을 읽겠느냐고 한다. 마을에서 책을 읽는 유일한 사람은 낡은 대저택에 사는 홀아비 브런디시다. 누구와도 소통하거나 교류하지 않는 브런디시는 플로렌스의 서점으로 쪽지를 보내 새 책 몇 권을 보내달라고 한다. 그가 서점의 첫 손님이 된 것이다. 곧 똘똘한 소녀 크리스틴이 방과후에 이 서점에서 일하고 싶다며 찾아온다.

플로렌스는 브런디시와 책과 쪽지로 소통하고, 크리스틴과 우정을 쌓아간다. 그러나 그들을 제외한 마을 사람들은 너 나 할 것 없이 이 서점을 못마땅하게 여긴다. 심지어 부유하고 발 넓기로 유명한 사교계 인사 가맛 부인은 원래 이 집에 아트센터를 열 계획이었다며, 온갖 방법을 동원해 플로렌스를 내쫓으려 한다. 그럼에도 꿋꿋하게 서점을 지켜 나가던 플로렌스는 결국 가맛 부인이 시의회에까지 뻗친 마수 때문에 낡은 집에서 쫓겨나게 된다.

그런데 놀라운 것은 이런 고난에도 불구하고 플로렌스는 눈물 한 방울 흘리지 않는다는 점이다. 물론 상처받고 절망하기는 하지만, 그는 끝까지 부드럽고 선한 태도와 침착함 그리고 기품을 잃지 않는다. 부드럽고 선하고 침착하기 위해서는 그만큼 단단한 마음이, 그러니까 용기가 뒷받침되어야 한다. 브런디시와 크리스틴이 플로렌스에게서 가장 높이 사는 면도 이런 용기다. 혼자 이 텃세 심한 시골 마을에 서점을 차릴 용기, 그 서점을 꾸려나갈 용기, 가맛 부인의 공세에도 굴하지 않고 해야 할 일을 하는 용기, 결국 실패하고 포기할 용기.

> "… 제가 하고 싶은 말은 이거예요. 우리는 무슨 일을 하든 고민을 하게 될 거라는 거요. 서점을 안 하고 다른 일을 하더라도 고민은 생길 것이고, 또 그 일이 아닌 다른 일을 하면서도 고민은 하게 될 것이라는 거죠. 결국 이거예요. 나는 어떤 일을 하면서 고민을 할 것인가. 저는 아직까지는 서점을 운영하면서 고민을 계속해보자, 하고 생각하고 있어요."
>
> —《어서 오세요 휴남동 서점입니다》 중에서

내 편집자 친구의 서점 이름은 '스테디 슬로우 북스'다. 꾸준히, 천천히. 참을성이 많고 진득한 성향의 그에게 잘 어울리는 이름이다. 서점을 꾸준히, 천천히 꾸려나가는 일은 분명 쉽지 않겠지. 그러나 꾸준히, 천천히가 아니라면 대체 무슨 일을 어떻게 할 수 있겠는가. 아아, 장사라는 것은 얼마나 낭만적이고 또 얼마나 지독한 일인지. 손님이 들지 않는 가게에 앉은 사장의 마음은 지옥이다. 누구에게나 열려 있고 그래서 누구라도 찾아올 수 있는 공간을 꾸려나간다는 것은 생각처럼 아름다운 일은 아니다.

그럼에도, 아무쪼록 내가 아는 모든 서점들이 오래오래 살아남았으면 좋겠다. 그 서점의 사장들이 책 팔아 번 돈으로 고기도 사 먹고 여행도 갈 수 있으면 좋겠다. 그러나 결국 시장의 논리에 굴복하게 되더라도, 서점을 지키는 것이 더 이상 행복하지 않은 날이 오더라도 나는 '잘했군 잘했다'며 그들에게 축배를 권할 것이다. 휴남동 서점의 영주가 《그리스인 조르바》에 빗대어 말했듯, 실망해도 춤을 추고, 실패해도 춤을 추고, 심각해지지 말 것이며, 웃고, 웃고, 또 웃자고 할 것이다.

> 하지만 영주는 서점을 단 한 달 운영하더라도 이제는 안 되는 쪽이 아닌, 되는 쪽으로 희망을 걸어보고 싶었다. 만약 앞으로의 휴남동 서점이 지금까지와의 휴남동 서점과 조금이라도 달라질 수 있다면 그것은 서점을 운영하는 사람들의 마음이 달라졌기 때문일 터였다. 그러니 가장 먼저 영주의 마음이 달라져야 했다. 희망, 희망 쪽으로.
>
> —《어서 오세요 휴남동 서점입니다》 중에서

언젠가 다시 책의 부흥기가 올까? 사람들이 다시 책을 읽기 시작할까? 그런 날은 오지 않을 것이라는 게 나의 비관이다. 그럼에도 한 줌의 독자들은 영원히 사라지지 않을 것이다. 그 한 줌의 독자들이 있는 한, 책과 작가와 서점은 존재할 것이다. 그리고 그들 모두는 춥고 어두운 골목 한구석에 홀로 불을 밝힌 가게처럼 귀한 독자들을 따뜻이 맞이할 것이다. 우리는 그런 존재가 되어야 할 것이다. 그게 나의 희망이다.

Book—《어서 오세요 휴남동 서점입니다》 황보름 | 클레이하우스

Movie—이자벨 코이젯트 〈북샵〉(2020)

서점의 주인이 되기로 한 것이다. 꿈을 꾸듯이, 2년쯤 버티다 문을 닫게 되지 않을까 하고, 그냥 책 속에 파묻혀 책이나 읽고 싶어서. 시간이 흘러 영주 홀로 지키던 서점에 바리스타 민준이 합류하고, 단골손님이 하나씩 늘어나기 시작한다. 그들 모두에게는 이 경쟁 사회에서 휩쓸리고 버티며 얻은 피로가 누적되어 있다. 그리고 휴남동 서점은 그들의 해진 마음을 달래는 치유의 공간이 되어간다.

> 서점을 연 첫날, 서점 의자에 앉아 창밖을 바라본 순간, 영주는 자기가 벌인 모든 일의 무게가 비로소 느껴져 울었다. 그렇게 매일 울고불고하면서 책을 들여놨고, 손님을 맞았고, 커피를 내렸다. 어느덧 정신을 차리고 났더니 휴남동 서점을 찾는 손님이 조금씩 늘고 있었고 영주는 중학생 시절처럼 매일 책을 읽는 사람이 되어 있었다. 파도에 떠밀리듯 정신없이 떠밀려온 끝에 다행히, 영주는 자신의 마음에 꼭 드는 곳에 도착해 있던 거였다.
>
> —《어서 오세요 휴남동 서점입니다》 중에서

꽤 두꺼운 분량의 소설을 후루룩 다 읽고서 마지막 장을 덮을 때 그런 생각이 들었다. '아, 역시 사람들은 책을 읽고 싶어 해!' 희망이 생긴 기분이었다. 사람들은 책을 읽고 싶어 한다. 이렇게 책 안 읽는 시대에도 사람들은 긴 이야기에 푹 빠져들고 싶어 한다. 책 속 사람들의 인생 이야기를 듣고 싶어 한다. 책 속 사람들의 인생에서 나의 인생을 살아갈 갈피를 찾고 싶어 한다. 우리가 궁금해하는 것은 언제나 '어떻게 살아야 하는가.'라는 문제니까. 책과 나, 둘만의 세계에 파묻히고 싶어 한다. 다만 그럴 수 있도록 문턱을 낮추고 독자의 손을 부드럽게 잡아끌어 친절하게 이끄는 책을 아직 만나지 못했을 뿐이다. 아마도 《어서 오세요 휴남동 서점입니다》가 이렇게 많은 사랑을 받은 것은 그런 기대와 바람을 충족했기 때문일 것이다.

나는 이 이야기가 단순하고 투박해서 좋았다. 완벽하다고는 할 수 없지만 좋은 소설이었다. 하나의 이야기를 끝까지 끌고 나가는 것은 보통 힘으로 되는 일이 아닌데, 그 어려운 일을 해낸 작가에게 경외심도 느꼈다. 등장인물들의 이야기를 따라가면서도 군데군데 생각해 볼 만한 거리들을 배치한 것도 좋았다. 무엇보다 시작할 때보다 끝날 때가 더 좋았다는 것이 이 책에서 가장 칭찬할 만한 부분이다. 그건 진짜 어려운 일 아닌가?

영화 〈북샵〉(2020)은 내 편집자 친구처럼, 휴남동 서점의 영주처럼 혼자서 서점을 연 한 중년 여성의 이야기다. 세계대전이 끝난 지 그리 오래 지나지 않은 영국의 어느

작년에 나의 편집자 친구가 일산의 한 골목에 작은 서점을 열었다. 첫 에세이집을 함께 만들면서 오랜 시간에 걸쳐 서서히 가까워진 그와 나는 이제는 일로 만나는 사이가 아닌 진짜 친구가 되었다. 그리하여 회사를 그만두고 서점을 하겠다는 그의 말에 머리에 띠라도 두르고 말려야 하는 거 아닌가 싶었으나, 망한다고 해도 한 번쯤은 해보고 싶다는 굳센 의지에 나는 끝내 박수를 쳐줬다.
요즘 같은 시대에 서점이 웬 말인가. 사람들은 책을 읽지 않는다(사실 나도 잘 안 읽는다). 한때는 밀리언셀러들이 분명 존재했고, TV 예능 프로그램에서 〈책책책, 책을 읽읍시다!〉라는 캠페인도 했는데, 오히려 그런 슬로건이 책을 더 멀리하게 만든 게 아닐까 의심스럽다. '영화를 봅시다! 게임을 합시다! 여행을 갑시다! 술을 마십시다!'라는 말은 하지 않으면서 책은 꼭 읽으라고 윽박지르니 책이 더 꼴 보기 싫어진 게 아닐까? 책을 읽는 자들 특유의 고매한 태도와 말투가 책과 친해지길 거북하게 만든 건 아닐까? '책 절대 읽지 마! 책 읽으면 가만 안 둬!'라고 하면 오히려 읽고 싶어지지 않을까? 잘 모르겠다.
이런 시대에 나는 책을 쓰고 산다. 책을 써서 버는 돈은 그냥 인생의 보너스, 하늘이 내게 주는 용돈 정도라고 생각한다. 그 정도로 보잘것없다는 뜻이다. 책 팔아 생계를 유지한다는 건 소수의 베스트셀러 저자를 제외하고는 미션 임파서블이다. 이렇게 책이 안 팔리는데, 이렇게 책을 안 읽는데, 왜 굳이 책을 쓰고 있나, 고민할 때도 있다. 그러다가도 '아니야, 이런 고민은 나 말고 출판사 사장이 해야지.' 하고 무책임하게 떠넘겨 버린다.

소설 《어서 오세요 휴남동 서점입니다》를 뒤늦게 읽었다. 이렇게 책이 안 팔리는 시대에, 그것도 신인 작가의 꽤 두꺼운 소설이 베스트셀러에 오른 것으로도 모자라 전 세계에서 사랑받고 있다는 것이 놀라웠다. 그럼에도 문학계에서는 별달리 언급이 되지 않는다는 점도 놀라웠다. 그래서 한번 읽어보기로 했다. 왜 이 책이 이렇게 많이 읽혔는지.

> 누군가 삶의 어느 시점에 꿈을 꾸듯 동네 서점을 연다. 1년을, 아니면 2년을 운영하다 꿈에서 깨듯 서점을 닫는다. 뒤를 이어 또 누군가가 꿈을 꾸듯 서점을 열고, 그렇게 계속 서점이 늘어나는 가운데, 서점을 한때 꾸었던 꿈으로 생각하는 사람들도 함께 늘어난다.
>
> —황보름, 《어서 오세요 휴남동 서점입니다》 중에서

회사를 그만두고 이혼까지 한 영주는 어느 주택가 골목에 '휴남동 서점'이라는 작은 서점을 차린다. 한때 지독한 일중독이던 그는 마음의 병을 앓다가 결국 모든 것을 버리고

Publisher
송원준 Song Wonjune

Editor in Chief
김이경 Kim Leekyeng

Senior Editor
이명주 Lee Myeongju

Editor
차의진 Cha Uijin

Art Director
김이경 Kim Leekyeng

Designer
윤원정 Yoon Wonjung

Cover Design Guide
오혜진 O Hezin

Front Cover Image
전진우 Jun Jinwoo

Back Cover Image
해란 Hae Ran

Photographer
강현욱 Kang Hyunuk
김혜정 Keem Hyejung
박은비 Park Eunbi
임정현 Lim Junghyun
정해인 Jeong Haein
해란 Hae Ran

Project Editor
이주연(산책방) Lee Zuyeon
김지수 Kim Zysoo
김건태 Kim Kuntae
배순탁 Bae Soontak
전진우 Jun Jinwoo
정다운 Jung Daun
한수희 Han Suhui
한승재 Han Seungjae

Illustrator
점선면 Jeom Seon-myeon
휘리Wheelee

Marketer
문주원 Mun Juwon

Copy Editor
기인선 Ki Inseon

Management Support
강상림 Kang Sanglim

Publishing
(주)어라운드
도서등록번호 제 2014-000186호
출판등록일 2009년 12월 5일
ISSN 2287-4216
창간 2012년 8월 20일
발행일 2025년 8월 12일

AROUND Inc.
서울시 마포구 동교로51길 27
27, Donggyoro 51-gil, Mapo-gu, Seoul, Korea

광고 문의 / 070 8650 6359
구독 문의 / 070 8650 6375
around@a-round.kr

a-round.kr
instagram.com/aroundmagazine
blog.naver.com/aroundmagazine

어라운드는 나무를 아끼기 위해
고지율 20퍼센트인 재생종이 그린라이트를 사용합니다.

1년 정기구독

AROUND는 격월간지로 짝수 달 초에 발행됩니다. 정기구독을 신청하시면 어라운드를 온라인 콘텐츠로도 만나볼 수 있으며, 홈페이지에서 사용 가능한 포인트를 드립니다.

AROUND 매거진(총 6권) & 온라인 콘텐츠 감상 & 홈페이지 포인트 지급
97,200원 / a-round.kr

AROUND NEWSLETTER

책에서 못다 한 이야기를 펼쳐 보입니다.
또 다른 콘텐츠로 교감하며 이야기를 넓혀볼게요.
홈페이지에서 뉴스레터를 구독해 주세요.

a-round.kr > Newsletter